JOHANNES ERLEMANN
mit Christian Lütjens

BEFREIT

Wie ich als Kind entführt wurde
und was ich dabei
über das Leben gelernt habe

Der Verlag behält sich die Verwertung des urheberrechtlich geschützten Inhalte dieses Werkes für Zwecke des Text- und Data-Minings nach § 44b UrhG ausdrücklich vor. Jegliche unbefugte Nutzung ist hiermit ausgeschlossen.

Penguin Random House Verlagsgruppe FSC® N001967

1. Auflage
Copyright © 2024 Penguin Verlag
in der Penguin Random House Verlagsgruppe GmbH,
Neumarkter Str. 28, 81673 München

Lektorat: Margret Trebbe-Plath
Umschlaggestaltung: Favoritbüro, München
Umschlagfotos: oben: © Boris Breuer; unten: © Stephan Pick
Satz: Uhl + Massopust, Aalen
Druck und Bindung: GGP Media GmbH, Pößneck
Printed in Germany
ISBN 978-3-328-60322-1
www.penguin-verlag.de

Für Mami

INHALT

Prolog: Action! 9

Buch 1: Gefährdet 13

»Wenn mir eines zuwider ist, dann ist es Provinzialität.« 15
»Gnädige Frau, Ich würde Sie gerne kennenlernen!« 27
»Die Freiheit ist noch nicht ausverkauft!« 32
»Let The Sunshine In.« 41
»Der Schnucki macht das schon.« 46
»Ich hab's überwunden, find ich!« 50
»Astrid! Ich glaube, ich werde verhaftet.« 55
»Können Sie auch auf fünf Millionen rausgeben?« 63

Buch 2: Entführt 71

Die Bank 73
Die Kiste 81
»Ihr Kind ist bestimmt in einem dieser vornehmen
 Spielkeller.« 86
»Ein Erlemännlein liegt im Walde …« 91
»Ich komme wegen des entführten Johannes.« 97
»Ich weiß leider nicht, wo ich bin.« 103
»Wir sind überzeichnet.« 108
»Es kommt alles auf Montag an.« 115

»Ein Nervenkrieg beginnt.« 122
»Hast du mich gesehen?« 128
»Ein Fehler? Aus.« 133
»Tschüss.« 140
»Banges Warten beginnt.« 144
»Sie haben vielleicht von mir in der Zeitung gelesen.« 147
Der Bademantel 153

Buch 3: Gejagt 159

»Wir glauben dir kein Wort!« 161
»Der Fall ist drehbuchreif.« 173
»Denk bloß nicht, dass du jetzt was Besonderes bist!« 187
»Johannes! Hast du einen dieser Männer gesehen?« 195
»Das Leben geht weiter.« 205
»Die schwirren hier irgendwo rum.« 213

Buch 4: Befreit 221

»Shine On You Crazy Diamond.« 223
»Ich bin kein Opfer, ich bin ein Überlebender.« 237
»Heute geben wir uns die ganze Geschichte.« 247
»Ich werde euch alle therapeutisch missbrauchen.« 257
»Das ist jetzt das Gespräch, das wir nie geführt haben.« 267

Epilog: Cut! 279

Danke 283

Bildnachweis 285

PROLOG: ACTION!

Es war dunkel. Meine Hände waren gefesselt. Ich lag auf dem Rücken und die Kälte der Nacht kroch durch meine Klamotten. Die bedrohliche Stille ließ die Stimmen aus der Ferne umso deutlicher bei mir ankommen. »Los! Fahr drüber. Fahr den Jungen tot, fahr ihn tot!«, waren die mörderischen Worte der Männer. Ich erstarrte ...

Dass sich diese Szene auf einem Acker im Nirgendwo abspielte, ist einundvierzig Jahre her. Eine Ewigkeit. Und doch ein Wimpernschlag. Denn jetzt liege ich wieder hier. An derselben Stelle. Gefesselt. Aber diesmal habe ich mir das selbst ausgesucht. Und es fühlt sich total richtig an. Ich bin am Set von *Entführt – 14 Tage Überleben*, einem Film, in dem ich selbst als Co-Produzent die Geschichte meiner Entführung erzähle. In der Auseinandersetzung mit dem Thema geht es nicht in erster Linie um mich. Es geht um grundsätzliche Fragen: Was macht so ein katastrophaler Albtraum mit einem Kind? Wie kann man mit solchen Erfahrungen umgehen? Findet man jemals wieder in die alte Spur zurück? Nein. Man kann es nur so gut wie möglich versuchen.

Seit ich vor zehn Jahren begonnen habe, meine Entführung zu rekonstruieren, bin ich vielen Menschen mit teilweise erschütternden Schicksalsschlägen begegnet. Es ist mir oft gelungen, eine Art heilsamen Dialog mit ihnen entstehen zu lassen. Auch wenn niemand die Narben auf der Seele heilen kann, so habe ich dennoch das große Privileg, einen prospektiven Umgang mit ihnen vermitteln zu können. Als Überlebender habe ich es zu keiner Zeit zugelassen, als Opfer stigmatisiert zu werden. Ersatzweise habe ich mich auf die Überwindung von Krisen fokussiert. Dass ich damit helfen kann, hat mich den Entschluss fassen lassen, meine Geschichte aufzuschreiben und zu teilen. So ist ein Projekt entstanden, dass zu einer bemerkenswerten Unternehmung wurde. Neben diesem Buch wurde ein vierteiliger Podcast und eine zweieinhalbstündige Dokuserie produziert. Und: der Spielfilm, den wir hier gerade drehen.

»Pass auf, Cito, du bleibst so lange mucksmäuschenstill liegen, bis das Auto weg ist. Dann drehst du dich auf die Seite und ruckelst mit den Handgelenken, bis du die Fesseln abbekommst. So, siehst du? Danach richtest du dich auf und ziehst dir das Gaffer Tape vom Kopf.«

Cecilio, der Film-Johannes, der mit jedem Drehtag mehr zur Kopie meines kindlichen Ichs wird und den wir alle Cito nennen, hört konzentriert zu und prägt sich jede meiner Bewegungen genau ein. Regisseur Marc Rothemund und Kameramann Ahmet Tan stehen daneben und verfolgen aufmerksam die Szenerie. Im Vorfeld der Dreharbeiten haben wir viel über die Ereignisse von damals geredet. Dass ich alles, was wir hier nachstellen, tatsächlich erlebt habe, brauche ich Cito also nicht mehr zu erklären. Ebenso wenig, dass diese Straße im Nirgendwo vor Mönchengladbach ein Originalschauplatz ist.

Es ist nicht der erste, an dem wir arbeiten. In den letzten Wochen haben wir schon deutlich düsterere Orte meiner Lebensgeschichte aufgesucht: die kleine Bank am Waldrand zum Beispiel, an der mich damals drei Männer mit brachialer Gewalt vom Rad zerrten, mit einem Chloroformlappen vorm Gesicht im Unterholz auf den Boden warfen, um mich dann in einer winzigen

Holzkiste im Frachtraum eines Transporters fortzuschaffen. Bis zu einer Baracke im Nichts, in der sie mich in einem abgesenkten sargähnlichen Verschlag an beiden Händen anketteten.

Die Bank, die Kiste, der Verschlag – das sind die Koordinaten, die den »Entführungsfall Johannes Erlemann« ausmachen. Die Koordinaten eines Verbrechens, das in der Presse der Achtzigerjahre als eine der spektakulärsten Kindesentführungen der Nachkriegszeit gehandelt wurde. Und es sind die Koordinaten der Geschichte, die ich hier erzählen will. Für mich ist es keine durchweg düstere Geschichte, sie hat auch ihre skurrilen, unterhaltsamen und absurden Seiten. Sie ist wie das Leben selbst. Nur eben mit ein paar sehr harten Ausschlägen nach oben und unten. Apropos hart: Langsam wird's ungemütlich auf dem kalten Betonboden hier.

»Kann mir bitte mal irgendwer die Fesseln losbinden?«, sage ich.

Sofort geht Cito ans Werk. Wenig später liegt er selbst auf der Straße und macht nach, was ich ihm gezeigt habe. Ein großartiger kleiner Kerl. Leidenschaftlich. Mit vollem Einsatz bei der Sache. Während er mit Marc ein letztes Mal die Szene bespricht, gehe ich ein Stück auf den Acker raus, zünde mir eine Zigarette an und sehe hoch zum Himmel. Ich denke daran, wie ich damals nach dem ersten Versuch, aufzustehen, sofort wieder zusammengeklappt bin. Zwei Wochen ohne Bewegung in dem engen Verschlag hatten mich dermaßen geschwächt, dass sowohl mein Kreislauf als auch meine Beine streikten. Nach dem Zusammenbruch lag ich bestimmt eine Viertelstunde regungslos auf der Straße und sah zum Himmel hinauf. Dort drehten sich die Sterne wie ein Karussell aus kreisenden Lichtern. Sie drehten sich natürlich nicht wirklich. Das gaukelte mir nur mein zerstörter Kreislauf vor. Aber macht das einen Unterschied? Es wird so oder so einer der ganz besonderen Momente meines Lebens bleiben.

Heute ist die Nacht ebenfalls wolkenlos und klar. Es ist ein seltsamer Gedanke, dass das da oben dieselben Sterne sind, die auch schon das Geschehen der echten Befreiungsnacht mitangesehen haben. Sie hätten eine Menge zu berichten. Aber Sterne sind ja bekanntlich schweigsam. Also erzähle ich meine Geschichte lieber selbst. Zigarette aus, zurück zu den anderen, Erinnerungen marsch und: »Action!«

Buch 1:
GEFÄHRDET

»WENN MIR EINES ZUWIDER IST, DANN IST ES PROVINZIALITÄT.«

Wie die Siebziger mein Lebensgefühl prägten und die Leibwache von Staatsminister Wischnewski mir das wahre Gesicht meines Vaters zeigte.

Ennio Morricones »Spiel mir das Lied vom Tod« tönt aus den Lautsprechern. Papi läuft rüber und dreht die Anlage mit ordentlich Druck voll auf. Jetzt dauert es nur noch wenige Sekunden und schon fliegt die erste Smirnoff-Flasche an ihm vorbei. Sie kracht mit wildem Getöse in die Cimbali-Espressomaschine. Das ging daneben. Aber egal. Die nächste Wodkaflasche ist schon unterwegs und rauscht über die Theke, die sich einmal quer durch die Bar in den Katakomben des ehrwürdigen Jagdschlosses Kühtai erstreckt.

Wir sind in Tirol auf 2020 Höhenmetern. Es ist fünf Uhr morgens in einer jener Nächte, die nicht enden dürfen. Nur noch die engsten Freunde sind da, man ist unter sich und es war nur eine Frage der Zeit, bis jemand auf die Idee kommen würde, die Schallplatte mit dem Soundtrack zu *Spiel mir das Lied vom Tod* aufzulegen. Sobald diese Musik läuft, weiß jeder, was er zu tun hat.

Während der Kellner eilig versucht, das wertvollste Interieur in Sicherheit zu bringen, holt der Barchef reihenweise Sechserkisten mit Wodka aus dem Lager. Prinz Michael von Preußen packt schon mal die Flaschen aus den Kisten. Papi hat bereits mit strengem Blick seine John-Wayne-Haltung eingenommen und Mami ihre Position am anderen Ende der Theke. Sie ist die »Fängerin«. Das heißt, sie schnappt die Flaschen, die über die Theke hinausfliegen, und feuert sie über den Handlauf am Tresen wieder zurück zum Absender. Das kann sie unheimlich gut.

Mainhardt Graf von Nayhauß, ein bedeutender Journalist und Bundesverdienstordenträger aus Bonn, versucht sich derweil davonzustehlen. Ihm ist dieses Spiel peinlich.

»Maini! Bleib hier!«, ruft Gräfin Plettenberg oder besser gesagt »Bügelhügel«, wie wir sie liebevoll nennen. Bügelhügel zieht einmal kräftig an ihrer verlängerten Zigarettenspitze und ergänzt mit tiefrauchiger Stimme: »Du willst mich doch nicht mit diesen Verrückten hier alleinlassen.«

Was wohl Kaiserin Sissi zu alledem gesagt hätte? Die war vor rund achtzig Jahren noch Hausherrin des Jagdschlosses aus dem 17. Jahrhundert. Nun ist ihr Urenkel, Graf Carl zu Stolberg-Stolberg, der Chef im Haus. Er hat es in den Fünfzigerjahren in ein ganz besonderes Hotel verwandelt. Viele Gäste wurden zu Freunden, darunter meine Eltern. Papi konnte ihn davon überzeugen, uns das Dachgeschoss zum liebevollen Ausbau und als eine Art zweiten Wohnsitz zu überlassen.

Die Musik erreicht ihren Höhepunkt und Papi ist mal wieder in Bestform. Nun schießen die Wodkaflaschen Schlag auf Schlag über den Tresen und werden mit nahezu akrobatischer Leichtigkeit von Mami aufgefangen und zurückgeschossen. Die Gäste sind außer sich. Papi genießt ihre Aufmerksamkeit. Allerdings auch die des Habsburger Gemüts, Graf Carl, der plötzlich im Türrahmen auftaucht und wie üblich zwischen aristokratischer Empörung und anerkennender Zustimmung (wegen der morgendlichen Umsätze) zu schwanken scheint. Am Ende winkt er ab und geht wieder schlafen. Auch er kennt das Spiel und außerdem ist er seit Jahren mit meinem Vater befreundet.

Papis kontinuierliches Engagement im Sellraintal hat ihn zum Präsidenten der Skischule, Förderer der nationalen Rennmannschaft und zum Ehrenmitglied der Tiroler Kaiserjäger gemacht. Seine Leidenschaft für die einzigartige Gebirgswelt hatte bei ihm schließlich den Wunsch geweckt, hier ansässig zu werden. Dank seiner hervorragenden Verbindungen zu der zuständigen Gemeinde klappte das und so wurde auch ich im Alter von sechs Jahren zum österreichischen Staatsbürger. Das war in Ordnung. Doch wirklich heimisch fühlte ich mich an der Côte d'Azur.

Seit meiner jüngsten Kindheit reisten wir in die gesegnete Region an der Französischen Riviera. Anfangs ins alte Grimaud, einen charmanten Weinbauort oberhalb des Golfs von Saint-Tropez, dessen Geschichte bis ins 11. Jahrhundert zurückreicht. Dort wohnten wir zunächst im Hotel Le Kilal vis-à-vis des Restaurants Les Santons, das für mich bis heute eines der besten und nettesten Restaurants der Gegend ist. Später waren wir im Hotel Byblos zu Füßen der Zitadelle und 1976 kauften meine Eltern einen alten provenzalischen Bauernsitz am höchsten Punkt der Route de Tahiti direkt neben dem Château de la Messardière.

Mami baute das Haus mit viel Liebe zum Detail zu unserem persönlichen Paradies auf Erden aus. Sie nannte es »La petite fleur«. Es war von einem mediterranen Pinienwald umgeben und vom azurblauen Pool aus hatte man einen traumhaften Blick auf die Bucht von Canoubiers, an deren Strand das Haus von Brigitte Bardot liegt. Ebenso das Anwesen von Marie Christine von Opel, genannt »Putzi«. Seit 1978 wurde die beeindruckende Villa mit dem eigenen kleinen Hafen allerdings nicht mehr bewohnt, weil die Urenkelin von Adam Opel dort Drogen im Wert von acht Millionen Mark gehortet hatte, was erst ihre Verhaftung durch die Gendarmerie und dann eine zehnjährige Gefängnisstrafe zur Folge hatte. Daran konnte auch ihr Cousin Gunther Sachs nichts ändern. 1981 wurde sie vorzeitig entlassen, aber des Landes verwiesen. Seitdem schlummerte das Anwesen in der Meeresbrandung der Côte d'Azur vor sich hin.

Die Nachbarn von »La petite fleur« waren unsere lieben Freunde Peter und Cordy Thomas. Peter hatte als Komponist weltbekannte Filmmusik von *Edgar Wallace* bis *Raumpatrouille*, von *Winnetou* bis *Der letzte Mohikaner* komponiert. Cordy schrieb zu einigen Melodien ihres Mannes Liedtexte. Vor allem aber lieferte sie als Gesellschaftsreporterin sehr persönliche Porträts über interessante »Tropezienner« an *Bunte, Quick* und Co., denn die Adorfs und Beckenbauers, von Karajans und von Bohlen und Halbachs gaben sich in der Villa Thomas die Klinke in die Hand. Was da los war, besonders wenn sich Peter zeitweise im Tessin oder in Kitzbühel aufhielt, sucht seinesgleichen. Internationale Bankdirektoren und Vertreter des Hochadels, die in den Metropolen Europas noch im Nadelstreifenanzug in ihre Privatjets geklettert waren, stiegen am kleinen Flughafen La Môle mit High Heels, Stringtanga und übergroßen Sonnenhüten aus und anschließend bei Cordy ab. Der Rest ist Geschichte.

Apropos La Môle: An einem sonnigen Tag im Frühjahr 1977 hatte auch ich dort ein unvergessliches Erlebnis. Die mit 800 Metern extrem kurze Landebahn des Flughafens versteckte sich in einer kleinen Talsenke des provenzalischen Gebirges. Nicht jede Landung klappte dort. So pflanzte Niki Lauda seine Cessna hier höchstpersönlich ins Gebüsch. Bei Franz Josef Strauß ging es dagegen gut aus. Der saß an jenem Frühlingstag im Jahr '77 bereits in René Raynals Restaurant L'Auberge de la Môle. Bis vor ein paar Jahren war der zweckmäßige Bau noch eine Tankstelle gewesen. Die Zapfsäulen standen noch. Aber im Innern war ein ganz besonderes Restaurant untergebracht.

Die zwei Beamten der örtlichen Behörden, die das gesamte Flughafenpersonal darstellten, hatten sich in den Schatten unter dem alten Wellblechdach des Terminals geflüchtet. Oben flimmerte die Mittagshitze, unten tranken die Herren Pastis, rauchten und spielten Karten und ich stand nervös am Rand des Rollfelds, das diesen Namen eigentlich gar nicht verdiente, und wartete auf meinen Einsatz. In der rechten Hand hielt ich eine Flasche Moët & Chandon, in der Linken Mamis Hand, während nach und nach immer mehr Freunde und Bekannte aus Saint-Tropez eintrafen und mich mit der immer gleichen Phrase, »Du bist aber groß geworden, Johänneschen!«, begrüßten.

Doch ich musste mich auf etwas Wichtigeres konzentrieren. Wie war das noch mal? DELTA? LIMA ...? Oh Mann, hoffentlich brachte ich da nichts durcheinander? Inzwischen waren rund hundert Gäste da, die eigentlich auf einen Empfang im L'Auberge de la Môle spekuliert hatten, da Papi dort regelmäßig größere Gesellschaften bewirten ließ. Diese Veranstaltungen genossen inzwischen einen legendären Ruf. Niemand wollte sie sich entgehen lassen. Doch nun stießen die Gäste nur auf die beiden Zollbeamten, die sich teilnahmslos Pastis nachschenkten. Egal wohin man blickte, überall traf man auf irritiertes Stirnrunzeln und fragende Gesichter. Bis zu dem Moment, als der brachiale Sound zweier startender Rolls-Royce-Turbinen die träge Stille des Mittagsidylls durchbrach. Den Beamten fielen die Gauloises aus den Mundwinkeln, den Gästen die Kinnlade herunter und ich dachte nur: »Bloß nicht den Champagner fallen lassen. Ganz schön schwer, so eine extragroße Flasche.«

Das Turbinenrauschen wurde derartig laut, dass man sich hätte anschreien können und trotzdem nicht gegen den Lärm angekommen wäre. Alle Blicke waren auf die angrenzende Scheune gerichtet, bei der sich nun langsam die großen Flügeltüren öffneten. Ich fand das eine gute Idee. Nicht nur, weil ich den Eindruck hatte, dass die altersschwache Hütte jeden Moment in sich zusammenfallen könnte, sondern auch, weil es nun wirklich mal losgehen konnte mit meinem Einsatz.

In Schrittgeschwindigkeit schob sich die weiße Nase eines Jets aus der Scheune – eines Learjets. Das Flugzeug mit den beiden charakteristischen Wingtip-Tanks an den Flügelspitzen war eine Weiterentwicklung eines Kampfjets und damals eines der schnellsten Düsenflugzeuge. In den Jahren zuvor hatte Papi eine solche Maschine bereits für private und geschäftliche Reisen genutzt, jetzt hatte er eine gekauft. Dafür war eigens die JetFlight GmbH gegründet worden, damit er das Investment steuerlich nach seinem Geschmack gestalten konnte. Das Design des Flugzeugs hatte Papis Stiefvater Benno geliefert. Der war ein ausgezeichneter Maler und Grafiker und gestaltete alle Designs für die Erlemann-Unternehmen. Family Business.

Also los! Wie angewurzelt stand ich unter den gespannten Blicken der Gäste an meiner Markierung, während der Jet in unverminderter Geschwindigkeit direkt auf mich zurollte. Ich vertraute blind darauf, dass er rechtzeitig stoppen würde. Das tat er auch. Zehn Zentimeter vor mir. Die wild tosende Sinfonie der Triebwerke klang aus. Nun war ich dran: »Ich taufe dich auf den Namen DELTA-CHARLIE-OSCAR-OSCAR-LIMA und wünsche dir allzeit guten Flug.«

Diese Worte meinte ich wirklich von ganzem Herzen. Denn tragischerweise war unser alter Mietjet ausgerechnet bei seinem ersten Einsatz, nachdem wir ihn abgegeben hatten, mit sechs Personen an Bord vom Himmel gefallen. Wir waren dem Schicksal also nur knapp entkommen. Deshalb war ich einsichtig, als unsere Piloten meinen Vorschlag, die Champagnerflasche an der Nase des Jets zerkrachen zu lassen, mit lautem »Um Gottes willen« abtaten. Dann ließ ich den Champagner eben nur über seine Nasenspitze laufen. Auch okay. D-COOL und ich waren damit einverstanden.

Am nächsten Tag ging es zurück nach Deutschland. Eigentlich wollte ich nicht, aber am Montag war Schule. Ich würde mir wieder mal etwas einfallen lassen müssen, wenn Frau Hoffmann, meine Klassenlehrerin in der Goethe-Schule Rodenkirchen, alle Kinder wie jeden Montag einzeln dazu aufforderte, von ihren Wochenenderlebnissen zu berichten.

Das Zuhause meiner Kindheit lag in der Stadt meiner Geburt. In Köln. Genauer gesagt im Hahnwald, Osterriethweg 13. Dorthin zog ich mit Mami, Papi und meinem vier Jahre älteren Bruder Andreas Anfang der Siebzigerjahre. Eigentlich ist der Hahnwald ja ein Missverständnis. Er gilt zwar heute als eines der teuersten Wohnviertel Deutschlands, verdankt seine Beliebtheit letztlich aber nur einer Handvoll Stadtprominenter, die ihn Anfang der Sechzigerjahre ungeachtet seiner trostlosen Einsamkeit für sich entdeckten.

Damals war es noch der »alte« Hahnwald mit nichts als einigen vereinzelten Häusern und hier und da ein paar Ponys, die auf den umliegenden Wiesen weideten. Für uns Kinder war er ein Paradies. Ich denke gerne an die intensiven Jahreszeiten zurück, an die heißen Sommer mit dem kräftigen Weizenduft über den bestellten Feldern und an die strengen Winter mit den stets verschneiten Straßen. Wir waren immer draußen, bei jedem Wetter. Von Anfang an dabei: mein heute noch bester Freund Dirk.

Wir verbrachten unglaublich viel Zeit miteinander und entdeckten die Welt des Hahnwalds jeden Tag neu. Dort galten nicht die Gesetze der Erwachsenen, sondern unsere eigenen. Das hieß auch, dass wir Verbote auf unsere ganz eigene Weise auslegten. Eine Regel gab es allerdings: Wenn die Straßenlaternen ihr Licht entzünden, ab nach Hause! Das war aber auch schon alles.

Besonders hatten es uns die alten Luftschutzbunker aus dem Zweiten Weltkrieg angetan, waren sie doch eine hervorragende Kulisse für unsere nachgespielten Agentendramen. Fast scheint es mir heute wie ein kleines Vorzeichen, dass eines Tages plötzlich die rostige Eisentür hinter mir zuschnappte und ich mich in völliger Dunkelheit im kniehohen Wasser des Bunkers wiederfand. Nur mit viel Mühe schaffte ich es, den zweiten Ausgang zu ertasten und vor allem auch zu öffnen. Doch der Vorfall war schnell vergessen.

Meine Kindheit war ziemlich bunt. In Kühtai lernte ich mit drei Jahren im zielorientierten Einzelunterricht das Skifahren, das mich später beinahe in den Kader des Deutschen Skiverbands gebracht hätte. In Saint-Tropez hatte ich ein Motorrad, eine Enduro, auf der ich das tolle Gefühl grenzenloser Freiheit kennenlernte. Schon als Siebenjähriger fuhr ich mit der Maschine in den Ort zum Salon de glaces von Alfredo, um mir ein Eis zu kaufen, oder an die Strände von Pampelonne zum Segelunterricht. Betrachten wir es mal als Tribut an die unbekümmerten Siebzigerjahre, dass ich dabei weder einen Führerschein noch eine Zulassung, dafür aber Badelatschen an den Füßen hatte. Ich wurde in dieses Leben hineingeboren und bin sehr dankbar für die zahlreichen Privilegien, die ich als Kind durch meine Eltern erleben durfte.

Ich hing derart an der kleinen Motocrossmaschine, dass ich Mami und Papi so lange auf die Nerven ging, bis sie mir erlaubten, die Maschine mit nach Köln zu nehmen. Also schön, rein damit in den neuen Jet. Unser Chefpilot, Herr Robatsch, verdrehte ungläubig die Augen, als er sah, wie wir das gute Stück eher schlecht als recht im mit Full-Grain-Leder und Walnussholz-Interieur ausgestatteten Flugzeug festbanden. Trotzdem versuchte er mit möglichst wenig Schub zu starten. In La Môle quasi unmöglich. Noch vor dem Abheben lösten sich die Verzurrungen und das Motorrad krachte gegen die Innenverkleidung im Heck der Maschine. Danach musste erst mal eine neue Holzvertäfelung bestellt werden. Tut mir leid, Papi.

»Du fährst mit dem Ding in Köln aber nur im Garten, Johannes«, war Mamis Anweisung. Ich hielt mich tatsächlich einen ganzen Tag lang daran.

Unvergessen ein Abend im Januar 1979. Tagelanger Schneefall hatte dem Hahnwald ein bizarres winterliches Antlitz verliehen. Wunderschön. Mami und Papi waren mit den Golds, den Eltern von Jens und Nils aus der Nachbarschaft, zum Dinner verabredet. Was das bedeutete, war für mich und meinen Bruder genauso klar wie für Jens und Nils: sturmfrei! Hüben wie drüben. Für den Rest bedurfte es noch nicht mal einer vorherigen Absprache.

»Sind sie weg?«, flüsterte Andreas aus der Dunkelheit seines Schlafzimmers am Anfang des Kindertrakts.

»Ich glaube schon«, antwortete ich, horchte aber noch mal aus dem Fenster des Spielzimmers, um sicherzugehen, dass der unverkennbar kreischende Sound des Boxermotors sich aus der Garage in die Finsternis der Nacht entfernte. Nicht das beste Auto für dieses Wetter, dachte ich mir. Hatte sich der Wagen doch schon in der Vergangenheit als falsche Wahl erwiesen, als Papi ihn auf der alten Mautstraße nach Kühtai bei Sankt Sigmund im Sellraintal versenkte. Aber das war jetzt egal.

»Ja, sie sind weg!«, rief ich in voller Lautstärke durchs Haus. Danach ging alles ganz schnell. Weiße Bademäntel über den Schlafanzug, rein in die Stiefel, Handschuhe an und los! Raus ins wilde Schneetreiben und zu zweit rauf auf die Maschine. Die Luft war eisig, unser Atem dampfte, alles war tief verschneit. Gefroren haben wir trotzdem nicht. Dafür waren wir zu sehr in Action. Das Licht der französischen Scheinwerfer tauchte die Schneeflocken in einen warmen Gelbton und wies uns den Weg zu Jens und Nils. Die waren schon startklar. Ebenfalls in Schlafanzug und Bademantel. »Hast du das Seil?«, rief Andreas und Jens nickte. »Okay, dann lass uns das schon mal festzurren.«

In der Zwischenzeit holte Nilsi den Schlitten aus dem Geräteschuppen und ich mopste schnell noch ein bisschen Sprit vom Rasenmäher. Damit waren wir einsatzbereit. Zwei aufs Motorrad, zwei auf den Schlitten. Abfahrt! Der Motor hatte ganz schön zu kämpfen, aber nachdem wir erst mal in Schwung gekommen waren, konnte uns nichts mehr aufhalten. Was für ein Spaß! Gegen jede Vernunft bretterten wir durch die Gegend. Vier Kinder im Alter von neun bis dreizehn Jahren rasten in Schlafanzug und Bademantel mit einer Motocrossmaschine als Schlittenzug durch das nächtliche Schneetreiben des Hahnwalds. Born to be child!

Im Sommer darauf bekam ich in Saint-Tropez eine neue Yamaha zum Geburtstag und von nun an konnte die gesetzeswidrige Enduro-Höllenmaschine endgültig in Köln bleiben. Das schonte das Interieur von Papis Jet. Wir Kinder bauten derweil unser »Transportunternehmen« aus, für das inzwischen auch Dirki große Begeisterung entwickelt hatte. Er glänzte durch Ideenreichtum. So weiteten wir das Schlittenprinzip in den Sommermonaten auf die brandneuen Rollerskates aus, die Papi uns aus New York mitbrachte. Es war nur eine Frage der Zeit, dass das Ganze irgendwann schiefging. Wir wurden immer schneller, unvorsichtiger und vor allem immer lauter, denn das Bike machte einen beachtlichen Krawall. Der fiel wohl irgendwann den Sicherheitsleuten des damaligen Staatsministers Hans-Jürgen Wischnewski auf, der nur zwei Straßen weiter wohnte. Prompt schwärmten die Polizisten aus und wir fuhren ihnen direkt in die Arme. Sie waren außer sich und rangen nach Worten, brachten am Ende vor lauter Empörung aber nur ein barsches »Absteigen! Sofort! Wo wohnt ihr?« heraus.

Danach mussten wir vor einem der Beamten herlaufen und das Motorrad nach Hause schieben. Er war sehr um Strenge bemüht und mahnte schroff: »Kein Wort mehr!«

So marschierten wir mit hängenden Köpfen die lange Auffahrt zu unserem Haus hinauf. Oben angekommen, ließ sich erst mal niemand blicken. Es war Sonntag und ich wusste, dass es bei meinen Eltern am Abend zuvor ein bisschen später geworden war. Doch dann öffnete sich die Haustür und Papi stand vor uns. Im weißen Bademantel. Dieses Kleidungsstück war bei den Erlemanns damals offenbar das große Ding.

Sofort hatte Papi die Situation umrissen und donnerte: »Das kann doch nicht euer Ernst sein!« Aber das war nur der Anfang. Danach kam er erst richtig auf Temperatur: »Johannes! Schau mich an, wenn ich mit dir rede! Mach dich auf vier Wochen Hausarrest gefasst. Die Maschine wird in Ketten gelegt ...«

Mit jeder weiteren Drohgebärde wechselte der strenge Blick des Polizisten ein Stück weiter von autoritär Richtung mitleidig.

»Herr Dr. Erlemann«, beschwichtigte er irgendwann. »Betrachten wir das Ganze ausnahmsweise als Lausbubenstreich.« Damit packte er seinen Notizblock wieder ein, fügte noch hinzu: »Die Sache scheint mir geklärt zu sein«, und verließ gemächlich über die lange Einfahrt unser Grundstück. Was blieb, war Stille.

Mein Vater sah dem Ordnungshüter hinterher, bis er weg war. Ich machte mich auf ein erneutes Donnerwetter gefasst, doch stattdessen kam nur: »Wartet eine halbe Stunde. Dann könnt ihr weiterfahren!«, und die Haustür schlug vor unserer Nase zu.

Diese kleine Geschichte sagt viel über Papis Wesenszüge aus. Jochem Erlemann besaß eine große Autorität und konnte ziemlich furchteinflößend sein, wenn er wollte. Aber in seinem Innern war er ein Freigeist, der seinen eigenen Regeln folgte und von seiner Autorität nur dann Gebrauch machte, wenn die äußeren Umstände es erforderten. Einen eigenen Kopf fand er wichtiger als blinden Gehorsam – und ein findiges Ausreizen der bestehenden Ordnung interessanter als pure Gesetzestreue.

Er sagte immer: »Wenn mir eines zuwider ist, dann ist es Provinzialität.« Und nach diesem Motto war sein ganzes Leben ausgerichtet – beruflich wie privat. Er wollte immer hoch hinaus. Und da kam er auch hin. Meine Mutter sagte derweil: »Wenn man weiß, wie's richtig geht, kann man ruhig mal was falsch machen.« Dieser Grundsatz vertrug sich gut mit dem freiheitlichen Geist meines Vaters. Was das betrifft, passten die beiden ziemlich gut zusammen. Die Geschichte ihres Kennenlernens spricht für sich.

»GNÄDIGE FRAU, ICH WÜRDE SIE GERNE KENNENLERNEN!«

Wie sich ein junger Käferfahrer ein VW-Cabrio angelte und dabei die große Liebe fand.

Sommer 1963. Mein Vater war glücklich, wieder in Köln zu sein. Die ersten Semester seines BWL-Studiums hatten ihn nach Hamburg und München verschlagen, aber jetzt war er endlich wieder zu Hause und konnte sich voll und ganz seiner Karriere widmen, die damals mit einer aussichtsreichen Stelle bei Karstadt begann. Da sein MG-A wie immer kaputt war, fuhr er mit seinem betagten Käfer auf der Aachener Straße stadtauswärts.

»Moment mal! Da hinten wehen aber besonders schöne Haare im Wind. Ganz schön flott unterwegs, das Fräulein, das muss ich mir genauer ansehen.«

Das Schicksal spielte mit. Die Ampel sprang auf Rot und er konnte sich in seinem Wagen ganz in Ruhe an das fabrikneue schneeweiße Käfer-Cabriolet mit der hübschen jungen Frau am Steuer anpirschen. Ihr entgingen die neugierigen Blicke nicht, also gönnte sie meinem Vater einen winzigen Augenblick ihrer Aufmerksamkeit, um sich dann wieder mit betörender Gleichgültigkeit dem Straßengeschehen zuzuwenden.

»Donnerwetter«, dachte Papi und als die Ampel auf Grün wechselte, gab es für ihn nur einen Gedanken: hinterher! Drei Ampeln später kamen die beiden erneut nebeneinander zum Stehen. Jetzt oder nie. Papi sprang aus dem Wagen und lief zu ihr rüber: »Entschuldigen Sie bitte, gnädige Frau, ich würde Sie gerne kennenlernen.«

Verblüfft sah sie ihn an und erwiderte schlagfertig: »Etwa hier auf der Straße?«

Die freche Gegenfrage ließ Papi zögern. Aber nur kurz: »Äh, nein. Aber ich möchte gerne mit Ihnen das Auto tauschen. Und morgen tauschen wir zur gleichen Zeit im Café Reichard zurück.«

In diesem Moment sprang die Ampel symbolträchtig auf Grün und die gnädige Frau aus dem Wagen. Sie huschte vorbei und sagte im Umdrehen: »Der Schlüssel steckt.« Dann setzte sie sich in Papis Auto ans Steuer und fuhr davon.

Fasziniert stand mein Vater auf der Straße und sah seiner Klapperkiste hinterher. Die anderen Autofahrer gaben das Hupen irgendwann auf und lenkten ihre Fahrzeuge um ihn herum.

Am nächsten Tag folgte tatsächlich ein Kennenlernen mit der jungen Frau. Sie hieß Margarethe. Die Liebelei hielt nur für ein paar Wochen, bis Margarethe eines Tages Familienbesuch in ihrer Wohnung hatte: »Darf ich vorstellen? Meine Schwester Gabi aus Saarbrücken. Sie wird in Köln Kunst studieren und hat eine Zusage für …«

Papi hörte schon nicht mehr zu. Er sah einfach nur Gabi an. Die erwiderte seinen Blick aus ihren schwarzbraunen Augen. So folgte auf den Autotausch ein Schwesterntausch. Zwei Jahre später wurde geheiratet, drei Jahre später mein Bruder Andreas geboren. Und sechs Jahre später dann ich. Ja, es war viel los in den Swinging Sixties.

Mit ihrer klugen Bedächtigkeit und ihrer ausgleichenden Empathie war meine Mutter ein guter Gegenpol zu meinem Vater. Sie stammte aus Saarbrücken und kam aus einem Elternhaus, in dem sich strikte Ordnung und ein gewisser Nonkonformismus die Waage hielten. Ihre Mutter, meine Omi, war ein Ausbund an Tatkraft und Selbstbestimmtheit und fuhr in den Fünfzigern und Sechzigern erfolgreich Autorennen. Der Vater, Dr. Leonard Thelen, dagegen war zwölf Jahre älter als seine Frau, Arzt und sehr diszipliniert. Im Zweiten Weltkrieg hatte er eine schwere Verletzung davongetragen, durch die er im Alter halbseitig gelähmt war. Seine Praxis führte er trotzdem mit eisernem Willen weiter. Die Töchter Margarethe und Gabi wurden dort schon früh zum Assistieren eingespannt, besonders als sich Ende der Fünfzigerjahre der Gesundheitszustand des Vaters immer weiter verschlechterte.

Nach Dr. Thelens Pensionierung zogen meine Großeltern nach Baden-Baden. Etwa zur gleichen Zeit gingen die Töchter zum Studium nach Köln. Margarethe an die Uni, meine Mutter an die Werkschule, denn sie wollte bildende Künstlerin werden. Das Studium schloss sie letztendlich aber nicht ab. Die Hochzeit mit Papi kam dazwischen. Und kurz danach die Geburt von Andreas. Beides erlebte ihr Vater, den ich nicht mehr kennengelernt habe, noch mit. Die Hochzeit fand sogar in seinem Haus statt. Die Feier war klein und fast ein bisschen bieder, mit Spitzenkleid, schwarzen Anzügen und Kuchenanschneiden auf der Terrasse. Aus heutiger Sicht ziemlich untypisch für meinen Vater. Aber die Schwäche für den ganz großen Auftritt sollte sich bei ihm erst Anfang der Siebzigerjahre entfalten, als sein durchgreifender Aufstieg begann und Dr. Thelen bereits nicht mehr lebte. Danach war keine Zeit mehr für das Studium oder die künstlerischen Ambitionen meiner Mutter. Jochem hätte auch nicht gewollt, dass sie einen Job hat. Das fand er unfein. Eine Frau Erlemann arbeitete nicht.

Mami fügte sich dieser Ansage auf ihre Weise. Einerseits gab sie für Papi ihre künstlerischen Ambitionen auf, andererseits genoss sie die Vorzüge, die sein Lebensstil mit sich brachte, in vollen Zügen und schaffte sich eigene Freiräume. Regelmäßig reiste sie in ihre Lieblingsstadt New York, sie hielt den Freundeskreis zusammen und managte Häuser, Familie und Partys mit einer Entschiedenheit, die niemand in Zweifel zog. Was das angeht, hatte sie dann doch einiges von der resoluten Rennfahrerinnen-Mentalität ihrer Mutter abbekommen.

Ich weiß, wovon ich rede, denn meine Großmutter habe ich im Gegensatz zu meinem Großvater sehr wohl noch kennengelernt. Sie war sehr witzig, eloquent und hat ihre Autoleidenschaft nie aufgegeben. Bis zum Schluss hatte sie die Pokale der gewonnenen Rennen im Wohnzimmer stehen und gondelte mit ihrem Citroën DS 21, einem Riesenschiff, durch die Gegend, um ihre Immobilien-, Bank- und Aktiengeschäfte zu regeln. Oder um Erdbeeren in Rastatt zu kaufen, weil sie dort günstiger waren als in Baden-Baden. Ich habe sie geliebt.

Omi bekam von Papis geschichtsträchtigem Aufschlag in den Siebzigern noch jede Menge mit. In ihrer konservativen Finanzbetrachtung hinterfragte sie »diese modernen Provisionsunternehmungen«, die er machte, allerdings kritisch und sagte zuweilen: »Wenn er bei Karstadt geblieben wäre, wäre er jetzt ein gemachter Mann.«

Aber sie wusste auch, wie wichtig der Beitrag war, den ihre Tochter bei aller Zurückhaltung zum markanten Image des Medienlieblings Jochem Erlemann leistete. Sie war weit mehr als nur »die schöne Gabi«, als die sie in der Presse bezeichnet wurde. Sie war die Architektin unserer Familie und für uns Söhne sowieso der emotionale Hafen. Denn sie war immer für uns da – im Gegensatz zu meinem Vater, der im Zuge seiner immer größer werdenden Geschäfte irgendwann kaum noch zu Hause war. Aber um das und den ganzen dramatischen Rest zu verstehen, müssen wir erst mal klären, was es mit diesen Geschäften überhaupt auf sich hatte.

»DIE FREIHEIT IST NOCH NICHT AUSVERKAUFT!«

Wie das Wirtschaftswunder Erlemann den Finanzbeamten das Blut in den Adern gefrieren ließ und mein Vater zum »Spezialitätendoktor« wurde.

Die Stücke meines Urgroßvaters Gustav kann man sich noch heute auf Spotify anhören. Vielleicht habe ich von ihm meine Leidenschaft für Musik geerbt. Er war Komponist und Kirchenmusiker aus Trier. Als Max-Bruch-Schüler sorgte er dafür, dass in Deutschlands Bistümern einheitlich gesungen wurde. Zu Beginn des zwanzigsten Jahrhunderts unterschieden sich die Text- und Melodiefassungen der Kirchenlieder in den Diözesen des Landes enorm. Diesem Durcheinander bereitete mein Urgroßvater ein Ende, und zwar nachhaltig: Die Kompositionen seiner vereinheitlichten Choralgesänge sind bis heute aus keinem katholischen Gesangsbuch wegzudenken. Für sein umfangreiches Orgelwerk wurde er zudem vom Papst zum »Ritter vom Heiligen Grab« geschlagen. Die Erlemannstraße in Trier erinnert noch heute an ihn.

Sein Sohn wiederum, Papis Vater Dr. Edmund Erlemann, war seinerzeit Wegbereiter des Rufs von Düsseldorf als Modestadt Nummer eins. In den Fünfzigerjahren gründete er die

Interessengemeinschaft Damenoberbekleidung, kurz Igedo, und entwickelte daraus die größte Modemesse der Welt. Ich selbst erlebte ihn als Grandseigneur alter Schule. Stets makellos gekleidet mit maßgeschneiderten Hemden, Manschettenknöpfen, und alles saß immer perfekt. Unter der Woche lebte er in Düsseldorf und war neben der Modemesse auch als Teilhaber des legendären Nachtclubs Sam's sehr umtriebig. Das Wochenende war derweil seiner Familie in Oldenburg vorbehalten.

Hinter seiner Contenance war ein Blitzen in den Augenwinkeln zu entdecken, das verriet, dass er sich sein inneres Kind bewahrt hatte. Ich habe diesem alten Herrn eine Menge zu verdanken. Nicht zuletzt, weil er im Entführungsfall Johannes Erlemann eine Schlüsselrolle spielte, die exemplarisch war für sein feines Wesen, seinen Großmut und seine Zurückhaltung. Er war ein echter Ehrenmann, den ich sehr geliebt habe.

Und dann kam mein Vater: Jochem Erlemann, ein charismatischer Mann von analytischer Intelligenz und mit einem ausgeprägten Sinn für große Gesten, rhetorische Finessen und geistreichen Humor. Hinzu kam eine leicht pathetische John-Wayne-Western-Manier, denn Wayne war eins seiner großen Idole. Ich habe ihn nie gefragt, ob er es bewusst darauf anlegte, sein Leben als modernen Western zu zelebrieren, aber wenn ja, hat er es gut hinbekommen. Große Triumphe, bittere Niederlagen, Duelle, Erpressung und – nun ja – Entführung ... Es war alles dabei. Dass er im späteren Verlauf seiner Wirtschaftskarriere tatsächlich irgendwann Ranchland in Südkalifornien verkaufte, freute ihn mit Sicherheit riesig. Aber erst mal musste diese Karriere, die letztendlich die Grundlage für alles war, in Schwung kommen. Das tat sie Anfang der Siebzigerjahre.

Den erwähnten Posten bei Karstadt, den Papi nach seinem

Wirtschaftsdiplom ergatterte, ließ er schon nach drei Jahren wieder sausen. Stattdessen gründete er gemeinsam mit Dr. Jürgen Amann die BROKER Dr. Amann Deutschland GmbH. Amann gehörte, genau wie Papi sowie die Studienkollegen Erwin Walter Graebner und Dr. Dieter Quast, zu einer Truppe junger Hochschulabsolventen, die als Hilfsrepetitoren aus der »Werkstatt« von Dr. Karl Braunschweig hervorgegangen waren. Sie alle sind Mitbegründer der sogenannten »Kölner Schule«, die in den folgenden fünfzehn Jahren steuerbegünstigte Investitionen von über hundert Milliarden Mark auf den Weg brachte. Die Vertreter dieser neuen Generation von Finanzexperten waren teilweise Freunde und beinharte Konkurrenten zugleich. Ihr ständiges Wetteifern trieb die Entwicklung vieler neuer Ideen voran, von denen besonders eine die gesamte Steuerlandschaft in Deutschland verändern sollte: das Bauherrenmodell.

Eine einseitige Anzeige, die damals in der *Frankfurter Allgemeinen Zeitung* für das Modell warb, erklärte es vereinfacht folgendermaßen:

»Der Kaufpreis einer Eigentumswohnung wird aufgespalten. Zinsen, Provisionen, Garantiekosten, etc. können steuerlich abgesetzt werden: Nach unserem Beispiel für einen Kaufpreis von exemplarisch 200 000.– DM setzt der künftige ›Bauherr‹ im ersten Jahr 60 000 Mark von seinem Einkommen ab, er muss also 60 000 Mark weniger versteuern. Das bedeutet, dass er bei 50 %iger Steuerbelastung 30 000 Mark spart. Wenn man 30 000 Mark Anzahlung nimmt und 170 000 Mark persönlichen Bankkredit vermittelt, dann ist die Steuerersparnis genauso hoch wie das Eigenkapital. Die ›Bauherren‹ bauen also Wohnungen ohne Eigenkapital. 30tsd kommen per Saldo vom Finanzamt zurück. 170tsd von der Bank. Vereinfacht ausgedrückt: Das Finanzamt erstattet die Anzahlung. Und die Miete aus der Wohnung tilgt den Kredit. Am Ende gehört einem die Wohnung zum Nulltarif.«

Diese Vermögensbildung aus eingesparter Steuer war natürlich nur dem gehobenen Mittelstand oder darüber vorbehalten. Aber der schlug dafür kräftig zu. Nach Abdruck der FAZ-Anzeige glühten die Telefondrähte im BROKER-Büro und der Briefträger lieferte die schriftlichen Anfragen der Kunden wäschekörbeweise. Mit dieser Erfindung war das Kapitel Dr. Amann für Papi aber auch schon wieder beendet. Er wollte nicht der Ideengeber bleiben, kaufte sich ein Büro am Theodor-Heuss-Ring 28 und baute eine gigantische Vertriebsmaschinerie für sein eigenes Unternehmen auf: die Europäische Treuhand AG & Co. KG. Der Name war Programm. Denn jetzt wurde es international.

1973 wurde feierlich das World Trade Center eingeweiht, David Bowies »Space Oddity« erreichte die US-Radiocharts und Präsident Nixon vereinbarte einen Waffenstillstand mit Nordvietnam. Meine Eltern flogen in diesem Jahr oft mit der Concorde von Paris nach New York – jenem Überschallflieger, der später wie die Zwillingstürme des Trade Centers ein- beziehungsweise abstürzen sollte. Mami erlag der unvergleichlichen Anziehungskraft der Stadt und traf sich dort gelegentlich mit ihrer Schwester Margarethe, die inzwischen glücklich verheiratet war und mit ihrem Mann und zwei Söhnen in Richmond, Kanada, lebte.

Papi importierte derweil sein Bauherrenmodell in die USA und baute seinen ersten Wolkenkratzer in Manhattan, unterstützt vom Gouverneur des Bundesstaates New York und den Direktoren der großen Banken. So entstand am East River, direkt gegenüber des UN-Gebäudes, The Plaza, ein Wolkenkratzer mit Büros und einhundertneunundfünfzig Eigentumswohnungen.

Als Frederick Christ Trump von der Sache hörte, trat er mit der Bitte an Papi heran, seinen Sohn Donald in dem Projekt unterzubringen. Der Junge solle endlich mal was Gescheites arbeiten, fand der Immobilienunternehmer und Multimillionär. So sollte sich der spätere Präsident der Vereinigten Staaten, der damals noch keine dreißig Jahre alt war, für meinen acht Jahre älteren Vater auf Provisionsbasis um den Vertrieb der Wohnungseinheiten in The Plaza kümmern. In der Folge initiierten die beiden noch ein paar weitere Projekte in Amerika. Eins davon war der Börsen-Kabelkanal DJ-TV, ein Abschreibungsprojekt, dessen Anfangsbuchstaben Assoziationen zum Dow-Jones wecken sollten, in Wahrheit aber für die Initialen von Donald und Jochem standen.

Aber die Deals mit dem Trump-Clan waren nur der Anfang. Sein nächstes Erfolgsprojekt verwirklichte den Cowboytraum des mittelständischen Unternehmers. Ab in den Wilden Westen hieß es dabei und der Prospekt titelte: »Die Freiheit ist noch nicht ausverkauft!«

Mit seinem Seniorpartner Larry Oppenheimer, der im Zweiten Weltkrieg als Brigadegeneral gedient und unter anderem die Universal Studios in Los Angeles mitgegründet hatte, kaufte Jochem Erlemann hektarweise Ranchland in Südkalifornien, umzäunte es, installierte Bewässerungsanlagen und verpasste der dürren Gegend so einen hohen Nutzwert. Mit diesen Grundstücken machte er aus deutschen Steuerzahlern bevorteilte »Rancher« in Südkalifornien. Investitionsvolumen: 100 Millionen D-Mark. Und allein mit 19 Millionen Mark dabei: Aenne, Franz, Frieder und Hubert Burda. Der Verlegerfamilie hatte es die Missouri-Ranch bei St. Joseph, nahe Kansas City, besonders angetan. Bald brauchte mein Vater mehr Land. Larry lieferte es. Das US-Geschäft brummte.

Zurück in Köln zog Papi sich immer gerne in sein Treppchen zurück, ein historisches Gasthaus im Kölner Süden, nicht weit entfernt vom Hahnwald. Wenn er zuweilen amerikanische Gäste hatte, erklärte er immer: »You know, this restaurant is older than your whole country!« Und das war tatsächlich so. Schon im 17. Jahrhundert hatte das Fachwerkgebäude mit den roten Fensterläden als Pferdetränke und Rastplatz für fahrende Händler und Rheinschiffer gedient. Inzwischen war es dank seiner traumhaften Lage am Rhein und seiner urigen Atmosphäre ein beliebter Treffpunkt der Kölner Society und der Politprominenz der Bonner Republik. Helmut Schmidt und Walter Scheel waren ebenso regelmäßige Gäste wie der Journalist der legendären Fernsehsendung *Internationaler Frühschoppen*, Werner Höfer, und unser Nachbar, Staatsminister Wischnewski.

Für Papi war das Treppchen mehrfach die Keimzelle von Einfällen, die, genau wie er selbst, direkt aus dem Leben gegriffen waren. So auch an einem Tag im Jahr 1973. Über das, was sich da zusammenbraute, schrieb *Die Zeit* später, dass es den »Finanzbeamten noch heute das Blut in den Adern gefrieren lässt«. Man könnte allerdings auch einfach sagen: Es schlug dem Fass den Boden aus.

Joe Dohmen, der damalige Eigentümer des Treppchens, koordinierte gerade die Anlieferung neuer Bierfässer der Mainzer Aktien-Bierbrauerei. Papi, der gut mit Joe befreundet war, beobachtete das geschäftige Treiben eine Weile, dann fragte er: »Sach mal, Joe, musst du eigentlich die ganzen Fässer da kaufen?«

»Ja wat denkst du denn, Jochem?«, war die Antwort. »Geschenkt gibt's die nicht.«

Papi nickte verständig, nahm einen Schluck aus seinem Krug und wandte sich in aller Ruhe wieder ab. Aber dann überschlugen sich seine Gedanken, die schon die ganze Zeit um die Machbarkeit einer wilden Idee kreisten: Wenn eine Anlegergruppe beispielsweise für 10 Millionen Mark Bierfässer zum Preis von bis zu 800 Mark pro Stück kaufte und im Leaseback-Verfahren direkt wieder an die Brauereien zurückvermietete, dann galten diese Fässer im Steuerrecht als unbewegte, geringwertige Wirtschaftsgüter. Das hieß, sie waren sofort voll absetzbar. Wenn die Anleger vier Millionen Mark an Eigenkapital beisteuerten und sechs Millionen aus einem Bankkredit schöpften, aber sofort die gesamten zehn Millionen vor dem Finanzamt geltend machen konnten, ergab sich dadurch ein Steuervorteil von 250 Prozent. Wenn sich dann noch zwei verschiedene Anlegergruppen die Fässer immer wieder gegenseitig hin und her verkauften, verselbstständigte sich das System. Nur für den Staat wären die Auswirkungen fatal: Der ginge irgendwann pleite!

Durch eine verbindliche Genehmigung der Oberfinanzdirektion in Düsseldorf ließ Papi sich diese »Lücke« in der Gesetzeslage bestätigen. Das »Erlemann-Konzept« war geboren und wurde im Frühjahr 1974 nach bewährtem Prinzip in der *Frankfurter Allgemeinen Zeitung* beworben.

Die Wirtschaftspresse stand Kopf und berichtete rauf und runter über das Bierfässer-Leasing mithilfe des Finanzamtes. Es dauerte nicht lange, bis die ersten zwei Millionen Mark Kapital eingesammelt waren. Aber auch bei der Steuerbehörde wurde die Tragweite des Modells schnell bemerkt. Dort rauchten die Köpfe. Aus Sorge vor einer möglichen Flut von Nachahmern raunte Dr. Klotz von der Oberfinanzdirektion mit berechtigter Verzweiflung: »Das Gesetz muss sich ändern!«

Mit Dr. Josef Augstein, dem Bruder des *Spiegel*-Herausgebers, im Aufsichtsrat der Europäischen Treuhand AG und den honorigen Investoren betrachtete man das Vorgehen als Frontalangriff auf den Staat. Nach endlosen Sitzungen beschloss die Finanzdirektion, dass der Bundesfinanzminister sowie Staatssekretär Dr. Böhme in der Angelegenheit tätig werden mussten. Und das wurden sie dann auch. So brachte die clevere Idee meines Vaters den Bundestag seinerseits auf die Idee zu einer schnellen Gesetzesänderung. Im Prinzip konnten die Herrschaften im Finanzministerium dankbar sein: Der Erlemann hatte die Schwachstellen ihres Finanzsystems gefunden und sie mussten sie nur noch schließen. Doch stattdessen galt nach dem Vorfall bei der sozialdemokratischen Regierung insgeheim die Maxime: »Der Erlemann muss weg!«

Für den Moment erreichten die Politiker mit ihrer Gesetzesänderung allerdings vor allem eines: Mein Vater war pleite. Er hatte über zwei Millionen Mark eingesammelt, die Investitionen waren in vollem Gange, aber die Bundesregierung hatte ihm den Boden unter den Füßen weggerissen. Sein Modell brach zusammen und er konnte nicht mehr liefern.

Oft trieb er sich in diesen Tagen am Rheinufer herum, lief stundenlang mit aufgestelltem Mantelkragen entlang der Altstadt auf und ab, trat gegen das Geländer der Uferpromenade und ärgerte sich kolossal. Vor allem über sich selbst. Er hatte sich so viel aufgebaut, was jetzt gefährdet war: der Ruf seiner Firma, unser wunderbares Haus, die Autos, die Reisen und vor allem das große Vertrauen seiner Kunden. Sollte das nun alles von einem Tag auf den anderen der Vergangenheit angehören? Weil er nicht nach Hause wollte, schlich er sich lieber in eine der Altstadtkneipen und mischte sich unters Volk. Beim Kölsch kam man immer wieder auf die wahren Werte zurück.

»Häste Sorgen, Jung?«, sprach ihn eines Tages eine alte Frau an. Erst blieb Papi schweigsam, aber nach ein paar Kölsch ließ er sich doch noch dazu hinreißen zu antworten: »Ja. Geldsorgen!«

»Dat is doch nix Schlimmes«, erwiderte die Dame. »Hier häste fuffzig Mark. Gibste mir nächste Woche wieder.«

Papi lächelte beschämt und winkte ab. Doch im selben Moment wurde ihm klar, was zu tun war: Die Anleger mussten ihr Geld zurückbekommen. Egal wie. Über beschwerliche Umwege beschaffte er sich einen Bankkredit in Belgien. Zur vollständigen Liquidität verhalfen ihm finanzstarke Partner vergangener Tage.

Was dann geschah, war eine Sensation. Alle Geldanleger des Erlemann-Konzepts bekamen schriftlich die Nachricht, dass das angestrebte Projekt wegen der Gesetzesänderung des Bundestages nicht umgesetzt werden konnte. So weit die schlechte Nachricht. Doch die gute kam direkt hinterher: »Sie werden in Kürze Ihre Einlage zuzüglich Agios zurückerhalten.«

So etwas hatte es in der deutschen Wirtschaft noch nicht gegeben. Abermals war mein Vater unter Investoren Thema Nummer eins und die Presse beschwor das »Wunder Erlemann«. Aber es kam noch besser: Die Anleger sendeten scharenweise das erstattete Geld zurück und erbaten Optionen auf die nächsten Projekte. Die Finanzwelt war Jochem Erlemann endgültig erlegen und taufte ihn zum »Spezialitätendoktor«.

»LET THE SUNSHINE IN.«

Wie eine Hippieparade in Saint-Tropez das Filmfestival in Cannes kaltstellte und wir Kinder für den »Höhepunkt« auf Papis Hair-Party sorgten.

Anstand, Dankbarkeit und Diskretion – das waren grundlegende Werte, die meine Eltern durch ihre Erziehung in meinem Bruder und mir fest verankerten. Das mit der Diskretion war allerdings eine mühselige Sache. Denn so sehr wir uns um Verschwiegenheit bemühten, so wenig konnten wir uns dagegen erwehren, dass sie auf dem Schulhof zuweilen als Überheblichkeit oder Arroganz gewertet wurde.

Natürlich fand ich es toll, wenn es ab und an übers Wochenende im Jet nach Österreich, Frankreich oder in die Schweiz ging. Trotzdem habe ich mich nie über diese Touren definiert. Ich hatte mir dieses Leben ja nicht ausgesucht. Doch so sehr ich mich darüber auch ausschwieg, es gab immer wilde Spekulationen. Ich musste mich also gar nicht selbst über meinen Lebensstil definieren, um darüber definiert zu werden.

Die Presse tat ihr Übriges. Seit die Europäische Treuhand AG & Co. KG dem Finanzmarkt ordentlich einheizte, wurde vom *Kölner Express* bis zum *Spiegel* regelmäßig über meinen Vater berichtet. Und spätestens nach seiner Ernennung zum Präsidenten des Kölner Eishockeyclubs KEC – Die Haie im Jahr 1976 waren sowieso alle Schleusen geöffnet. Das hat Papi auch ganz gut gefallen. Zumal er als Marketingspezialist wusste, dass jegliche Form von öffentlichkeitswirksamer Darstellung stets auch Publicity für seine Unternehmungen war.

Somit hatte es eine gewisse Folgerichtigkeit, dass sein nächstes US-Projekt nach dem Ranchland-Erfolg in Kansas ein Ziel noch weiter westlich ins Visier nahm: Hollywood. Larry Oppenheimer wusste nicht nur, wie man Ländereien akquiriert, sondern hatte auch familiäre Verbindungen in Unternehmen wie MCA, Universal und United Artists. Warum also nicht deutschen Steuerzahlern die Finanzierung internationaler Filme als Abschreibungsprojekt vermitteln, dachte mein Vater und gründete die Cinema Investment Production, kurz CIP, in Berlin.

Die ersten Kinofilme, die CIP mitproduzierte, waren *Wenn der Postmann zweimal klingelt* mit Jessica Lange und Jack Nicholson, *Yanks* unter der Regie von John Schlesinger mit Richard Gere, Fassbinders *Lilli Marleen*, *Cruising* mit Al Pacino in der Hauptrolle und der sichere Hit *Die Formel* mit Marlon Brando. Die Sache lief also gut und weil Ende der Siebzigerjahre neben Kino vor allem Fernsehen das große Ding war, musste zur Abrundung des Portfolios zusätzlich eine TV-Produktion her. Dem Produzenten Lee Rich kam es gerade recht, als der unerschrockene Deutsche bei einem Strategiemeeting seiner Firma Lorimar Productions nach TV-Stoffen mit Abschreibungspotenzial fragte.

»Das hier«, schmunzelte er und schob Erlemann ein paar Treatments rüber. »Das soll so eine wöchentliche Familiensaga fürs Fernsehen werden. Das will nun wirklich keiner machen.«

»Dann mach ich das«, sagte mein Vater und sie schlugen ein. Das war sie dann also: die Geburtsstunde von *Dallas*.

Ein weiteres denkwürdiges CIP-Projekt war Hair. Miloš Formans Musical-Verfilmung mit den Welthits »I Got Life« und »Let The Sunshine In« erlebte ihre Uraufführung im März 1979 in New York. Bei der Premierenparty im Studio 54 feierte Papi bis zum nächsten Morgen durch, flog dann mit Raquel Welch direkt weiter nach Las Vegas und anschließend zum *Dallas*-Dreh in die MGM-Studios von Culver City.

Die Europapremiere von *Hair* fand zwei Monate später bei den Filmfestspielen in Cannes statt. Meinem Vater gefiel es nicht, dass sein »Baby« im Einerlei zwischen den ganzen anderen Filmen gezeigt werden sollte, also dachte er eine gute Woche vor dem Festival mit Forman über eine würdige Zusatzveranstaltung nach. Und da war er wieder, der magische Moment, in dem Jochem Erlemanns Inspiration ihm eine Idee in den Kopf pflanzte, die objektiv betrachtet jeder Machbarkeit trotzte, ihn aber gerade deshalb zur Höchstform auflaufen ließ: »Let's do it in Saint-Tropez!«

Kurzerhand wurden die Tänzer des Musicals aus den USA eingeflogen und nach Saint-Tropez gebracht, das rund eineinhalb Stunden südlich von Cannes liegt. An jeder Laterne im Jachthafen des südfranzösischen Fischerdorfes wurden Lautsprecher installiert und dann ging es los: »Let The Sunshine In«! Wie entfesselt tanzten die Darsteller in den Original-Filmklamotten den Hafen rauf und runter und legten den gesamten Verkehr lahm. Die Einheimischen tanzten mit den Polizisten der Gendarmerie, die Presse stand Kopf und alle feierten mit! Nur in Cannes blieb es an diesem Tag ruhig.

Die Hippieparade war aber nur der Auftakt. Die eigentliche Party stieg anschließend in unserem Haus. Und sie konnte sich sehen lassen. Der DJ aus dem Studio 54 hatte sich ja bereits bei der New-York-Premiere bewährt. Nun legte er in unserem Garten auf und gab von Anfang an ordentlich Gas. Zweihundert Gäste waren geladen, doch im Laufe des Abends wurden es immer mehr.

Auch unsere Cousins Philipp und Jan waren dabei, die Söhne meiner Tante Mäggie, jener Margarethe aus dem blitzblanken Cabrio, die inzwischen aus Kanada zurück nach Deutschland gezogen war und in Hamburg lebte. Andreas, Philipp, Jan und ich – das war eine explosive Mischung. Im Viererverbund entwickelten wir immer wieder einen bemerkenswerten Ideenreichtum für nachhaltigen Unfug. Und so streunten wir auch an diesem Tag durch das ausgelassene Geschehen, um irgendwann auf der Rückseite des Hauses zu landen, wo uns das Steuerelement der *Arrosage Automatique* anlächelte. Die komplexe Anlage war für die Bewässerung des Grundstücks nebst Pinienwald zuständig und arbeitete mit sehr vielen kleinen im Boden versenkten Hochdruckdüsen, die nachts hervorschossen und auch das letzte Gewächs in der hintersten Ecke des Gartens mit Wasser versorgten. Für diesen Abend war allerdings die zuständige Firma damit beauftragt worden, die Apparatur außer Betrieb zu nehmen.

Wir Kinder waren anderer Meinung. Mit großem Eifer machten wir uns an den ganzen kleinen Knöpfchen zu schaffen. Keine Ahnung, was wir da alles gedrückt haben, aber das Ergebnis war durchschlagend. Erst hörten wir aus dem Garten lautes Geschrei, dann gellendes Kichern und das Klirren zerspringender Gläser. Als wir ums Haus liefen, bot sich uns ein unvergleichliches Spektakel: Ziellos rannten die Leute von links nach rechts, um sich vor dem unerwarteten »Sommerregen« in Sicherheit zu bringen. Aber ganz gleich, wohin sie rannten, es gab kein Entkommen. Luftige Sommerkleider wurden zu hautengen Jumpsuits, die bei einigen Damen deutlich tiefere Einblicke zuließen, als ihnen lieb war; ausladende Sommerhüte klebten an triefenden Wangen,

Schminke verlief. Uns war klar, dass wir diesem Chaos ein schnelles Ende bereiten mussten. Im Eiltempo rannten wir wieder zurück zum Steuerelement und drückten erneut wahllos Knöpfe und Knöpfchen, bis der Spuk vorbei war.

Natürlich bekam die Sommerparty durch die unerwartete Dusche einen völlig neuen Charakter. Die Gäste blieben entspannt und nahmen es mit Humor. Lediglich Papi war ungehalten, da wir nicht nur seine Gäste durchnässt, sondern auch die Bewässerungsanlage reparaturbedürftig zurückgelassen hatten. Er war richtig in Rage, was in der Form selten passierte. Spontan fällt mir nur noch ein bedeutsames Ereignis ein, wo er ähnlich in Wallung kam. Es passierte in Zürich.

Wir wohnten in einer Ecksuite des Grandhotels Baur au Lac. Andreas und ich fanden Gefallen daran, kleine Wasserbomben aus dem Fenster auf die vorbeiziehende Gesellschaft unten auf dem Trottoir zu werfen. Als das langweilig wurde, stiegen wir auf Papierflugzeuge um. Dabei kam ich irgendwann auf die großartige Idee, die Dinger im Sinne der stetigen Steigerung anzuzünden. Es war spannend zu beobachten, wie sie mit Flammen an den Flügeln lossegelten und dann mit einer glühenden Rauchsäule am Heck in den Schanzengraben stürzten.

Dass so ein Papierflugzeug allerdings auch einen großen Bogen drehen konnte, um dann ins offene Fenster der Suite unter uns zu fliegen, hatte ich nicht bedacht. Doch genau das passierte. Schnell fingen die Spitzengardinen Feuer und das Unglück nahm seinen Lauf. Glücklicherweise hatte auch das Baur au Lac eine Arrosage Automatique. In diesem Fall diente sie dem Brandschutz. Papis Empörung war heftig, aber sein Strafmaß pädagogisch wertvoll: ein sechsseitiger Aufsatz zum Thema »Wie ich das Hotel Baur au Lac anzündete«.

»DER SCHNUCKI MACHT DAS SCHON.«

Wie ich die kindlichen Grenzen des Funktionierens erreichte und dabei meine größte Angst kennenlernte.

»Ich würde Johannes als besonders robust einschätzen. Er hat ein ganz dickes Fell, womit ich nicht sagen will, dass er unsensibel ist.« Diese Einschätzung meiner Persönlichkeit als Kind gab meine Mutter während der Entführung bei der Polizei zu Protokoll. Alles in allem würde ich ihr zustimmen. Ob die Robustheit manchmal überschätzt beziehungsweise die Sensibilität unterschätzt wurde, ist eine andere Frage, die für mich letztlich aber kein großes Problem darstellt. Dass ich das so sehe, hat zwei Gründe.

Erstens ist mir auf liebevolle Weise anerzogen worden, dass ich zu funktionieren habe. Eine typische Redensart meines Vaters in den Jahren meiner Kindheit lautete: »Der Schnucki macht das schon.« »Schnucki« war neben »Johänneschen« der zweite Spitzname, den er mir gegeben hatte. Durch ihn klang die Aussage einerseits liebevoll und suggerierte ein großes Zutrauen, sie erzeugte aber auch einen gewissen Erwartungsdruck. Wenn angenommen wurde, dass ich was auch immer »schon mache«, dann wurde ich dieser Erwartung eben gerecht und funktionierte. Ich wollte ja niemanden enttäuschen.

Welche Absicht die treibende Kraft bei meinem frühkindlichen Training zur funktionierenden Selbstbestimmtheit war, weiß ich nicht, aber sie führt zu Grund Nummer zwei: Die unfreiwillige Konditionierung war die Basis jener Überlebenskraft, durch die ich den schwierigsten Prüfungen in meinem Leben gewachsen war. Sie ließ mich funktionieren, egal in welcher Lebenslage. Und sie wies mir den Weg zum Bewältigen und Überstehen von Krisen.

All das hatte durchaus einen hohen Preis. Mitunter wurden Sorgen und Ängste in meiner Kindheit ganz beiläufig plattgetreten und am Ende blieb ich unweigerlich allein damit. Was im Umkehrschluss bedeutete, dass die Erwachsenen mein »robustes« Wesen als Vorwand nahmen, nicht so genau hinzuschauen. So spielten sich mein Umgang mit der Welt und der Umgang der Welt mit mir ein und liefen einigermaßen reibungslos. Zumindest meistens.

Die Situationen, in denen ich mich in meiner frühen Kindheit wirklich gefürchtet habe, kann ich an einer Hand abzählen. Einmal hat mich Christopher Lee das blanke Grauen gelehrt. Da waren meine Eltern mit meinen Großeltern essen, Andreas schlief und Herr Fritsch, Opis Fahrer, saß im Wohnzimmer und guckte fern. Weil ich wie üblich nicht schlafen wollte, schlich ich runter, kauerte mich hinters Sofa und linste über die Lehne zum Bildschirm. Es lief ein alter Kostümschinken. Irgendwas mit Schlössern und Kutschen und Frauen in Rüschenkleidern.

Anfangs war ich mäßig beeindruckt. Aber dann kam die Szene, in der dieser Mann mit dem langen schwarzen Umhang und den Blutstropfen in den Mundwinkeln schlafend in einer Kiste lag, urplötzlich die Augen aufriss und seine messerscharfen Schneidezähne entblößte. Da bin ich ausgeflippt. Schreiend sprang ich hinterm Sofa hervor, erschreckte den guten Herrn Fritsch damit meinerseits halb zu Tode, rannte panisch durchs Wohnzimmer und zog den Stecker des Fernsehers aus der Wand. Der Typ im schwarzen Umhang war Christopher Lee als Dracula. Ein echter Schock, dieser Mann. Der Gedanke an ihn verfolgte mich noch eine ganze Weile.

Solche Schreckmomente änderten aber nichts daran, dass meine größte Angst als Kind nicht der Dunkelheit oder irgendwelchen Monstern galt, sondern einem sehr viel alltäglicheren, realeren Szenario: dem Alleingelassen- oder Vergessenwerden.

Auch wenn ich keinerlei Probleme damit hatte, mich mit mir selbst zu beschäftigen, konnte ich mir als Kind eigentlich immer sicher sein, dass irgendwer da war. Wenn meine Eltern ausgingen, nahmen sie uns entweder mit oder sie ließen uns jemanden zum Aufpassen da. Und wenn es nur Herr Fritsch war. So war ich es gewohnt. Wurde diese Gewohnheit durchbrochen, machte sich schlagartig große Unruhe breit.

Ich werde nie vergessen, wie ich einmal mitten in der Nacht aufwachte und dabei feststellte, dass die Tür zu Andreas' Zimmer offen stand und sein Bett leer war. Ich war damals vielleicht sieben oder acht und hatte eine vergleichbare Situation noch nie erlebt. Alarmiert horchte ich ins Dunkel hinein. Aber da war nichts. Kein Zeichen von Leben rührte sich in unserem stockfinsteren Haus. Es war so totenstill, dass es mir vorkam, als würde meine Stimme die Wände erzittern lassen, während ich nach Mami rief. Aber noch viel schlimmer war das Schweigen danach. Und die bittere Erkenntnis, dass sich meine größte Sorge bewahrheitete: dass sich niemand außer mir in diesem riesengroßen Haus befand.

Danach bin ich von Zimmer zu Zimmer gelaufen und hab überall Licht angemacht. Was die Erkenntnis aber nur immer wieder aufs Neue bestätigte. Am Ende sackte ich angstgeschüttelt und erschöpft auf der untersten Stufe der Treppe unserer Eingangshalle zusammen und weinte bitterlich, bis sich nach einer gefühlten Ewigkeit ein Schlüssel im Schloss drehte und meine Eltern zusammen mit Andreas ins Haus kamen.

Sie waren im Krankenhaus gewesen. Mein Bruder hatte nachts auf einmal heftige krampfartige Bauchschmerzen bekommen. Es war ein Notfall. Und weil das Johänneschen so fest geschlafen hatte, dachten sie, ich würde sowieso nichts von ihrer Abwesenheit mitbekommen. Aber diesmal funktionierte Schnucki nicht so, wie sie es sich gewünscht hatten. Danach mussten meine Eltern mir hoch und heilig versprechen, nicht noch mal abzuhauen, ohne mir vorher Bescheid zu sagen. Das taten sie. So steckte ich den Schock einigermaßen weg. Die Nacht hatte trotzdem weitreichende Folgen. Mit ihr begann sich ein neuer beunruhigender Ausnahmezustand in unser Leben zu schleichen: die Krankheit meines Bruders.

»ICH HAB'S ÜBERWUNDEN, FIND ICH!«

Wie das Schicksal meines Bruders uns ein Stück Leichtlebigkeit austrieb, aber auch lehrte, jeden Augenblick zu schätzen.

Es ging los mit den erwähnten Bauchkrämpfen. Die hatte Andreas immer mal wieder in unregelmäßigen Abständen. Eingehende Untersuchungen ergaben im Frühjahr 1979 eine gnadenlose Diagnose, die meinem Bruder und mir zunächst aber vorenthalten wurde. Andreas sollte noch einen unbeschwerten Sommer erleben.

In diesen Monaten waren wir noch öfter als sonst in Saint-Tropez. »The Logical Song«, »Roxanne« und David Bowies »Station to Station« waren der Soundtrack dieses Sommers und ließen das Jahr besonders leichtlebig erscheinen. Wir waren ständig alle zusammen unterwegs. Mit dem Mini Moke ging es an unsere liebsten Strände, zum Le Club 55 und zur Bar von Claudy am Moorea Plage, abends zu Félix ins L'Escale, zur Villa Romana oder auf einen kleinen Snack zu Henri ins Gorille.

Wir fuhren so oft wie nie zuvor mit unserer Riva raus aufs Meer, einem wunderschönen Motorboot mit zwei 350-PS-V8-Motoren. Früher hatte Papi nie Zeit für diese Bötchentouren gehabt und uns immer vertröstet, doch in diesem Jahr war er für seine Verhältnisse ungewöhnlich viel für uns da. Das entging weder Andreas noch mir. Aber wir hinterfragten es nicht. Wir freuten uns nur darüber. So tollten mein Bruder und ich wochenlang ahnungslos unter der strahlenden Sonne und den funkelnden Sternen überm Golf von Saint-Tropez herum und dachten an nichts Böses.

Ab und zu durften wir am frühen Abend zu den Stränden fahren, um Freunde zu treffen, die wir im Laufe der Jahre gefunden hatten. Eine erste kleine Liebelei bescherte Andreas romantische Spaziergänge in der Bucht von Pampelonne. Und ich freue mich, dass ich dank meines großen Bruders zu so später Stunde überhaupt noch rausdurfte. Noch eine letzte Runde mit der Yamaha. Noch einmal »L'été indien« von Joe Dassin auflegen. Sich noch einmal unsterblich fühlen.

Umso schonungsloser brach die brutale Realität über uns herein, als wir am Ende der Ferien zurück in Köln waren, wo Mami und Papi uns eröffneten, was sie schon den ganzen Sommer über gewusst hatten: Andreas litt an einer seltenen Form von Polyposis, die zur Folge hat, dass die Darmschleimhaut von Polypen überwuchert wird. Seine Werte hatten sich so verheerend entwickelt, dass er noch im September ins Krankenhaus musste, um operiert zu werden.

Weil der Eingriff heikel und kompliziert war, sollte er von einem Spezialisten, Professor Rickham vom Kinderspital der Universität Zürich, durchgeführt werden, bei dem Andreas schon länger in Behandlung war. Das hieß, dass Mami und Andreas im September 1979 in die Schweiz flogen. Ohne mich. Ich blieb mit Papis Mutter und ihrem zweiten Mann im Hahnwald zurück.

Mein Stiefopi war Künstler und ein toller Mann, den ich sehr mochte. Omi dagegen war ziemlich anstrengend. Immer wenn es irgendwo brenzlig wurde, hielt sie sich die Hand an die Stirn, sagte: »Ich glaub, ich werde ohnmächtig« und ließ sich fallen. Ich konnte diesen Darbietungen nie etwas abgewinnen. Und weil Papi sich nun wieder rarmachte, lebten Omi und ich im Hahnwald behutsam aneinander vorbei und gingen beide davon aus, dass es nur für ein paar Wochen sein würde. In der Summe sollte es Jahre dauern, bis Andreas wieder nach Hause kam, doch das konnte damals niemand abschätzen. Wäre das der Fall gewesen, hätte ich dafür gekämpft, mit nach Zürich zu kommen und dort zur Schule zu gehen, denn ich mochte die Stadt sehr. So jedoch fieberte ich an manchen Freitagen dem Moment entgegen, an dem mich unser Fahrer, Herr Schmitz, von der Schule abholte, zum Flughafen fuhr und in den Learjet setzte, der mich nach Zürich brachte.

Meine Eltern hatten in dieser Zeit im Baur au Lac eine geräumige Suite bezogen, von der aus man einen tollen Blick auf den Schanzengraben und den Zürichsee hatte. Eine Anmietung ohne Abreisedatum. Oft saß ich stundenlang in der Lobby herum, aß meine Toblerone und sah mir die Menschen an, die in ihren schicken Monteverdis, Aston Martins und Maseratis vorfuhren. Mir gefiel das. Die älteren und vor allem viele junge Damen kamen von der Bahnhofstraße und ließen sich Tüten von Fendi und Chanel hinterhertragen. Mondäne Herren in perfekten Anzügen mit der *Neuen Zürcher Zeitung* unterm Arm gaben sich weltmännisch, lebten aber den Charme der alten Schule. Max Frisch ließ grüßen und ich vergaß für ein paar Momente die Umstände in Köln und die Sorge um Andreas.

Letztere stellte sich leider immer wieder als berechtigt heraus. Aus zwei geplanten Operationen wurden sechs, aus einem auf sechs Wochen angelegten Krankenhausaufenthalt ein monatelanges Hin und Her zwischen Klinik, Entlassungen und notfallartigen Wiedereinweisungen aufgrund lebensbedrohlicher Komplikationen. So ging das fast ein Jahr lang.

Am Ende bekam Andreas einen künstlichen Darmausgang. Danach verbesserte sich sein Zustand zusehends. Den Erholungsprozess dokumentierte eine Freundin von uns, die Journalistin Gisela Reich, 1980/81 in einer ARD-Langzeitdokumentation, die sie über Andreas und seinen Umgang mit der Krankheit drehte. In dem Film antwortet er zum Schluss auf die Frage, warum er bei dem Projekt mitmachte: »Ich möchte genau zeigen, anderen Kindern oder auch Erwachsenen, dass man schwere Krankheiten überwinden kann. Ich sitz ja hier wieder und spiele draußen, fahre Fahrrad, gehe schwimmen, und ich hab's überwunden, find ich.«

Wenn ich das heute höre, berührt es mich sehr, wie ähnlich wir uns trotz aller Unterschiede am Ende doch waren. Andreas' Motivation, seine Geschichte zu erzählen, war damals die gleiche, die mich heute dazu drängt, meine zu erzählen. Gleichzeitig versetzt mir die Aussage einen heftigen Stich. Denn so ganz stimmte es nicht, dass er die Krankheit überwunden hatte. Die Unbeschwertheit unseres letzten schwerelosen Sommers in Saint-Tropez kam nie vollständig zurück. Andreas' Alltag blieb von der Krankheit gezeichnet. Wie es seine Art war, trug er die Bürde, ohne zu klagen. Er nahm sie einfach an. Still und souverän. Bis zum Schluss.

Es tut weh, diese Worte zu schreiben. Sie bringen Erinnerungen an Andreas zurück, die ich nicht mehr mit ihm teilen kann. Er ist im April 2022 an den Folgen seiner Krankheit gestorben. Viel zu früh, mit Mitte fünfzig. Aber letztendlich eben doch viel später, als es zwischenzeitlich den Anschein hatte. Trotz aller Einschränkungen hatte er noch ein gutes Leben, heiratete eine tolle Frau und bekam eine wunderbare Tochter, Florentine. Aber das gesundheitliche Auf und Ab begleitete ihn bis zu seinem Tod. Über vierzig Jahre lang. Angesichts dieses langen Leidenswegs scheint mir meine eigene Geschichte manchmal völlig unwichtig, auch wenn ich weiß, dass solche Vergleiche Quatsch sind. Nicht zuletzt, weil Andreas selbst es immer wieder sagte. Er konzentrierte sich lieber auf die positiven Seiten.

Zum Beispiel darauf, dass seine Krankheit uns als Brüder näher zusammenbrachte. Unter den besonderen Umständen entwickelten wir schon früh einen sehr respektvollen Umgang miteinander, der auf einem ständigen Ausbalancieren unserer jeweiligen Stärken und Schwächen basierte. Während ich versuchte, ihm zu helfen, wo ich konnte, lernte er meine Bemühungen zu schätzen und stellte demzufolge den großen Bruder hintenan. So begegneten wir uns trotz unserer vier Jahre Altersunterschied auf Augenhöhe. Wir passten, jeder auf seine Weise, auf den anderen auf. Zumindest soweit es in unserer Macht stand. Daran hielten wir fest. Auch wenn uns die Geschehnisse der folgenden Zeit immer wieder deutlich machten, wie begrenzt diese Macht war.

»ASTRID! ICH GLAUBE, ICH WERDE VERHAFTET.«

Wie die Erlemann-Söhne aus der Schusslinie gebracht wurden und Papi eine Last zum Verhängnis wurde, die er aus dem Libanon mitgebracht hatte.

Nicht alle unserer Reisen dienten dem Vergnügen. Bei manchen ging es auch ums blanke Überleben. Als Mami meinen Bruder und mich im September 1980 aus heiterem Himmel um drei Uhr nachts aus dem Bett scheuchte, war sofort klar, dass wir uns in einer ernsten Lage befanden. Die Situation war spürbar angespannt. Jede Minute zählte. Ich konnte mir gerade noch meinen kleinen Schmuse-Snoopy schnappen, dann saßen wir auch schon im Auto. Herr Schmitz brachte uns auf direktem Weg zum Flughafen. Im Schlafanzug stiegen wir in den Jet, der bereits startklar war. Erst als wir die Startbahn erreichten, durchbrach Mami die angespannte Stille: »Wir fliegen zu Tante Mäggie nach Hamburg. Vielleicht für ein bisschen länger.«

Ohne Ankündigung? Unter der Woche? Mitten im Schuljahr? Uns war natürlich klar, dass es sich bei unserem »Ausflug« nicht um eine Kaffeefahrt handelte. Es war auch nicht das erste Mal, dass etwas in dieser Art passierte, aber diesmal herrschte eine ungewöhnliche Nervosität in der Kabine. Auf der einen Seite Andreas, der noch nicht vollständig genesen war, auf der anderen Seite Mami, die keinen besseren Eindruck machte und kreidebleich war. Aber da ich mich wie gewohnt darum bemühte, keine zusätzliche Mühe zu machen, stellte ich keine Fragen – ich hätte die Antwort auch gar nicht hören wollen.

Hotel Excelsior, sechseinhalb Stunden früher: Auf dem Flur der vierten Etage vor Zimmer 428 standen zwei Wächter, die sich keinen Zentimeter von der Stelle bewegten. Denn in dieses Zimmer waren zuvor meine Eltern und ihr Anwalt Prof. Kohlmann gelotst worden. Vom Kronleuchter über die Damastsofas bis zum Perserteppich war hier alles aufs Feinste ausgestattet. Das Gleiche galt für die Herren, die ihnen gefolgt waren. Die trugen Seidenanzüge und Sonnenbrillen. Und sie hatten Maschinenpistolen von Heckler & Koch in den Händen, denn sie forderten Geld, das mein Vater nicht bereit war zu zahlen. Daraufhin drohten die Herren, angeblich belastendes Material über ihn an die Behörden in Deutschland zu geben beziehungsweise von ihren Maschinenpistolen Gebrauch zu machen, sollte er versuchen, die Suite zu verlassen.

Vier Stunden wurde diskutiert, telefoniert und verhandelt. Dann beendeten Papis Sekretärin und Frau Kohlmann die Geiselnahme vorzeitig. Die beiden hatten sicherheitshalber die ganze Zeit in der Excelsior-Lobby gewartet und riefen nach Mitternacht von der Rezeption aus im Zimmer Nummer 428 mit der Drohung an, die Polizei zu verständigen, wenn meine Eltern und Prof. Kohlmann nicht auf der Stelle runterkämen. Zeugen und Polizei wollten die Männer mit den Maschinenpistolen nicht haben, also ließen sie Mami und Papi erst mal laufen. Danach stand fest, dass wir sofort wortwörtlich aus der Schusslinie gebracht werden mussten. Und zwar zu Tante Mäggie nach Hamburg. Sie hatte mit ihrem Mann in Klein Flottbek gerade ein neues Haus bezogen, in dem wir alle gut unterkommen und für die nächsten drei Wochen unbemerkt bleiben konnten.

Papi ließ sich in dieser Zeit bei uns kaum blicken. Es schien, als würden ihm die Ereignisse der letzten Zeit ganz schön zusetzen. Vor allem die Krankheit von »Eas«, wie er Andreas liebevoll nannte, konnte er nur schwer ertragen. Wenn er in Zürich zu Besuch war, verkroch er sich am Krankenbett für zwei Stunden hinter der *Welt am Sonntag* und sagte dann zu Mami, dass es jetzt Zeit sei fürs Mittagessen in der Kronenhalle. Nach dem Essen verschwand er wieder.

Ich weiß nicht, ob man ihm wegen seiner zwischenmenschlichen Schwächen im Umgang mit leidenden Menschen einen Vorwurf machen kann. Das Leid anderer machte ihm erheblich zu schaffen, wenn er nicht in der Lage war zu helfen. Im Zimmer neben Andreas lag ein schwer krankes geflüchtetes Mädchen, dessen Eltern keine Mittel für eine Operation hatten und nicht bei ihrer Tochter sein konnten. Papi sah sich das Elend durch die Glasscheibe von Zimmer zu Zimmer exakt einmal an. Am nächsten Tag konnte der Eingriff getätigt werden. Er hatte alles in die Wege geleitet, ohne jemandem etwas davon zu sagen. Wir erfuhren es nur durch Zufall vom Krankenhauspersonal. Hinschauen konnte er nicht, aber organisatorisch vollbrachte er Höchstleistungen, zumindest wenn es in seiner Macht stand. Und das ist schließlich auch viel wert.

Dennoch überschritt er zuweilen die Grenzen seiner Fehlbarkeit. Als Andreas einmal in Kühtai einen maximalen Gesundheitseinbruch hatte, musste er mit dem Helikopter nach Innsbruck zum Jet gebracht werden. Ich blieb allein im Jagdschloss zurück, aber das war okay. Wir hatten das besprochen. Außerdem ging es um Stunden. Als sie die Gangway zum Learjet hochstiegen, zögerte Papi auf einmal und erklärte meiner Mutter dann, er müsse dringend weg, nach Amerika. Andernfalls würde ein komplettes Projekt in sich zusammenfallen. Dabei blieb es. Er flog nicht mit nach Zürich.

2006, drei Jahre bevor mein Vater starb, habe ich mit ihm und Andreas einen Roadtrip zu wichtigen Plätzen seines Lebens unternommen. Heiligabend saßen wir im Club 55 am Strand von Saint-Tropez, hatten dicke Pullis an, die Brandung toste und überall waren Kerzen aufgestellt. Im Radio lief eines seiner Lieblingslieder: »You Give Me Something« von James Morrison. Es war eine tolle Stimmung. Da brach es auf einmal aus Papi heraus. Unter Tränen ging er mit sich ins Gericht. Schonungslos. Es war die aufrichtigste Selbstreflektion, die ich je erlebt habe. Und ja, Andreas und ich haben ihm verziehen, dass er damals, siebenundzwanzig Jahre zuvor, gar nicht wirklich nach Amerika musste, sondern sich in seine damals noch heimliche Liaison mit Cher geflüchtet hat, weil er es nach dem Helikopterflug mit seinem schwer kranken Sohn nicht länger aushielt, dessen Leid mitanzusehen. Ich bin froh, dass er dieses Geständnis an seinem Lebensabend noch herausgebracht hat. Es wog einfach zu schwer.

Und noch einmal Adventszeit, sechsundzwanzig Jahre früher. Es war der 3. Dezember 1980, ein verschneiter Mittwoch. Jochem Erlemann begab sich mit seinem dunkelgrünen Daimler Double Six auf den Weg zu Notar Dr. Konrad Adenauer, weil eine Firmengründung anstand. Am Hörer des C-Netz-Autotelefons war seine Sekretärin Astrid. Es ging um den vernichtenden Artikel, den der *Spiegel* am Montag über mögliche strafrechtlich relevante Ungereimtheiten seiner Firma Contruck veröffentlicht hatte. Ein

Fiasko, das für meinen Vater zweieinhalb Jahre zuvor in den Straßen von Beirut begonnen hatte.

Der Libanon steckte damals mitten in den Wirren des Bürgerkriegs. Schon der Anflug auf Beirut war abenteuerlich. Mehrfach musste D-COOL über dem Westen der Stadt kreisen, bis eine Landung möglich schien. Papis Kapitän Horst Robatsch hatte in jungen Jahren bei einer Elitetruppe von Kampfjetpiloten gedient und scheute kein Manöver, damit mein Vater schnellstmöglich wieder festen Boden unter den Füßen hatte. Die Hitze brannte. Mit gelöster Krawatte und weit geöffnetem Hemd lief Jochem Erlemann orientierungslos durch die Unruhen der Straßen Beiruts. Endlich erwischte er ein Taxi. Eine beträchtliche Menge Bargeld überzeugte den Fahrer, die riskante Tour durch die Stadt zu den Außenbezirken auf sich zu nehmen. Es ging vorbei an Autowracks, Schrotthändlern und einer Holzbaracke. Dann bremste der Wagen plötzlich und der Fahrer signalisierte unmissverständlich: Raus hier. Mein Vater sah aus dem Fenster und versuchte noch zu verhandeln, aber es war nichts zu machen. Er musste aussteigen. Der Wagen rauschte ab, verschwand in einer Staubwolke und Jochem Erlemann stand da. Allein. Am Rand der Wüste.

Fassungslos schaute mein Vater sich um. An dieser Stelle sollte die Zentrale seiner Firma Contruck stehen, ein Unternehmen zum An- und Verkauf von Stahlgasflaschen und Gasabfüllstationen sowie der Vermietung von Hebekränen und schweren Baumaschinen in den Libanon. Er war hergekommen, weil ihn die Bilanzen des Unternehmens beunruhigt hatten und ein Treffen mit dem Management vorgesehen war. Als nach der Ankunft in Beirut absolut niemand telefonisch erreichbar gewesen war, hatten sich seine Bedenken noch verstärkt. Aber selbst die ausgefallensten Spekulationen hätten niemals das Ausmaß dessen erfassen können, was er hier vorfand. Nämlich nichts!

Offenbar hatte es diese Firma nie gegeben. Die eigentliche Tragweite der Katastrophe zeigte sich hier ganz unmittelbar und drängende Fragen stellten sich: Was war mit dem 275-Millionen-Kredit zur Finanzierung der Maschinen passiert? Wo waren die 100 Millionen Mark der Investoren? Und wo befanden sich das Management und der Contruck-Vertragspartner Dr. Klein?

Um diese Fragen zu beantworten, müssen wir noch weiter zurückgehen. In den Sommer 1974. Da fiel eine kleine Flotte von Speditionsfahrzeugen im Hahnwald ein. Es kündigten sich neue Nachbarn an, die in Sichtweite unseres Hauses eine opulente Villa bezogen. Schon der Einzug sollte wohl eine Art Statement sein: azurblauer Rolls-Royce, routinierte Gesten, der Hausherr äußerst eloquent und letztlich von allem ein bisschen zu viel. Keine zwei Tage später hatten meine Eltern eine Einladung für ein privates Dinner im Briefkasten. Absender: »Dr. Helmut Peter Klein. Die neue Nachbarschaft.«

Mit dem Schauspiel der folgenden Jahre könnte ich viele Seiten füllen, aber ich liefere mal die Kurzform: Klein war vorsätzlich unser Nachbar geworden und Klein ließ meinem Vater durch den Direktor der Deutschen Bank gezielt seine scheinbare Integrität vorgaukeln. Papi fiel auf das gekonnte Gehabe rein und ließ sich auf eine gemeinsame Unternehmung ein. Basierend auf Kleins Geschäftsmodell, wurde die Contruck gegründet. Papi steuerte sein bewährtes Marketing bei, Klein leitete die Firma und kümmerte sich um die Finanzen. Beides machte er hingebungsvoll, indem er meinem Vater jahrelang durch einen bestochenen Wirtschaftsprüfer gefälschte Bilanzen vorlegen ließ. Mithilfe dieser Unterlagen wurden Verluste vor dem Finanzamt geltend gemacht, die wiederum Gewinne bedeuteten, für die sich Klein Provisionen auszahlen ließ. Aus seiner Sicht lief alles bestens.

Aber zurück zum Rand der Wüste. Was meinem Vater nun blieb, war eine substanzlose Contruck, die eines der größten Wirtschaftsverbrechen der letzten zehn Jahre begangen hatte. Alle Beteiligten waren abgetaucht und das Geld war weg. Das Taxi auch. All das bei 43 Grad im Schatten und ohne etwas zu trinken, in einem Land, das vom Bürgerkrieg beherrscht wurde. Beim stundenlangen Fußmarsch an Beirut vorbei zurück zum Flughafen lernte Papi eine neue Seite an sich kennen. Später erzählte er mir, dass er in dieser Situation zum ersten Mal in seinem Leben richtig Angst hatte.

Während sich die Nachmittagssonne des Nahen Ostens dem Horizont zuneigte, blickte er verzweifelt und ein bisschen melancholisch auf die Errungenschaften der letzten Jahre zurück: Inzwischen hatte er dreiundzwanzig Gesellschaften, produzierte internationale Filme, baute Immobilien und 130 Meter lange Schiffe und verkaufte sein von ihm so geliebtes Ranchland in Südkalifornien. Sein Investitionsvolumen lag mittlerweile bei einer Milliarde Mark. Es lief so rund, dass ihm niemand ein Motiv für die Räuberei im Libanon hätte nachsagen können. Er war auch nicht bereit, die Fakten zu akzeptieren und sein Kapital, das Vertrauen der Anleger, deshalb zu verlieren, weil sein eigenes Vertrauen missbraucht worden war. Und der Fehlschlag mit den Bierfässern war ja damals auch noch mal gut ausgegangen.

Immer wieder kreisten seine Gedanken um die Rückoption: Drei Jahre später wäre diese Option ausgeübt worden, die Gasflaschen, die es nicht gab, hätten an die Verkäufer zurückgehen können, das Ganze hätte sich von allein liquidiert und die Steuervorteile der Anleger wären gerettet gewesen. Die Alternative war der geschäftliche Suizid in Form einer Selbstanzeige, die automatisch die Zerschlagung seiner gesamten Firmengruppe bedeutet hätte. Der Grat zwischen Gesetzestreue oder -bruch war so dünn wie noch nie.

Natürlich hätte er sich und die verantwortlichen Betrüger der Unternehmung auf der Stelle anzeigen müssen. Doch er schwieg und setzte auf die Rückoptionstaktik. Warum? Vielleicht, weil er mit seinen vergleichsweise jungen neununddreißig Jahren noch große Projekte und Ideen verwirklichen wollte. Oder weil er uns, seine Familie, schützen wollte. Oder weil er sich selbst die Häme, die über ihn hereinbrechen würde, ersparen wollte. Vielleicht auch, weil er wirklich an die Chance, das Ruder noch herumzureißen, glaubte. Die wahren Beweggründe für die Entscheidung, zu schweigen, kannte nur er selbst. Aber ihm muss klar gewesen sein, dass er fortan mit einer gewaltigen Last auf den Schultern in jeden neuen Tag gehen würde.

Diese Last wurde ihm an jenem verschneiten 3. Dezember 1980 zum Verhängnis, als er mit seinem grünen Daimler Double Six die Rheinuferstraße in Höhe der Marienburg entlangfuhr und mit seiner Sekretärin am Autotelefon sprach.

»Astrid! Vor und hinter mir fahren schon die ganze Zeit jeweils zwei Autos«, unterbrach er sie, während sie noch über die *Spiegel*-Story redete.

Sie stutzte irritiert und fragte: »Wie bitte?«

»Astrid! Die keilen mich gerade ein.«

»Jochem! Was ist da los ...?«

Stille. Und dann: »Astrid! Ich glaube, ich werde verhaftet.«

»KÖNNEN SIE AUCH AUF FÜNF MILLIONEN RAUSGEBEN?«

*Wie unser Leben etwas bescheidener wurde
und das Jahr des großen Crashs
mit einer heiteren Ruhe begann.*

Mit dem Tag von Papis Festnahme verschwand nicht nur er selbst von der Bildfläche. Eine ganze Branche hatte sich verabschiedet. Eine Woche später war der *Spiegel* wieder in seinem Element und beschwor die »Erlemann-Affäre«, während *Die Zeit* unheilvoll konstatierte: »Die Steuerspar-Branche hat ihren bisher größten Skandal.« Was damit gemeint war, brachte mein Vater bald darauf in einem Fernsehinterview direkt aus der Untersuchungshaft, ganz in Erlemann-Manier, selbst auf den Punkt: »Also, wenn Sie mich fragen, ist die Steuerspar-Branche tot.«

Aber noch mal zurück zum Abend des 3. Dezember: Als Papi dann mit seinem Anwalt Dr. Latz auf der Wache der Polizeidirektion am Kölner Waidmarkt saß, fuhr die Justiz erst einmal große Geschütze auf.

»Herr Erlemann!«, sprach der Staatsanwalt. »Wir haben Informationen aus einer todsicheren Quelle! Durch einen anonymen Hinweis wurde uns bekannt, dass ihr Learjet startbereit auf dem

Flughafen Köln-Wahn steht. Er soll in den letzten Tagen selbst auf Anfragen nicht mehr vermietet worden sein. Dadurch besteht der dringende Verdacht, dass das Flugzeug rund um die Uhr zur Flucht bereitsteht.«

Mein Vater unterbrach die Runde: »Da müssen Sie sich irren, Herr Staatsanwalt. Mein Learjet befindet sich seit vier Tagen in Zürich bei der Jet Aviation zur Generalüberholung. Das Flugzeug ist demontiert und flugunfähig. Mein Pilot wartet noch darauf, dass die Generalinspektion abgeschlossen wird.«

»Und wie erklären Sie sich, dass unsere Zeugen das Flugzeug gesehen haben?«

»In Köln stehen seit Jahren zwei baugleiche Learjets«, antwortete Papi. »Einer davon gehört Otto Wolff von Amerongen. Ich gehe davon aus, dass sie mein Flugzeug mit dem von Otto Wolff verwechseln.«

Die Staatsanwälte schwiegen betreten und die Sekretärin hob den Kopf, um erst zwischen den Parteien hin und her und dann auf ihre Armbanduhr zu blicken. Ihrer Miene war nicht anzusehen, wem ihre Sympathie galt oder ob sie nur an ihren Feierabend dachte.

So oder so war das Fazit des ersten Fehlschlags: Als Papi am Ende des Tages aufgrund der erschöpften Vernehmungsgrundlage eigentlich gehen sollte, fiel dem Staatsanwalt bei der Rückgabe seiner persönlichen Dinge auf, dass er einen österreichischen Pass besaß. Daraufhin wurde die Entlassung wieder zurückgenommen und die Situation neu bewertet. Nun fürchtete man wohl doch die erhöhte Gefahr einer Absetzung ins Ausland und steckte Papi lieber in Untersuchungshaft.

Ob das wirklich korrekt war, sei dahingestellt. Später kam heraus, dass die Staatsanwaltschaft zu diesem Zeitpunkt keinerlei eigene Erkenntnisse über den Contruck-Fall hatte, sondern der Auslöser für die Festnahme tatsächlich nur der verheerende *Spiegel*-Artikel war. Mein Vater sagte einmal: »Wenn die mit der Story noch ein kleines bisschen gewartet hätten, dann wäre uns allen der finanzielle Schaden erspart geblieben. Auch dem Finanzamt.« Aber da die Hintergründe keiner so genau kannte, konnte auch Dr. Latz nichts gegen die U-Haft ausrichten. So empfahl er sich meinem Vater, um zu Mami in den Hahnwald zu fahren.

Bei uns zu Hause war an diesem Abend ganz schön was los. Lauter Freunde und Bekannte aus Papis Büro waren zu Besuch. Es klingelte ständig, aber keiner machte die Tür auf. Irgendwie waren alle zu beschäftigt, also erbarmte ich mich und lief hin: »Okay, ich gehe schon.«

»Wer war das?«, rief Mami, als ich zurückkam, von oben.

»Nur das Hänschen«, rief ich zurück. Ich nannte unseren Anwalt immer »Hänschen Latz«. Um Hänschen musste ich mich nicht kümmern. Er kannte alle weiteren Gäste und passte prima in die Runde. Aus meiner Sicht fehlte jetzt nur noch Papi. Ich wusste ja nicht, dass die ganzen Erwachsenen nur gekommen waren, um zu beraten, wie sie ihn möglichst schnell aus der Haft wieder nach Hause holen konnten. Also verzog ich mich ahnungslos wieder in den abgelegenen Kindertrakt, um mit Andreas – den ich im Übrigen nur »Ändi« nannte – mein neues Atari-Telespiel anzuschließen, eine Art Holzkiste von einem Computer, für die Sammler heute bis zu 50 000 Dollar bezahlen.

Dass es kurz danach noch mal klingelte, bekam ich nicht mit. Diesmal war meine Hilfe auch nicht nötig, denn Mami kam sowieso gerade die Treppe herunter. Als unerwartet unser Nachbar Pirus vor der Tür stand, sagte sie nur: »Dich schickt der Himmel!«

Pirus, der mit seinen Mitte zwanzig immer mal ein bisschen mit Mami flirtete, verstand sofort, dass Mami Sorgen hatte: »Was kann ich für dich tun?«

Er rechnete sicher mit allem Möglichen, aber nicht mit der Antwort, die nun folgte: »Jochem ist heute verhaftet worden. Die Kinder dürfen das auf gar keinen Fall mitbekommen und müssen so lange wie möglich beschäftigt werden.«

So stand Pirus wenige Augenblicke später im Türrahmen meines Zimmers, um mit uns das ultimative Gamingturnier zu starten: zuerst »Combat«, dann »Space Invaders«. Ruckzuck war es nach Mitternacht und weil ich gar nicht genug von der Zockerei bekommen konnte, ermahnte ich meine Gegner pausenlos: »Seid bloß leise, wenn Mami mitkriegt, dass wir noch wach sind, gibt's Ärger und der Pirus fliegt raus.«

Er dachte sich seinen Teil und eröffnete die nächste Runde. Diesmal mit »Night Drive«. Dabei wurde ich dann doch ein bisschen müde und verkroch mich irgendwann in die Federn. Zufrieden und glücklich über den tollen Abend, schlief ich auf der Stelle ein. Es ist wohl Ironie des Schicksals, dass ich den Tag von Papis Verhaftung somit erst einmal mit einer ausdrücklich schönen Erinnerung verbinde.

Als ich am nächsten Morgen aufwachte, lag neben meinem Bett ein von Mami geschriebener Zettel: »Ihr braucht heute nicht in die Schule zu gehen.« Sehr guter Schachzug. Natürlich hatte die Geschichte von Papis Verhaftung in Windeseile die Runde gemacht und die Zeitungen berichteten bereits darüber. Mein Bruder und ich wären ins offene Messer gelaufen. Aber davon ahnte ich selbstverständlich nichts, als ich den Zettel las. Ich freute mich einfach, dass ich nicht zur Schule musste. Erst als wir später zu dritt beim Frühstück saßen, ließ Mami die Bombe platzen und verriet den Grund für den unverhofften Ferientag: »Euer Vater ist gestern verhaftet worden.«

Andreas war tief betroffen. Ich glaube, er hat sogar geweint. Ich selbst erfasste die Dimension der Information damals nicht sofort. Es dauerte eine Weile, bis ich ihre Endgültigkeit begriff. Denn ehrlich gesagt änderte sich aus meiner Sicht gar nicht besonders viel. Papi war ja auch vorher nur noch selten zu Hause gewesen. Richtig greifbar wurde die Verhaftung für mich erst sehr viel später.

Anfang März '81 besuchte ich ihn dann zum ersten Mal in der JVA Darmstadt, wohin er inzwischen verlegt worden war. Zu diesem Zeitpunkt scheine ich seine Abwesenheit dann schon als dauerhafte Lücke in unserem Alltag registriert zu haben. Auf einem Mixtape, das ich ihm in den Knast mitbrachte und auf dem ich zwischen den Songs ein bisschen was erzählte, sagte ich: »Es ist so traurig, wenn dein Bett immer leer ist und so. Kannst du dich noch an früher erinnern, wie die Wanni, nachdem ich mich angezogen habe, gesagt hat, ich soll mich vorzeigen bei dir. Und jetzt ... jetzt gibt's nichts mehr zum Vorzeigen.«

Die Wanni war unsere Kinderfrau gewesen. Ihr war inzwischen, wie unserem gesamten Personal, gekündigt worden, denn Papis Festnahme hatte nicht nur seine Abwesenheit zur Folge, sondern auch das Einfrieren aller unserer Konten. Zusätzlich schneiten die Gerichtsvollzieher ins Haus. Mami verlor bei alledem nie die Contenance oder den Humor. Unvergesslich die Situation, als wieder mal ein Vollstreckungsbeamter bei uns vor der Tür stand und sagte: »Guten Tag, Frau Erlemann, wir möchten für 2,8 Millionen D-Mark bei Ihnen pfänden!«, woraufhin sie nonchalant antwortete: »Sehr gerne. Können Sie auch auf fünf Millionen rausgeben?«

Später erfuhren wir, dass derselbe Finanzbeamte mittels gefälschter Dokumente die geblockten Gelder meiner Eltern auf sein Privatkonto überwies und sich schließlich mit einer hohen sechsstelligen Summe nach Übersee absetzte. Unter diesen Umständen möchte man gar nicht wissen, was damals aus sonstigen Wertgegenständen des Hauses geworden ist. Ein Glück, dass Mami und Mäggie ein bisschen Schmuck, die Andy-Warhol-Bilder, den Austin-Healey und ein paar lieb gewonnene Dinge zunächst einmal in der Nachbarschaft bei Freunden geparkt hatten. Dieser Umsicht verdanke ich unter anderem, dass ich vom Château Mouton Rothschild aus meinem Geburtsjahrgang 1969, dem in jener Saison Joan Miró ein Etikett widmete, noch heute ein paar Flaschen verwahre.

In dieser Zeit kam regelmäßig ein lieber Freund von Mami zu uns zu Besuch: Günni, achtundzwanzig Jahre alt, Jurastudent und Herzensmensch. Zunächst kam er immer samstags und jedes Mal brachte er eine neue Schallplatte mit. Erst »The Köln Concert« von Keith Jarrett, dann »Arc Of A Diver« von Steve Winwood, dann »Year Of The Cat« von Al Stewart und so weiter. Jedes Mal, wenn am Wochenende aus den Klipsch-Boxen der SAE-High-End-Anlage, die wie jeden Wertgegenstand im Haus die Pfandsiegel der Stadt Köln zierten, besondere Musik zu hören war, wusste ich: Günni war da! Dann freute ich mich immer, denn wenn er da war, war irgendwie eine bessere Stimmung.

Außerdem definierte sich durch Günnis »Köln Concert«-Platte mein Blick auf Musik noch einmal völlig neu. Schon als Zehnjähriger hatte ich meine Europa-Hörspiele gegen zahlreiche Soul- und Funk-Platten eingetauscht. Und durch Papi war ich auch ziemlich verwöhnt. Seine CIP hatte nämlich neben Filmen und dem *Hair*-Soundtrack auch etliche Rockalben von Santana bis zu »Live At Coliseum Stadium« von den Rolling Stones verliehen oder produziert. Außerdem brachte Mami von ihren Ausflügen nach New York immer die neueste Musik von Tower Records mit. Damals wurden Platten in Amerika ja oft ein halbes Jahr früher veröffentlicht als in Europa. Lief dann in meinem Kinderzimmer »Wish You Were Here« von Pink Floyd oder »Regatta de Blanc« von The Police, freute ich mich immer, wenn meine Freunde neugierig wurden oder überrascht waren – und wunderte mich, wenn sie überhaupt nicht reagierten, weil mir schleierhaft war, wie man sich für Musik nicht interessieren konnte.

Jedenfalls verlebten wir dank Günni, der Musik und einer gehörigen Form Pragmatismus trotz der widrigen Umstände eine schöne Weihnachtszeit. Im Vergleich zu den Vorjahren war sie etwas bescheidener, aber sie gefiel mir gerade deshalb so gut. Es fühlte sich an, als würden wir nach all den Jahren mit dem Kopf in den Wolken ganz langsam die Bodenhaftung wiedergewinnen. Andreas sagte damals den schönen Satz: »Jetzt werden wir ja vielleicht doch noch ganz normale Leute.«

All das hieß aber nicht, dass wir plötzlich in Sack und Asche gingen. Unser Weihnachtsgeschenk war auch in diesem Winter außergewöhnlich. Papi hatte es bereits vor seiner Verhaftung aus Amerika mitgebracht. Es war ihm gelungen, für beide Söhne ein Modell des SONY TPS-L2 zu ergattern, besser bekannt als weltweit erster Walkman. Selbst in New York war dessen Beschaffung mehr als schwierig, in Europa jedoch war sie zu diesem Zeitpunkt noch gar nicht möglich. Bei uns lag die heiße Ware zweimal unterm Weihnachtsbaum. Garniert mit Mamis Kommentar: »Die Dinger nehmt ihr aber nicht mit in die Schule. Ihr wisst schon, was dann los ist.«

Aber ich musste meinen auch gar nicht zur Schau tragen. Ich freute mich nur darüber, dass Papi in solchen Fällen eben doch sehr feine Antennen hatte. Meine Leidenschaft für Musik war ihm jedenfalls nicht entgangen. Bei der Beurteilung neuer Entwicklungen konnten wir allerdings durchaus sehr unterschiedlicher Auffassung sein. Ich amüsiere mich bis heute, wenn ich an die absolute Verständnislosigkeit in seinem Gesicht zurückdenke, als ich ihm ein Jahr zuvor, im Dezember 1979, zum ersten Mal »Rapper's Delight« von der Sugarhill Gang vorgespielt hatte. Sein kurzer Kommentar zu diesem grandiosen Siegeszug des kommerziellen Hip-Hops lautete: »Also nee, Schnucki, die reden ja nur. Singt da überhaupt noch jemand?«

Zu Silvester konnten wir trotz allem nach Kühtai fahren. Dafür sorgte Mami, die ihre Mutter, meine geliebte »Rennfahrer-Omi«, um finanzielle Unterstützung dafür bat. Generell tat sie alles dafür, dass wir die Veränderungen nicht so stark zu spüren bekamen. Noch bemerkenswerter finde ich allerdings, dass sie es neben der ganzen Organisation schaffte, ihren Kummer und ihre Enttäuschung vor uns zu verbergen. Weil sie unsere Kinderseelen nicht mit ihren Sorgen belasten wollte, blieb sie uns gegenüber stets gelassen und heiter.

So begann das Jahr 1981 mit einer zuversichtlichen Stimmung. Wir wurden besinnlicher, rückten näher zusammen und ich war fortan mit dem Walkman und dem Aufnehmen von Kassetten für ihn beschäftigt. Diese Stimmung hielt noch eine Weile an. Bis zu dem Tag, an dem nach Papi auch ich eines Tages nicht mehr nach Hause kam.

Buch 2:
ENTFÜHRT

DIE BANK

Wie ein grauer Tag im März, der mit jeder Menge Action, Tatkraft und Gestrampel startete, zu einer Vollgasfahrt ins Verderben wurde.

Morgens fünf vor acht im Hahnwald. Wir rauschten in Mamis weißem Targa Richtung Rodenkirchen, Andreas auf dem Beifahrersitz, ich hinten rechts, Mami am Steuer. Sie trug, dem unausgesprochenen Modediktat bei den Erlemanns entsprechend, einen weißen Bademantel und war barfuß. Es musste schnell gehen. Andreas und ich hatten nach dem Frühstück so lange rumgetrödelt, dass wir am Ende zu spät dran waren, um es noch mit dem Fahrrad rechtzeitig zur Schule zu schaffen. Mami hatte uns hochgescheucht, den Morgenmantel übergeworfen und wir waren wie die Verrückten zum Auto gerannt. Seit Tagen schien die Sonne, deshalb war das Verdeck schon offen. Musik an: »I Love America« von Patrick Juvet. Die Kassette hatte der DJ aus dem Caves du Roy im Hotel Byblos Mami beim letzten Saint-Tropez-Trip geschenkt. Sommersound. Aber auch wenn der 3,0-Boxermotor loslegte, war das für mich wie Musik. Dann roch es kurz nach Benzin und schon fing der Fahrtwind an zu säuseln.

Ich musste nicht auf den Tacho gucken, um zu wissen, dass Mami zu schnell fuhr. Wir waren halt spät dran. Ich streckte meine Hand aus dem Fenster, bewegte sie im Luftstrom auf und ab und schloss die Augen. Von mir aus hätten wir direkt bis nach Saint-Tropez durchfahren können. In meinem Kopf sah ich uns die Route de Tahiti entlangflitzen, die sich, genau wie jetzt meine Hände, in sanften Wellen auf und ab Richtung Ramatuelle schlängelte.

Doch dann riss mich das gellende Quietschen der Reifen aus meinem Tagtraum, gefolgt von einem dumpfen Aufschlag. Dann Stille und Mamis Frage: »Ist alles okay bei euch?«

Als ich zu ihr hinsah, saß sie einfach da und schaute wie erstarrt ins Leere. An der Augenbraue hatte sie eine kleine Wunde, aus der sich langsam ein Tropfen Blut löste und wie in Zeitlupe nach unten fiel. Er landete auf dem Kragen ihres Morgenmantels, wo er vom Stoff aufgefangen wurde. Ein langsam wachsender roter Fleck in einem weißen Meer aus totaler Stille. Mit diesem Bild endeten die letzten schönen Minuten dieses Tages. Früher als geplant und unerwartet plötzlich. Wie so vieles in jener Zeit.

Dieser Crash passierte im Spätsommer 1980. Wenn es nach mir gegangen wäre, hätte der *Entführt – 14 Tage Überleben*-Film mit dieser Szene angefangen. Für mich ist dieser Vorfall wie eine bildliche Metapher für all das, was wenige Monate später mit unserer Familie passierte. Auch da wurde die schnelle, bunte Welt meiner Kindheit abrupt ausgebremst und von einem Moment auf den anderen in eine große, beängstigende Stille getaucht. Der Crash war wie ein Fingerzeig darauf, wie eine düstere Vorahnung. Und gleichzeitig war er so kurios und überdreht wie jede kleine Erlemann-Anekdote.

Es war kein schlimmer Unfall. Wir Kinder blieben unverletzt und auch Mamis Wunde konnte man kaum dramatisch nennen. Nur der Wagen war völlig im Eimer und Grund dafür, warum das mit der Einstiegsszene für den Film nicht klappte. Es wäre zu teuer geworden. Ich bin trotzdem noch immer der Meinung, das wäre ein super Anfang gewesen: Zack! Musik an, Vollgas, Sommerfeeling, geile Familie und dann Batsch! Außerdem: Einen Film, in dem gleich in der ersten Szene ein Porsche geschrottet wird, den guckt doch jeder bis zum Ende, oder?

Vielleicht ist das einer meiner inneren Schutzmechanismen, dass ich einschneidende Erfahrungen rückblickend in dieser Form abstrahieren und wie Sequenzen einer Story betrachten kann. Diese Fähigkeit war beim Filmdreh äußerst hilfreich. Da habe ich meist gar nicht differenziert zwischen Im-Moment-Sein und eine Geschichte erzählen und dem bewussten Durchleben der realen Vorbildsituation. Ich funktionierte einfach und erklärte, wie es sein musste beziehungsweise wie es damals gewesen war. Natürlich wollten wir die einmalige Chance nutzen und mit dem Film eine maximale Annäherung an meine realen Erlebnisse erreichen. Dafür war es eine Grundvoraussetzung, soweit möglich, an exakt den Locations zu drehen, die damals Tatorte beziehungsweise Schauplätze waren. Unterm Strich habe ich in der Produktion meine ganze Entführung noch einmal passieren lassen. Dafür braucht es definitiv eine solide Distanz zu dem, was man da macht. Aber abends, nach Drehschluss, war alles ganz anders.

Meistens fing die Veränderung schon an, wenn ich nach Hause fuhr. Dann schoben sich wieder die Gedanken an das reale Geschehen über die Erfahrung der Dreharbeiten, und die Gefühle, die ich als Kind hatte, kamen zum Vorschein. Eine echte Erinnerung ist keine Story. Sie geht nicht einfach vorbei wie ein Film, sondern bleibt und bringt verschiedenste Empfindungen zurück in die Realität – Hitze, Kälte, Hoffnung, Wut, Schmerz, Angst.

Ich ließ all das in diesem Kontext aber gerne zu und führte mir manchmal bewusst dessen volles Ausmaß vor Augen, wenn ich später zu Hause war. Dann saß ich bis spät in die Nacht in meiner eigenen Post Production und schaute mir kleine Snippets und Clips vom Drehtag an. Immer wieder und wieder. Der Effekt war unglaublich. Manchmal fühlte es sich an, als wäre damals wirklich eine Kamera mitgelaufen. Zuweilen schnitt ich aus dem Material eigene kleine Filme, nur für mich selbst. Auch die schaute ich mir immer wieder an. So lange, bis irgendwann meine Frau Tati im Türrahmen stand und sagte: »Es reicht jetzt.« – Stimmt, dachte ich dann. Morgen ist ja ein neuer Drehtag.

Der 6. März 1981 war eigentlich ein ganz normaler Freitag. Papi saß seit drei Monaten in Untersuchungshaft, das Geld wurde knapp, aber wir lebten noch immer in diesem Riesenhaus im Hahnwald, obwohl es den Umständen überhaupt nicht mehr entsprach. Ein Käufer war noch nicht in Sicht, aber weil Mami das Grundstück nicht einfach irgendwelchen Einbrechern, Clochards und Wilderern überlassen wollte, blieben wir und versuchten gleichzeitig, allen möglichen Kleinkram aus dem Haus zu verscherbeln.

Da auch ich meinen Teil dazu beitragen wollte, kam ich auf die Idee, meine Minitrix-Eisenbahn von Märklin zu verkaufen. Über Jahre hatte ich daran gebastelt, die Anlage auf einem großen Tisch mit Häusern und Landschaften ausgebaut, aber jetzt spielte ich kaum noch damit. Und da ich wusste, dass Freunde aus der Marienburg Interesse hatten, die Eisenbahn zu kaufen, wollte ich sie im Spielwarenladen von Rodenkirchen schätzen lassen. Das führte kurioserweise dazu, dass ich am Nachmittag des 6. März '81 gleich mehrfach fröhlich grüßend an den Leuten vorbeiradelte, die mein Leben für immer verändern sollten.

Es war ein trüber Märztag, die Sonne ließ sich kein einziges Mal blicken. Stattdessen nieselte es immer wieder und war kalt.

Trotzdem konnte meine Stimmung kaum besser sein. Die Schule war vorbei, das Wochenende lag vor mir und Mami hatte erlaubt, dass ich abends noch zu Nils und Jens zum Spielen rübergehe, worauf ich mich schon den ganzen Tag freute. Die Zeit davor war mit den Vorbereitungen zum Verkauf der Eisenbahn verplant. Dafür fuhr ich zunächst mit dem Fahrrad nach Rodenkirchen, um einen Polaroidfilm zu kaufen, mit dem ich die Minitrix-Anlage zu Hause fotografieren wollte.

Als ich auf dem Rückweg über die große Wiese des Forstbotanischen Gartens radelte, sah ich schon von Weitem drei Männer am Rand des Waldstücks, durch das ein schmaler Pfad zu unserem Wohngebiet führte. Sie lungerten bei der Parkbank am Wegesrand herum, von der aus man die weite Fläche gut überblicken konnte. Einer trug eine Regenjacke, der zweite Vollbart und einen Anorak mit Kapuze, der dritte eine Mütze und eine Art Sakko. Eine ziemlich uneinheitliche Truppe, aber ich dachte mir nichts dabei. Ich wusste, dass im Gehölz des Forstbotanischen Gartens immer irgendwas geprüft, markiert oder beschnitten werden musste, also hielt ich die drei Gestalten für Waldarbeiter. Gut gelaunt, wie ich war, grüßte ich sie freundlich: »Guten Tag.«

Etwas perplex, aber wie im Chor grüßten sie zurück: »Guten Tag.«

Dann war ich schon an ihnen vorbei und mit meinen Gedanken wieder bei der Eisenbahn, die ich zu Hause von allen Seiten fotografierte, um anschließend erneut nach Rodenkirchen zu flitzen. Mit den Polaroids in der Tasche meiner blaugelben Jofa-Eishockeyjacke sowie einem Zehnmarkschein, den mir Mami mitgegeben hatte, damit ich ein Glas Nutella kaufte. Auch diesmal schoss ich grüßend an den drei Männern vorbei. Dann fuhr ich zur Spielwarenhandlung Vehl in der Rodenkirchener Hauptstraße, wo ich die Empfehlung bekam, die Eisenbahn für

700 Mark anzubieten und keinesfalls weniger als 600 Mark zu verlangen. Also weiter zu Lebensmittelhändler Stüssgen, ein Glas Nutella kaufen. Damit war alles erledigt und ich machte mich auf den Rückweg.

Später erzählten alle möglichen Zeugen der Polizei, sie hätten mich an diesem Nachmittag noch an anderen Orten in Rodenkirchen gesehen. In der Würstchenbude, am Flipperautomaten oder in der Kneipe. Stimmt alles nicht. Nachdem ich bei Stüssgen gewesen war, fuhr ich direkt nach Hause. Es dämmerte bereits, als ich die Wiese des Forstbotanischen Gartens Richtung Hahnwald überquerte. Aus der Ferne gesehen, lag der Waldrand schon im Dunkel. Andere Kinder hätten das vielleicht als bedrohlich empfunden, aber ich nicht. Das war mein Forstbotanischer Garten, ich hatte ihn im Laufe der Jahre bis in die hintersten Winkel erkundet und kannte hier gefühlt jeden Baum beim Namen. Anders als im schwarzen, knackenden Keller meines Elternhauses witterte ich im Wald keine finsteren Mächte und Geheimnisse. So radelte ich mit einer gewissen Leichtigkeit geradewegs einem der spektakulärsten Entführungsfälle der deutschen Nachkriegsgeschichte entgegen.

Im Forstbotanischen Garten gab es keine Laternen, deshalb war nicht mehr viel zu erkennen. Aber ich sah oben an der Lichtung die drei Männer. Sie standen noch immer da, die Kapuzen tief ins Gesicht gezogen. Mich kümmerte es nicht. Ich war im Endspurt und trat noch mal kräftig in die Pedale meines silbernen Kettler-Rads. Ein kühler Wind wehte mir ins Gesicht, das Fahrradlicht flackerte. Am Ende des Pfades musste ich eine kleine Steigung rauf. Jetzt noch ein bisschen Anlauf und durch das kleine, 50 Meter lange, sehr dunkle Waldstück, dann war ich schon fast …

Brachiale Männerhände greifen nach mir. Sie überwältigen mich schonungslos. Ich verliere schlagartig die Orientierung. Höre nur noch mit einem scheppernden Nachhall mein Rad zu Boden fallen. Ein triefender Lappen mit beißendem Geruch wird mit Vehemenz in mein Gesicht gedrückt. Das ist Gift, Chloroform. Alles in meinem Kopf dreht sich. Dennoch versuche ich den Überblick zu behalten. Halte die Luft an und stelle mich betäubt. Vielleicht lassen die Hände dann wieder von mir ab. Atemnot. Schmerzen. Ich habe Todesangst.

Ich höre, wie mein Fahrrad ins Unterholz geworfen wird. Ein zweiter Mann packt mich an den Füßen. Dann wird alles ganz hektisch. Ich werde in den Wald geschleift und die Leute, die mich im Griff haben, rennen los. Krachende Äste peitschen mir durchs Gesicht. Meine Wange blutet. Lichtstreifen und Dunkelheit.

Wo sind meine Handschuhe? Verloren.

Mir geht die Luft aus, doch dann: »Runter! Runter!«

Wir stürzen auf den Waldboden und der Giftlappen löst sich von meinem Gesicht. Ich ringe nach Luft, aber keine Chance. Ein knochiges Knie drückt meinen Kopf mit Nachdruck ins feuchte Laub. Geschmack von Blut in meinem Mund. Für einen Moment: nichts. Nur Stille und der Geruch von nassem, altem Winterlaub. Und dann, ganz nah an meinem Ohr, der Atem eines Mannes und ein raues Flüstern: »Wenn du jetzt schreist, bist du tot!«

In der Ferne fällt eine Autotür ins Schloss. Dann knirschende Laufschritte auf dem Waldweg. Ein Jogger? Er muss das Krachen der Äste doch gehört haben? Doch die Schritte entfernen sich ungerührt, verlieren sich nach einer gefühlten Ewigkeit im Pochen meines eigenen Pulsschlags, der in den Ohren trommelt. Ich werde an den Haaren hochgerissen. Meine Hände werden gefesselt, mein Mund mit Gaffer Tape verklebt, die Wangen auch. Und die Augen. Bis zur Stirn. Mein ganzer Kopf wird eingewickelt wie bei einer Mumie. Nur ein schmaler Schlitz an der Nase bleibt offen.

Wieder werde ich von vier Händen gepackt, hochgezogen und weitergeschleppt. Tiefer in den Wald hinein – oder durch ihn hindurch Richtung Straße? Ich wehre mich nicht. Ahne, dass es nur noch mehr Gewalt und Schmerzen oder Schlimmeres bedeuten würde.

Ja. Es ist die Straße. Mit blechernem Schnarren öffnet sich eine Schiebetür. Die Hände packen noch kräftiger zu und hieven mich energisch ins Auto. Dann lassen sie los und ich lande auf einem harten Untergrund. Es riecht nach Benzin und Holz. Über mir schließt sich ein Schiebedeckel. Mir wird klar, dass ich endgültig gefangen bin: in einer Kiste.

DIE KISTE

Wie ich die Foltermethode Ungewissheit kennenlernte und mich die ultimative Finsternis verschluckte.

»Tschüss, Johannes«, dachte ich, als die Männer mich vom Rad rissen. Als dann der erste Schreck überwunden war und ich zusammengefaltet in der Kiste lag, begann ich, mich auf meine eingeschränkte Wahrnehmung der Ereignisse zu konzentrieren. Der Motor startete und der Wagen fuhr los. Diesel. Wahrscheinlich ein Transporter. Ein kurzes Stück geradeaus. Eine Kurve, dann circa zwei Minuten Landstraße. Es fiel mir schwer zu atmen. Die Drehzahl erhöhte sich. Möglicherweise war das jetzt eine Schnellstraße oder gar die Autobahn. Die Stimmen, die sich in kurzer Entfernung leise unterhielten, konnte ich nicht identifizieren. Meine Ohren waren verklebt und der Deckel über mir zu. Es gab nun kaum noch Wankbewegungen. Also Autobahn. Es musste die Autobahn sein. Die Luft in meiner Kiste wurde knapp. Nahezu apathisch ließ ich all das über mich ergehen. Unter dem Tape hatte ich das Gefühl, dass meine Augen weit aufgerissen waren.

Jemand machte sich an den Schlössern der Kiste zu schaffen. Das beunruhigte mich. Bei aller Beengtheit war die Kiste für diesen Moment doch zu meinem eigenen kleinen Territorium geworden. In ihr war ich vergleichsweise sicher. Nun kam von außen wieder die Gewalt zurück. Anscheinend klemmte der Schieberiegel, denn es schepperte und ruckelte, bis ein kräftiger Schlag das Problem löste. Der Deckel sprang auf und zwei Hände zogen mich am Kragen nach oben.

»Johannes Erlemann?«

Stille. Ich zögerte, spürte ein Atmen, aber konnte ja nichts sehen. Der Mann musste direkt vor meinem Gesicht sein. Er roch nach kaltem Rauch.

Dann noch mal, diesmal etwas lauter: »Johannes Erlemann?«

Ich nickte vorsichtig. Dann griff mir eine Hand grob ins Gesicht und riss unsanft das Klebeband unterhalb der Nase ab. Trotzdem spürte ich keine Schmerzen, war wie taub. Ich holte nur tief Luft und fragte, ob sie mich umbringen wollten.

»Nein«, war die Antwort. »Nicht, wenn deine Eltern für dich bezahlen!«

Sofort fing ich an, unsere Familiensituation zu erklären. Papis Untersuchungshaft, das fehlende Geld. Aber der Mann wusste genau, wen er vor sich hatte.

»Du hast ja noch einen Großvater in Düsseldorf«, unterbrach er mich. »Und jetzt eure Telefonnummer. Sofort!«

Ich gab ihm nicht irgendeine Nummer, sondern gleich unsere Spezialdurchwahl. Die war eigentlich streng geheim und niemand außer unserer Familie, ein paar guten Bekannten und den Anwälten meiner Eltern durfte sie wissen. Doch in dieser Situation schien es mir angemessen, sie rauszugeben: 64446. Total einfach, aber eben streng geheim.

»Sagt ihr Mami Bescheid?«

Das verstand ich weniger als Frage denn als dringliche Bitte. Eine meiner größten Ängste war, dass meine Mutter zu Hause saß, nicht wusste, wo ich abgeblieben war, und sich Sorgen um mich machte.

Keine Antwort.

»Sagt ihr Mami Bescheid?«, wiederholte ich, diesmal deutlicher als zuvor.

Weiterhin Schweigen. Nur der Deckel wurde zugeschoben. Bei meinem dritten, fast schon flehenden Versuch war die Kiste schon wieder verriegelt.

Wir verließen die Autobahn und kamen vermutlich auf eine Landstraße. Der Wagen fuhr jetzt langsamer, aber erneut eine Weile geradeaus. Dann schwankte es wieder mehr und obwohl das Tempo weiter abnahm, war die Drehzahl hoch. Es ging wohl bergauf, dann folgte eine Serpentinenstraße. In meiner Kiste rutschte ich hin und her, von links nach rechts und wieder zurück. All diese Beobachtungen würden später von enormer Tragweite sein.

Wie lange sollte diese Tortur noch dauern? Wir fuhren bestimmt schon über eine Stunde und ich bekam langsam Platzangst. Doch dann hielt der Wagen an. Der Motor lief weiter und es passierte … nichts! Eingesperrt, gefesselt und ahnungslos, wie ich war, kam mir jede Minute wie eine Ewigkeit vor. Möglicherweise wurde da draußen diskutiert.

Als schlagartig die Schiebetür des Wagens aufgezogen wurde, schrak ich zusammen und mein Puls schoss erneut in die Höhe. Mein Herz schlug bis zum Hals. Ein Mann stieg zu und der Wagen fuhr wieder los. Kurz darauf bogen wir nochmals ab. Es hörte sich nach einem knirschenden Schotterweg an, den das Auto sehr langsam hinunterfuhr. Bergauf, bergab, Bremsung. Der Wagen kam zum Stehen, die Zündung wurde ausgeschaltet, Türen öffneten und schlossen sich. Dann wieder das blecherne Entriegeln und schon wurde der Holzkasten mit mir an Bord gepackt.

Wie erstarrt nahm ich wahr, dass die Kiste erst geschoben,

dann angehoben und schließlich ins Freie gehievt wurde. Kalte Winterluft drang herein. Ich sog sie ein und fröstelte. Mit hörbarer Anstrengung transportierten die Männer mich ein offenbar abschüssiges Gelände hinunter. Keiner von ihnen sprach dabei ein Wort. Eine Holzbrücke. Darunter floss Wasser. Dann ging es wieder bergauf und ich hörte am Knacken von Ästen, dass wir uns im Dickicht eines Waldes befanden.

Scheppernd fiel die Kiste zu Boden. Sie war einem der Träger weggerutscht. Flüsternd tauschte man ein paar Beleidigungen aus, dann ging es weiter. Doch schon nach ein paar Schritten wurde sie erneut abgesetzt. Die Riegel meiner Transportbox wurden geöffnet. Wieder klemmte der Verschluss, aber diesmal half ein entschlossener Tritt und der Deckel sprang auf. Ein Scharnier quietschte und neben mir öffnete sich eine Holztür. Dann wurde ich an den Füßen irgendwo hinein- und dann hinabgezogen. Ein Raum, aber viel Platz war dort nicht. Es roch nach feuchtem Keller und Rost. Kettenrasseln. Jemand griff mich am Arm und ein kalter metallischer Ring schloss sich um mein rechtes Handgelenk. Und ehe ich auch nur das Wort »Handschelle« denken konnte, schnappte um meine linke Hand eine zweite zu.

Das Gafferband wurde abgerissen und verletzte mich. Haarbüschel blieben daran hängen, aber ich empfand trotzdem keinen Schmerz. Denn jetzt konnte ich der Realität ins Auge blicken. Vorsichtig hob ich den Kopf und schaute in die zerfransten Sehschlitze einer Sturmhaube zehn Zentimeter vor mir.

Mit durchdringendem Blick sahen mich die Augen dahinter an. Sie gehörten einem der Männer, die in diesem Moment mein Schicksal besiegelten. Langsam zog er sich zurück und mit ihm der blassgelbe Schein seiner Taschenlampe. Bis es ganz dunkel war. Stockdunkel. Mit einem lauten Schlag fielen die Luke und diverse Beschläge ins Schloss.

Endstation. Ich war angekommen im dunkelsten Moment meines Lebens. Allein und verlassen, ohne Aussicht auf jedwede Hilfe umfing mich bitterste Einsamkeit. Ich wollte weinen, aber ich konnte nicht. Denn es ging mir noch viel schlechter als jemals zuvor.

Der reale Albtraum war kaum auszuhalten und ließ viel Raum für düstere Spekulationen. Was passierte jetzt? In der nächsten Minute? In der nächsten Stunde? Am nächsten Tag? In diesem Moment spürte ich zum ersten Mal, was für eine mächtige Foltermethode die Ungewissheit ist. Die einzige Gewissheit, die mir blieb, war die schmerzhafte Erkenntnis, dass etwas in mir zerbrach. Ich hatte etwas verloren. Was genau, begriff ich damals noch nicht. Ich verstand es erst Jahrzehnte später: Meine Kindheit war vorbei.

»IHR KIND IST BESTIMMT IN EINEM DIESER VORNEHMEN SPIELKELLER.«

Wie Mami der Polizei Beine machte, Günni mein Fahrrad fand und Peter Maffay die Ermittler der Sonderkommission Erlemann auf die falsche Fährte führte.

Dass ich nach meiner Tour zu Spielwaren-Vehl nicht pünktlich um achtzehn Uhr zu Hause war, kümmerte im Hahnwald zunächst weder meinen Bruder noch meine Mutter noch Günni, der an dem Abend wie inzwischen fast jeden Tag gegen halb sieben zu Besuch kam. Mami dachte, ich wäre direkt zu den Golds gefahren, Andreas war wahrscheinlich froh, seine Ruhe zu haben, und Günni war wegen Mami gekommen. Erst als ich um zwanzig Uhr immer noch nicht zu Hause war, schickte meine Mutter Andreas mit dem Fahrrad zu den Golds, damit er mich abholte.

Als er dort ankam, bekam er auf die Frage, wo Johannes sei, zu hören: »Der ist nicht hier.« Er nahm an, er solle mich wie üblich suchen. Das war so eine Quatschnummer, die wir immer mit den Gold-Jungs abzogen. Aber als sie wiederholt beteuerten, dass ich diesmal wirklich nicht da sei, fuhr Andreas aufgeregt zurück nach Hause und berichtete. Nun rief Mami erst bei Dirki an, ob er eine Ahnung hatte, wo ich steckte. Fehlanzeige. Langsam machte sich Unruhe breit. Nachdem auch das Abtelefonieren der Kölner Krankenhäuser ohne Ergebnis geblieben war, stand fest: Hier stimmte etwas nicht.

Gegen einundzwanzig Uhr rief Mami bei der Polizei an und wurde erst mal abgewimmelt. In Köln würden jedes Wochenende 200 bis 300 Kinder grundlos als vermisst gemeldet, sie solle sich nicht so aufregen, hieß es. Und wenn sie eine Vermisstenanzeige aufgeben wolle, müsse sie sowieso persönlich auf dem Revier vorbeikommen.

Es wurde keine Zeit verschwendet. Eine halbe Stunde später trafen Mami und Günni im Polizeipräsidium am Waidmarkt ein. Aber das dort vorherrschende kölsche Gemüt hatte nicht wirklich ein Ohr für sie: »Han'se dann ein Ausweis dobei?«

»Natürlich nicht! Das ist doch jetzt auch egal.«

»Vermisstenanzeige ist in der ersten Etage, aber da kann isch sie net rauflassen. Fahren's jetz erst mal noh Huss un melden Se sich morje met ihren Ausweis widder bei m'r op d'r Wache.«

Noch bevor der Beamte zu Ende gesprochen hatte, schnappte Günni die Hand meiner Mutter und zog sie mit sich in den ersten Stock. Pragmatisch wie er war, setzte er sich über die Ignoranz des Polizeibeamten einfach hinweg und trieb die Dinge auf seine eigene Weise voran. Diesen treibenden Part sollte er während der gesamten Entführungszeit übernehmen. Es war ein purer Segen, dass er da war. Nicht nur für Mami, sondern später auch für mich. Aber dieses »Später« lag zu diesem Zeitpunkt noch in weiter Ferne.

Beim Aufgeben der Vermisstenanzeige platzte dann auch Mami der Kragen. Während ein lustloser Polizist mit demonstrativer Gleichgültigkeit die Anzeige im Zweifingersuchsystem in seine altersschwache Schreibmaschine hämmerte, beurteilte er die

»Ihr Kind ist bestimmt in einem dieser vornehmen Spielkeller.«

Situation argwöhnisch mit den Worten: »Ihr Kind ist bestimmt in einem dieser vornehmen Spielkeller da bei Ihnen im Hahnwald. Da sollten Sie mal suchen, nicht bei uns.«

Bei dieser Bemerkung verlor Mami schlagartig ihre Fähigkeit, auch in angespannten Situationen Besonnenheit auszustrahlen.

»Nun machen Sie mal lieber ein bisschen voran«, erwiderte sie. »Eigentlich sollten Sie mir jemanden nach Hause schicken, statt uns hier mit Papierkram aufzuhalten.«

Gegen elf waren Günni und Mami wieder im Hahnwald bei Andreas. Aber die Stille im Haus war unerträglich. Um Mamis zunehmender Verzweiflung entgegenzuwirken, schnappte Günni sich eine Taschenlampe und machte sich zu Fuß auf den Weg, den ich üblicherweise mit dem Rad nach Rodenkirchen fuhr. Von Minute zu Minute lief er schneller. Zunächst ohne Ergebnis. Doch als er auf dem Rückweg, getrieben von Verzweiflung, begann, auch die abseitigen Wege an der Strecke zu durchforsten, passierte es. Der Schein der Taschenlampe schwächelte bereits, als ihm in einer der Baumschneisen im Unterholz des Forstbotanischen Gartens ganz hinten im Gebüsch ein silbernes Schimmern auffiel. Erst war er irritiert, dann alarmiert, und als er sah, was er da gefunden hatte, schrak er mit voller Wucht zusammen: mein Fahrrad.

So schnell er konnte, lief Günni den letzten Kilometer zurück zu unserem Haus. Erneut wurde die Polizei alarmiert. Der Fahrradfund verunsicherte den Herrn am Empfang dann doch ein bisschen, deshalb gab er die Sache diesmal an die höchste Stelle im Haus weiter. Dort wurde augenblicklich ein gewaltiger Polizeiapparat in Bewegung gesetzt. Mami verständigte derweil unsere Anwälte Dr. Latz und Prof. Kohlmann, die sofort den Ernst der Lage erkannten und sich umgehend auf den Weg machten.

Und dann, um Punkt Mitternacht, klingelte unser Spezialtelefon. Aufgewühlt nahm Mami ab und hoffte, ich wäre am Apparat. Doch statt meiner Stimme kam nur ein mysteriöses Rauschen und unverständliches Gebrabbel aus dem Hörer, bei dem sie kein Wort und keinen Zusammenhang verstand. Aber das musste sie auch gar nicht. Ihr Instinkt sagte ihr auch so, was los war.

Die Polizei war noch nicht eingetroffen, und weil alle nach der verschwommenen Botschaft auf einen zweiten Anruf hofften, brachte Andreas vorausschauend seinen Kassettenrekorder ins Wohnzimmer, mit dem eine nächste Nachricht aufgezeichnet werden sollte. Tatsächlich ließ sie nicht lange auf sich warten. Als das Telefon erneut klingelte, drückte Andreas die REC- und die PLAY-Taste gleichzeitig und nickte Mami bestätigend zu. Sie stellte den Lautsprecher an, nahm den Hörer ab, alle hörten aufmerksam zu und das Aufnahmegerät lief mit. Aber auch diesmal war außer unverständlichem Rauschen nur wenig zu verstehen: Eine Kinderstimme sagte etwas, das klang wie »Kornfeld«, es fiel das Wort »Englische Kirche« und es erklangen ein paar Takte von Peter Maffays »Über sieben Brücken musst du geh'n«.

Es macht mich immer noch sprachlos und wütend, wenn ich mir überlege, dass meine Familie damals in den vier folgenden Tagen mit dieser Nachricht alleingelassen wurde. In dem Lied heißt es ja unter anderem: »Über sieben Brücken musst du geh'n, sieben dunkle Jahre übersteh'n.« Da kann man viel hineininterpretieren. Das passierte später auch. Vor allem bei der Polizei.

Eine Stunde später wurde der Hahnwald auf den Kopf gestellt. Hundertschaften von Polizisten setzten sich in Bewegung, um nach mir zu suchen. Im Morgengrauen wurde die vollständige

Mannschaft der Polizeischule in Hürth zur Verstärkung angefordert. Die Rekruten durchstreiften lückenlos den kompletten Hahnwald und auch im Forstbotanischen Garten blieb kein Ast auf dem anderen. Meter für Meter wurde das Unterholz mit Suchstöcken zum Aufspüren von Leichen durchkämmt, Polizeihubschrauber kreisten über der Region, in der Dämmerung des nächsten Tages trafen Spürhunde ein, um die Suche in der Nacht fortzusetzen. Aus einer vagen Vermutung war nun ein amtlicher Vermisstenfall geworden. Als nach vierundzwanzig Stunden immer noch alle Bemühungen ohne Ergebnis blieben und kein Lebenszeichen von mir gekommen war, ging man vom Schlimmsten aus: einem Kapitalverbrechen.

In unserem Haus wurden Peilsender, Nachtsichtgeräte und Tonbandapparate zum Abhören der Telefone installiert, sämtliche Ecken des Gartens und die angrenzenden Nachbargrundstücke durchkämmt. Gleichzeitig fanden die ersten Vernehmungen statt. Bei Mami war zu diesem Zeitpunkt aus der bangen Sorge, dass ein Verbrechen geschehen sein könnte, längst ein handfester Verdacht geworden. In unserem späteren Gespräch brachte sie ihn für sich so auf den Punkt: »Es roch nach Entführung.«

»EIN ERLEMÄNNLEIN LIEGT IM WALDE ...«

Wie ich mein Gefängnis erkundete und mir die Befreiung von einer Handschelle meine Unfreiheit vor Augen führte.

Im Schein der Taschenlampe des Mannes, der mich hier abgeladen hatte, waren für wenige Sekunden ein paar Details des Verschlags zu sehen gewesen. So wusste ich, dass ich auf einer alten, durchlöcherten Federkernmatratze ohne Bezug lag, deren Ausmaße in etwa jenen des Raumes entsprachen. Auch einen Eimer hatte ich gesehen. Und ein dreckiges Kissen. Danach war es auch schon wieder dunkel geworden. Den Rest versuchte ich durch Tasten zu erkunden, aber mit den Ketten an den Händen war das kaum möglich. Die Seitenwände bestanden aus irgendeinem weichen, porösen Material, wahrscheinlich Styropor. Eine klägliche Isolierung gegen die Kälte, die langsam und feucht an meinen Füßen hochkroch. Letztendlich war das hier auch nicht mehr als eine etwas größere Kiste.

Nach und nach schärfte mir die Dunkelheit sämtliche Sinne. Schon bald übernahmen Hör-, Geruchs- und Tastsinn die Regie. Mit den Füßen zog ich etwas Weiches zu mir. Es fühlte sich an wie ein Schlafsack. Ich fror, deshalb wollte ich hineinkriechen.

Aber vorher musste ich noch Schuhe ausziehen. Weil meine Converse bis über die Knöchel mit langen Schnürriemen zugebunden waren, war das gar nicht so einfach. Zwar waren meine Gelenke jeweils mit separaten Handschellen gefesselt, aber die Ketten, an denen diese hingen, waren so kurz, dass wenig Spielraum blieb. Zur Veranschaulichung: Wenn ich mich aufstellte, war es mir nicht möglich, mich komplett aufzurichten. Die kurzen Ketten ermöglichten bestenfalls schiefes oder gebeugtes Stehen. Unter diesen Umständen und wegen der völligen Dunkelheit wurde das Ausziehen der Schuhe zur Geduldsprobe. Aber schließlich bekam ich es hin.

Meine restlichen Klamotten behielt ich an: das Lacoste-Shirt, meine blaue Jeans, der Pullover mit dem »Panama«-Aufdruck und die blaugelbe Jofa-Daunenjacke vom Juniorenteam des Kölner Eishockeyclubs. Ich hatte nicht vor, auch nur eins dieser Kleidungsstücke in der Höhle hier unten abzulegen, und tat es bis zum Schluss auch tatsächlich nicht. Mein kleines goldenes Cartier-Kettchen beabsichtigte ich ebenfalls anzubehalten, aber na ja, damit lief es ein bisschen anders.

In meiner Jackentasche steckte noch immer das Nutellaglas. Vielleicht hatten die Männer es übersehen. Ich öffnete den Reißverschluss und holte es heraus, um es zwischen Matratze und Boden zu verstecken. Diese Leute sollten es auf keinen Fall finden. Das Nutella war meine Notreserve. Ich wusste ja nicht, wann ich das nächste Mal etwas zu essen bekommen würde.

Ich ließ mich zurücksacken, starrte in die Finsternis und machte mich beiläufig an den Handschellen zu schaffen. Permanent dachte ich darüber nach, was passiert war. Doch meine Gedanken drehten sich nicht um die furchtbare Gewalt, die mir angetan wurde. Sie war in diesem Moment fast nebensächlich. Stattdessen vergegenwärtigte ich mir die Ereignisse immer wieder, um herauszufinden, was ich falsch gemacht hatte. Welcher Fehler war mir unterlaufen, dass es zu so was hatte kommen können? So angestrengt ich auch darüber nachdachte, ich kam nicht drauf. Trotzdem hatte ich Schuldgefühle.

Aber Moment mal ... Die linke Handschelle fühlte sich irgendwie anders an als die rechte. Das lenkte mich von meiner Verzweiflung ab. Das Schloss war nicht richtig eingerastet. So was war genau das Richtige für mich, eine Art Aufgabe. Denn mit ein bisschen Gezerre und Gequetsche konnte ich es vielleicht schaffen ... Und tatsächlich: Mit entschlossener Vehemenz befreite ich mich von der Handschelle. Das Hantieren hatte zwar ein paar spürbare Blessuren hinterlassen, aber dennoch genoss ich meine neue Bewegungsfreiheit – die mir allerdings nur einen kurzen Augenblick vergönnt war. Ehe mir in den Sinn kam, was ich mit ihr alles anfangen konnte, waren in der Ferne Schritte zu hören. Verdammt! Da ließen sich diese Leute stundenlang nicht blicken und dann mussten sie ausgerechnet jetzt kommen? In größter Bedrängnis tastete ich alles ab, um im Dunkeln die weggeworfene Handschelle wiederzufinden, als draußen schon Schlüssel klapperten.

Da war sie! Während am Verschlag das Schloss geöffnet wurde, versuchte ich unter Hochdruck meine neu gewonnene Freiheit rückgängig zu machen. Doch so sehr ich mich bemühte, es gelang mir einfach nicht, meine Hand wieder durch den Handschellenring zu pressen. Die Luke wurde geöffnet. Ein letzter Versuch. Wieder erfolglos. Schon stach der Schein der Taschenlampe durchs Dunkel. Jetzt war alles zu spät. Mir blieb nur noch, die Hand mit der festklemmenden Handschelle im Schlafsack zu verstecken. Da saß ich nun, geblendet vom Licht. Die scharfen Metallkanten schnitten mir in die Haut. Entsprechend verkrampft fühlte ich mich, als der Mann mit der Cordhose und dem Strickpullover gebückt hereinkroch und mich aus den Augenlöchern seiner Skimaske durchdringend ansah: »Schrei hier bloß nicht rum.«

»Ich hab nicht geschrien.« Es war so kalt, dass der Atem vor meinem Gesicht dampfte.

»Besser so. Dich hört sowieso keiner, da kannst du machen, was du willst. Hier holt dich niemand raus. Nur wir. Wenn du keinen Ärger machst und deine Eltern bezahlen, bist du in einer Woche wieder zu Hause. Aber wenn du schreist, geht's dir schlecht, kapiert?«

So ging es noch eine Weile weiter mit Drohungen und Einschüchterungen. Aber ich fand das alles ehrlich gesagt gar nicht mehr so schlimm, nachdem die Bemerkung »Wenn deine Eltern bezahlen, bist du in einer Woche wieder zu Hause« gefallen war. Dieser Satz gab mir ganz viel Kraft. Insgeheim spekulierte ich darauf, zu Andreas' Geburtstag am 13. März schon wieder zurück im Hahnwald zu sein. Leider eine mehr als unberechtigte Hoffnung, wie sich bald herausstellen sollte.

Als mein Aufpasser mit seinen Drohungen fertig war, hielt er mir eine Tasse Tee hin. Und eine weiße Tablette. »Nimm das.«

Ich erinnere mich nicht mehr, ob ich die Pille vor seinen Augen schlucken sollte. Ich weiß nur, dass ich von da an täglich eine bekam. Mir war klar, dass es ein Beruhigungs- oder Schlafmittel sein musste, deshalb sträubte ich mich dagegen. Es war wie mit dem Chloroform vom Anfang. Ich wollte nichts zu mir nehmen, was mich betäubte oder manipulierte.

»Habt ihr Mami Bescheid gesagt?«, fragte ich noch.

Der Mann nickte. Dann kroch er zurück durch die Luke. Mit jedem Zentimeter, den er sich weiter von mir entfernte, schlug mein Herz schneller. Am Ende war ich fast froh, als das Licht verebbte, die Klappe runterging und alles wieder finster war. Immerhin bedeutete es, dass meine Tarnung mit dem Schlafsack nicht aufgeflogen war.

Nachdem ich sicher war, dass der Entführer sich entfernt hatte, holte ich meine schmerzende Hand hervor und bekam sie mit Ach und Krach wieder durch den Ring der Schelle. Anschließend machte ich ihn selbst ein bisschen enger. Ich hätte sowieso nicht fliehen können und eigentlich musste ich es jetzt ja auch gar nicht mehr. In einer Woche würde ich wieder zu Hause sein. Zumindest, wenn ich keinen Ärger machte. Keinen Ärger machen, hieß Handschellen tragen. Wenn ich dafür wieder nach Hause kam, von mir aus.

Auch die Bestätigung, dass Mami nun Bescheid wusste, beruhigte mich. Ich konnte ja nicht wissen, dass sie nicht stimmte. Das wussten zu diesem Zeitpunkt nicht mal die Entführer selbst. Wie ich erst im Rahmen meiner jüngsten Recherchen erfuhr, hatten sie in dieser Nacht tatsächlich im Hahnwald angerufen, um zu vermelden, dass ich in ihrer Gewalt war. Allerdings stellten sie sich so ungeschickt an, dass dabei nur die beiden unverständlichen Botschaften mit dem Rauschen und den sieben Brücken herauskamen.

Das hatte folgenden Grund: Um am Telefon nicht versehentlich ihre Identität preiszugeben, nahmen sie die Nachricht vorher mit verstellter Stimme auf ein Tonband auf. Dieses Band spielten sie in einer Telefonzelle auf einem mobilen Kassettenrekorder ab, dessen Lautsprecher während des Anrufs an die Sprechmuschel gehalten wurde. Was genau dabei schiefging, weiß ich nicht, aber die Übertragung misslang. Und dass Peter Maffay »Über sieben Brücken« sang, war sowieso ein Versehen, denn der Song mit der Entführungsbotschaft war überspielt worden und ging nach deren Ende ungeplant los. Mit der offiziellen Nachricht hatte er gar nichts zu tun.

Schon kurios, wenn man bedenkt, dass der Liedfetzen bei der Polizei ein großes Rätselraten auslöste. Da wurde fieberhaft getüftelt, ob sich aus dem Song Rückschlüsse auf meinen Aufenthaltsort ableiten ließen. Ein Gedanke, der angesichts der Tatsache, dass es in Köln sieben Rheinbrücken gibt, nicht mal völlig abwegig ist. Eine falsche Fährte war er trotzdem – eine von vielen.

Ich selbst fand derweil mein eigenes kleines Lied, das mich durch die Dunkelheit begleitete. Ich summte ganz leise die Melodie von »Ein Männlein steht im Walde« vor mich hin und sang dabei im Kopf meinen eigenen Text mit: »Ein Erlemännlein liegt im Walde ganz still und stumm.« Ein bisschen makaber. Aber im Gegensatz zur falschen Fährte mit den Brücken entsprach dieser Text immerhin den Tatsachen.

»ICH KOMME WEGEN DES ENTFÜHRTEN JOHANNES.«

Wie die Ermittlungen im Vermisstenfall Erlemann Fahrt aufnahmen und die Bild-Zeitung eine unbequeme Wahrheit aussprach.

»Vermißt wird der Schüler Johannes Erlemann (...) Der Vermißte verließ am 6. 3. 81, gegen 16.40 Uhr die elterliche Wohnung und wurde zuletzt gegen 17.50 Uhr an der Imbißstube Stellwerk am Bahnhof Rodenkirchen gesehen. Das von ihm mitgeführte silberfarbene Alu-Fahrrad, Marke: Kettler, an dem das hintere Schutzblech fehlte, wurde inzwischen am Rand des Forstbotanischen Gartens nahe der elterlichen Wohnung aufgefunden. Wer hat Johannes Erlemann nach 17.50 Uhr gesehen oder kann Hinweise auf seinen Aufenthalt geben? Hinweise nimmt die Kriminalpolizei Köln, Tel. 2291, oder jede andere Polizeidienststelle entgegen.«

Diese Vermisstenmeldung gab die Kölner Polizei am Tag nach meinem Verschwinden heraus. Währenddessen arbeitete die frisch gegründete Sonderkommission Erlemann bereits auf Hochtouren. Ihr Leiter war der gestandene Kriminalhauptkommissar Herbert Mertens, der sich als Spürhund des Falschgelddezernats seine Sporen verdient hatte und nun auf Sitte, Rauschgift und Vermisstenfälle abonniert war. Mertens war ein zupackender Charakter, akribisch, unerbittlich und genau.

Er zog von Anfang an alle Register. Neben den Suchtrupps und Hundestaffeln wurden Lautsprecherwagen losgeschickt, die durch den gesamten Kölner Süden fuhren und die Bevölkerung zur Mithilfe aufriefen; es wurden reihenweise Zeugen verhört, das Fahrrad auf Spuren untersucht und der unverständliche Mitschnitt des nächtlichen Anrufs von Tontechnikern des WDR analysiert und entzerrt. Der Aufwand lässt tief blicken. Es wurde mit dem Schlimmsten gerechnet. Am Rande einer Pressekonferenz, die am Samstagnachmittag im Hahnwald anberaumt wurde, um mein Verschwinden den Medien mitzuteilen, soll Prof. Kohlmann geäußert haben: »Ich vermute, dass es sich hier um ein Sexualdelikt oder um ein Kapitalverbrechen handelt.« Mit dieser Vermutung stand er nicht allein da.

Als ich vor ein paar Jahren meine Recherchen zur Aufarbeitung der Entführung begann, war ich – um es vorsichtig auszudrücken – ziemlich überrascht, dass im Duisburger Landesarchiv NRW dazu nichts zu finden war als eine dünne Akte mit den späteren Urteilen des Gerichts. Darüber hinaus schien die gesamte Dokumentation des Entführungsfalls Johannes Erlemann vernichtet worden zu sein. Beim Personal des Archivs sorgte das fehlende Material für große Verwirrung, nicht zuletzt, weil die Tilgung von Aktenmaterial gesetzlich verboten ist. So etwas sei ihnen noch nie untergekommen, beteuerten die Archivangestellten, aber geklärt werden konnte der Verbleib der Unterlagen nicht. Das war ein bisschen dubios, denn ich wusste, dass der damalige Vernehmungsmarathon der Soko Erlemann akribisch dokumentiert worden war.

Später hatte ich das Glück, über die private Sammlung eines Zeitzeugen, der den Fall von Anfang an verfolgt und so gut wie lückenlos archiviert hatte, an die alten Unterlagen doch noch heranzukommen. Nachdem ich sie auf dem Dachboden eines alten Bauernhauses abgeholt hatte, war ich erst mal eine Weile beschäftigt. Die Akten enthielten seitenweise Untersuchungsberichte, Tonbandabschriften, Expertenkommentare, Zeitungsberichte und Protokolle von zeugenschaftlichen Vernehmungen. Hinzu kam eine Handvoll Dokumente, über die ich aufgrund ihrer Brisanz Stillschweigen bewahre. Ansonsten brachte mich manches zum Schmunzeln und anderes zum Stirnrunzeln. Einiges erschreckte mich aber auch. Die Informationen über die Ereignisse, die sich in der Zeit nach dem 6. März jenseits meines dunklen Verlieses ereigneten, habe ich diesen Unterlagen entnommen.

Die Aussagen meiner Eltern waren damals sehr unterschiedlich. Während Mami in aller Breite geduldig Auskunft über unser Leben, meinen Charakter, ihre Ehe und Papis Geschäfte gab und in Randnotizen mit Kommentaren wie »Sie machte einen ruhigen, gefassten Eindruck« beschrieben wird, versuchte Papi von Anfang an, den Fall selbst zu lösen.

In einer ersten Vernehmung, die am 8. März in der JVA Darmstadt erfolgte, vermutete er erst ein »Sittlichkeitsdelikt«, dann überlegte er, ob eine vermeintliche Sperrgeldzahlung in Höhe von fünf Millionen Mark an ihn, über die der *Kölner Express* im Februar berichtet hatte, »bestimmte Personen veranlasst haben könnte, bei mir abzukassieren«. Dann ratterte er eine ganze Reihe von Namen seiner Mitinsassen herunter, die ihn in fragwürdiger Weise auf sein Geld angesprochen hatten. Und schließlich verdächtigte er Dr. Klein und den Drahtzieher der Excelsior-Erpressung, etwas mit meinem Verschwinden zu tun zu haben: »Wobei ich bei beiden Rachemotive unterstelle.«

Zum verrauschten Tonbandmitschnitt des zweiten nächtlichen Anrufs im Hahnwald sagte Papi selbstbewusst: »Sofort habe ich darauf die Stimme meines Sohnes Johannes erkannt (...) Es ist hundertprozentig mein Sohn. Mir wurde auch das entzerrte Band vorgespielt. Auch hier erkenne ich mit Sicherheit meinen Sohn wieder.« Am Ende dachte er sogar schon laut über die »Lösegeldfrage« nach. Sein detektivischer Übereifer war vermutlich nicht besonders hilfreich. Eher befeuerte er einen polizeilichen Verdacht, der mir später einige Schwierigkeiten bereitete: nämlich, dass Papi selbst hinter der Entführung steckte.

Die aus heutiger Sicht hilfreichsten Auskünfte der anfänglichen Ermittlungen kamen meines Erachtens von Nils Gold. Der war am Tag meiner Entführung ebenfalls an den drei Gestalten an der Parkbank vorbeigeradelt und konnte sie ziemlich genau beschreiben. Bei manchen Passagen aus seinem Vernehmungsprotokoll bekomme ich noch heute eine Gänsehaut: »Als ich nun an der Bank war, sah ich, dass zwei Männer auf der Bank saßen, ein dritter lief bzw. ging hin und her. Ich hatte den Eindruck, dass die drei Männer zusammengehörten und dass sie auf jemanden warteten.« Bei dem Gedanken, dass dieser Jemand ich war, kann man schon mal ein bisschen nachdenklich werden, oder?

Nichtsdestotrotz: Die Suchtrupps und zahllosen Vernehmungen änderten nichts daran, dass Mertens und seine Soko im Dunkeln tappten und meine Familie geschlagene vier Tage mit der gleichen Ungewissheit dasaß wie ich in meinem Verlies.

Mami beschreibt die Situation heute so: »Das war eine Katastrophe. Wir wussten ja nichts. Tagelang. Da wirst du verrückt. Da denkst du: Ist mein Kind in den Rhein geschubst worden? Sind die zappelig geworden und haben ihn umgebracht? Weil wir nichts wussten, kamen die schrecklichsten Gedanken bei mir hoch.«

Während die *Bild am Sonntag* vom 8. März titelte »Entführt? Erlemann-Sohn verschwunden!«, vermied die Polizei, den Verdacht des Kidnappings laut auszusprechen. Offiziell war immer nur von einem »Vermisstenfall« die Rede. Aber natürlich brachte die *Bild*-Schlagzeile auf den Punkt, was damals die meisten dachten und auch sagten.

Mein Vater gab schon bei der ersten Vernehmung zu Protokoll: »Am Sonntag, dem 8. 3. 81, gegen 9.00 Uhr, habe ich erstmals durch die Staatsanwaltschaft Darmstadt erfahren, was sich ereignet hat. Der Staatsanwalt sagte mir, mein Sohn sei entführt worden.« Am gleichen Tag soll mein Großvater Edmund mit den Worten »Ich komme wegen des entführten Johannes« im Hahnwald eingetroffen sein. Die Abhörvorrichtungen an unseren Telefonen wurden wohl auch nicht ohne Grund im Auftrag der Polizeiabteilung »Erpressung und Entführung« installiert. Und als am Dienstag immer noch kein Lebenszeichen von mir gekommen war, formulierte der Psychologe Professor Undeutsch, der angeblich zur Beruhigung meiner Mutter von der Uni Köln entsandt worden war, in Absprache mit Mami und Latz folgendes Schreiben:

»An die Entführer des Kindes Johannes Erlemann! Die zurzeit alleinstehende, leidgeprüfte Mutter bittet den oder die Entführer, sich schnellstens zu melden. Sie hat zu einer bestimmten Uhrzeit zwei Telefonanrufe erhalten, die leider nicht zu verstehen waren. Damit diese Nachricht als ernsthaft erkannt werden kann, bittet sie in der neuen Nachricht, die Uhrzeit der beiden früheren Anrufe zu erwähnen.«

Dieser Aufruf sollte nach einer letzten Absprache mit der Polizei in der Presse veröffentlicht werden. Doch dazu kam es nicht mehr, denn am fünften Tag traf sie auf einmal doch ein: die neue Nachricht. In Form eines Lebenszeichens von mir. Allerdings kam es nicht telefonisch, sondern mit der Post.

»ICH WEISS LEIDER NICHT, WO ICH BIN.«

Wie ich die Tonbandnachricht für Mami mit Notlügen rettete und das Lösegeld um eine Million Mark runterhandelte.

Am Sonntagabend, also zwei Tage nach meiner Gefangennahme, stattete er mir mal wieder einen Besuch ab. Das war inzwischen ein bisschen zur Gewohnheit geworden, wenn man das so sagen kann. Unregelmäßig alle paar Stunden kam der Mann mit der Skimaske, brachte mir Brot und Tee, grummelte ein paar Worte und ging wieder. Bei einer dieser Stippvisiten nahm er mir unvermittelt die linke Handschelle ab, von da an war ich nur noch einseitig gefesselt.

Warum das passierte, wurde nicht verraten. Ich vermute, es war eine Art Haftlockerung wegen guter Führung, denn auch wenn die Kälte, die Einsamkeit, die Ungewissheit und der Lichtmangel mir mächtig aufs Gemüt schlugen, ließ ich alles über mich ergehen, ohne Theater zu machen. Stattdessen klammerte ich mich an die Hoffnung, dass am nächsten Wochenende alles vorbei sein würde, und gab mich kooperativ. Der Rest war daliegen und in die Dunkelheit hineinhorchen. Nicht dass es besonders viel zu hören gegeben hätte. Rückblickend war das markanteste Geräusch im Verschlag das Donnern von Düsenjägern, die unregelmäßig über meinem Verlies ihre Manöver flogen – ein Detail, das später noch eine zentrale Rolle spielen sollte.

Davon abgesehen verabschiedete sich mein Zeitgefühl ziemlich schnell. Da ich, selbst wenn sich die Luke öffnete, nicht sehen konnte, ob es draußen hell oder dunkel war, konnte ich Tag und Nacht nicht auseinanderhalten und auch das Datum bald nur noch schätzen. Dass der besagte Besuch meines Aufpassers am Sonntagabend stattfand, weiß ich nur so genau, weil er es mir ausnahmsweise sagte.

Auch sonst war diesmal einiges anders. Zum Beispiel war er nicht allein und kam auch nicht zu mir in den Verschlag gekrochen, sondern machte nur Ansagen von außen. Stattdessen schob sich ein anderer Typ neben mich, der nicht ein Wort sprach. Auch er trug Skimaske, aber ich meinte in ihm den Mann mit dem Rauschebart wiederzuerkennen, der an der Parkbank im Forstbotanischen Garten einen Anorak getragen hatte.

Er hatte einen Kassettenrekorder dabei. Wie ich später erfuhr, war es das gleiche Gerät, mit dem die telefonischen Nachrichten von Freitagnacht schiefgelaufen waren. Ein längliches Ding mit Kassettenfach, mechanischen Spulen, einem dreistelligen Umdrehungszähler und einem dieser eingebauten Lautsprecher, die alles so blechern klingen lassen, als würde man durch eine Coladose sprechen. Kein Wunder, dass die Telefonbotschaften damit nicht klappten. Aber das wusste ich zu dem Zeitpunkt ja noch nicht.

Jetzt hieß es erst mal, ich solle ein Lebenszeichen für meine Mutter aufnehmen. Vorgaben hatten sie keine, also drückte ich einfach die rote REC- und die schwarze PLAY-Taste, um die Aufnahme zu starten, und fing an, im gewohnten Schnucki-Ton draufloszuquatschen.

Ich kam allerdings nicht weit. Schon nach wenigen Sekunden

wurde mir der Rekorder weggerissen und von draußen kam verärgert: »Willst du uns verarschen?«

»Äh … Nein, wieso?« Ich wusste überhaupt nicht, was er von mir wollte.

»Das klang viel zu fröhlich«, schimpfte er weiter. »Hier geht's nicht um ein Spiel und auch nicht um eine Postkarte aus dem Ferienlager, kapiert?«

Diese Attacke brachte mich in die Bredouille. Genau das war doch mein Ziel gewesen. Ich wollte fröhlich klingen, damit Mami dachte, dass es mir gut geht. Wenn das nicht erlaubt war, musste ich es irgendwie ausgleichen. Scheinbar fiel mir damals nur eine Methode ein: Notlügen.

»Ach so, es läuft … eee … Hallo, Mami. Mir geht es hier gut und ich kriege hier gutes Essen. Chips und so und Schokolade. Du brauchst dir also keine Sorgen zu machen und Angst. Samstag bin ich ja wieder bei euch. Hoffentlich. Und nur wegen mir braucht der Andreas seine Geburtstagsparty nicht abzubrechen. Und das mit der Eisenbahn … eee … Ich wollte dir eigentlich sagen, aber da ging's ja nicht mehr … eee … Wenn die Nica sie noch kaufen will, du musst mit 700 Mark anfangen und bis … nicht tiefer als 600 gehen. Da will ich sie lieber behalten. Und … eee … Na, ich habe hier auch Licht und so. Ich kriege Tee und es wird geheizt und so. Und ich, ja … Ich weiß nicht mehr, was ich sagen soll. Mmh … Ich weiß … Ich weiß leider nicht, wo ich bin. Mmh … Und ich kriege hier genügend zu lesen, *Lucky Luke* und so. Und ich hab's warm hier. Ich habe genügend Decken. Und Essen ist auch gut. Heute ist Sonntagabend und … eee, eee … Jeden Abend kriege ich jetzt Pfefferminztee und dann wird geheizt, das ist also gemütlich hier. Und am Samstag bin ich ja wieder bei euch. Mooaa. Das wär's.«

Das ist die Originalabschrift der Tonbandaufnahme, die damals zu meiner Mutter geschickt wurde. Schon faszinierend, wie sehr ich mich da verbogen habe, um den schönen Schein zu wahren. Bis auf die Sache mit Andreas' Geburtstag, der Eisenbahn und dem Tee stimmt da eigentlich nichts. Gutes Essen? Licht? Geheizt? Gemütlich? Alles gelogen. Das Wahrhaftigste an dieser Botschaft ist das »Mooaa«. Das musste Mami verstehen. Es war wie ein Geheimcode. Keine Ahnung, woher das Wort kam, aber seit ich denken kann, war es unsere Art, einander innige Zuneigung zu signalisieren.

Mit der ersten Sprachnachricht war die Aufnahmesession aber noch nicht erledigt. Ein weiterer Punkt war, dass ich die Lösegeldsumme mitteilen sollte. Dafür bekam ich einen Zettel zum Ablesen: »Liebe Mami, bitte zahlt die Lösegeldsumme von vier Millionen Mark« und so weiter.

Gegen die vier Millionen protestierte ich erst mal: »Das wird nicht klappen. Ich hab doch gesagt, wir haben kein Geld mehr.«

Nach einer kurzen Pause kam von draußen: »Was denkst du denn, was sie zahlen können?«

Es war total improvisiert, als ich antwortete: »Höchstens drei Millionen.«

Das wirkte. Der Mann mit dem Rekorder rutschte merklich verstimmt nach draußen zurück und sie schlossen mich erst mal wieder ein. Sofort lief bei mir die Gedankenmaschine an: Waren die Entführer jetzt sauer? Reichte ihnen die kleinere Summe nicht? Würden sie mich aufgeben und hier liegen lassen?

Die Sorgen waren unberechtigt. Schon ein paar Minuten später kamen die beiden Männer mit demselben Zettel zurück, auf dem nur eine einzige Veränderung vorgenommen worden war: Sie hatten die »vier Millionen« in »drei Millionen« umgewandelt. Diese Forderung las ich dann tatsächlich gefügig vor, zusammen mit der Ansage, dass die Anweisungen der Entführer genau zu befolgen seien und die Polizei und die Presse aus der Sache herausgehalten werden sollten.

Als die Aufnahme gelaufen und die Männer weg waren, blieb ich ziemlich durcheinander zurück. Einerseits war da das Gefühl, es passiert was, andererseits stellte ich mir tausend Fragen. Hatte ich alles richtig gemacht? Würden sie das Band auch wirklich zu Mami schicken? Wie lange würde es dauern? Und natürlich – das war eigentlich der kritischste Punkt: Wie zum Teufel sollte Mami überhaupt die drei Millionen auftreiben?

»WIR SIND ÜBERZEICHNET.«

*Wie Papi zurück nach Köln kam
und Mami den Wettlauf ums Geld antrat.*

Mittwoch, der 11. März 1981, begann mit Wolken, Regen und einem Anruf um sieben Uhr morgens für die Soko Erlemann im Polizeipräsidium am Waidmarkt. Die Poststelle von Rodenkirchen vermeldete, dass ein Brief für meine Mutter eingegangen sei, der mit dem rot markierten Dringlichkeitsvermerk »SOFORT« versehen war. Zum Ärger von Kommissar Mertens war nicht genau festzustellen, wo man den Brief aufgegeben hatte. Nur dass er aus einer Kastenleerung im Kölner Stadtgebiet stammte, war klar, und dass der Umschlag mit großer Wahrscheinlichkeit eine Kassette enthielt. So oder so wurde er erst einmal zurückgehalten und von der Polizei untersucht.

So viel zum Stichwort »SOFORT«. Wenn ich daran denke, dass meine Mutter seit Tagen um das Leben ihres Kindes bangte und es für sie gefühlt um jede Minute gegangen sein muss, sind solche von der Polizei verschuldeten Verzögerungen doch ziemlich befremdlich. Aber Empathie war generell nicht die Stärke von Mertens und vereinzelten Kollegen seiner Soko. Ich weiß, wovon ich spreche. Aber dazu kommen wir später.

Während die Beamten die Kassette untersuchten, traf Papi in der Kölner JVA Ossendorf ein. Kohlmann hatte zuvor bei der

Staatsanwaltschaft Darmstadt einen Antrag auf Ausführung gestellt, damit sich meine Mutter und die Anwälte vor Ort in Köln mit meinem Vater beraten konnten. Für Mami war es das erste Mal seit Freitagabend, dass sie unser Haus verließ.

Die Unterredung im Gefängnis dauerte geschlagene vier Stunden. Papi hatte große Schwierigkeiten im Umgang mit dieser katastrophalen Situation. Seine ganzen Tugenden – die analytische Cleverness, sein rationaler Verstand – waren durch die Haft und die Ungewissheit wie gelähmt. Er war sozusagen nicht nur von Rechts wegen, sondern auch in sich selbst gefangen. Bei unserem späteren Roadtrip sagte er mir, dass der 6. März 1981 der schlimmste Tag seines Lebens gewesen sei. Mein Verschwinden und meine Geiselnahme führten ihm vor Augen, wie sehr ihm durch seine eigene Gefangenschaft die Hände gebunden waren. Aber er wollte sich nicht eingestehen, dass er, der sonst immer in Extremsituationen zu Höchstleistungen fähig war, hier absolut nichts machen konnte. Er konnte seine größte Stärke nicht ausspielen, konnte nicht agieren. Stattdessen war er zum Nichtstun gezwungen. Diese Machtlosigkeit anzuerkennen, war hart für ihn.

Es kam erschwerend hinzu, dass das Verhältnis mit meiner Mutter auf dem Tiefpunkt und die Ehe am Ende waren. Mami wollte schon vor seiner Verhaftung die Scheidung. Bei den Besprechungen an diesem Tag muss infolgedessen eine ziemlich seltsame Stimmung geherrscht haben, die zwischen Vertrautheit und Entfremdung, allgemeiner Erregung und erzwungener Zurückhaltung schwankte.

Im wichtigsten Punkt waren Mami und Papi sich dennoch einig: Es sollte alles getan werden, was meiner unversehrten Rückkehr dienlich war. Zur Not auch über den Kopf der Polizei hinweg.

Was genau zu tun war, wusste aber natürlich niemand. Zu diesem Zeitpunkt stand ja noch nicht mal fest, dass ich wirklich entführt worden war. Das erfuhr Mami erst, als sie nach dem Besuch in der JVA in den Hahnwald zurückkam. Dort war inzwischen der Brief mit dem »SOFORT«-Vermerk eingetroffen. Er enthielt die Kassette mit meiner »Mooaa«-Botschaft. Laut einem Polizeibericht erzielte das Tonband genau den Effekt, den ich erreichen wollte. Da heißt es: »Frau Erlemann war der Meinung, daß ihr Sohn sich nach der Stimme vollkommen normal verhält, keine Angst zeigt und völlig unbeschwert plaudert.« Mission erfüllt.

Der Kassette lag ein mit einer Buchstabenschablone gefertigtes Schreiben bei:

»Frau Erlemann, hören sie sich das band mit den ausführungen ihres sohnes genau an und entscheiden sie selbst ob sie ihr kind wiederbekommen. Wir fordern:

1. *Erwirken sie sofortige nachrichtensperre*
2. *3 Millionen DM gebrauchte Scheine – 1,5, mio. hunderter/1,5 mio tausender – bis Freitag 13.3.81 egal wie. wir dulden keine verzögerung. Erneutes lebenszeichen nur nach erfüllung aller forderungen vor geldübergabe.*
3. *Keine ermittlungen durch die polizei.*

Ihr einverständnis dokumentieren sie am freitag im kölner express unter der rubrik verloren/gefunden durch folgenden text: weisser perserkater name ›hannibal‹ belohnung tel. 0221/432451
Wir melden uns wieder unter dem kennwort V.a.T.«

Ich muss nur an meine eigenen Kinder denken, um mir ansatzweise vorstellen zu können, welch enormer Druck nach dieser

Nachricht auf Mami gelastet haben muss. Allein das Gewicht des Satzes »Entscheiden Sie selbst, ob Sie Ihr Kind wiederbekommen« ist brutal. Aber immerhin hatten die quälende Ungewissheit und die Verdammung zur Untätigkeit mit dem Brief ein Ende. Stattdessen mussten gleich mehrere Mammutaufgaben gelöst werden.

Die Eventualitäten, die am Vormittag im Gefängnis besprochen worden waren, wurden jetzt entweder akut oder hinfällig. Anstatt die Botschaft von Prof. Undeutsch an die Medien zu geben, galt es nun, der Presse – die inzwischen täglich über den Fall berichtete – den Hahn abzudrehen; der Umgang mit der Polizei, die sich im ganzen Haus und dessen Umgebung ausgebreitet hatte, musste ebenfalls neu diskutiert werden; die Hauptaufgabe aber war, die drei Millionen Mark zu beschaffen. Das stellte, vorsichtig ausgedrückt, eine gewisse Herausforderung dar. Einerseits musste es schnell gehen, denn der Stichtag, Freitag, der 13. März, war schon übermorgen, andererseits brauchten die Banken für die Bereitstellung derart hoher Beträge in der Regel ein paar Tage Zeit.

Es war nicht weniger als ein Segen, dass Mami meinen Großvater, Günni, Prof. Kohlmann und Dr. Latz an ihrer Seite hatte. Jede dieser Personen spielte ihre eigene wichtige Rolle in dem Drama, das die Entführung für unsere Familie darstellte: Mami brachte die Nervenstärke und den Charakter mit, um das Ganze durchzustehen; mein Großvater die Ruhe und einen großen Anteil der Lösegeldsumme; Günni das Einfühlungsvermögen und das Organisationstalent, um Mami sowohl emotional als auch administrativ zu unterstützen; Kohlmann die Autorität und die Durchsetzungskraft, um die Sache mit der Polizei und der Presse zu regeln; Latz die Erfahrung und die Kontakte, um die Geldangelegenheiten zu koordinieren. Zusammen waren die fünf ein gutes Team. Jeder Einzelne von ihnen wuchs in diesen Tagen auf seine Weise über sich hinaus.

Um eine Nachrichtensperre erwirken zu können, bedurfte es der Zusammenarbeit mit den Behörden. Aus diesem Grund entschieden sich Mami und die Anwälte, die »Keine Ermittlungen«-Auflage zu missachten und die Zusammenarbeit mit der Soko Erlemann aufrechtzuerhalten, wenn auch mit größerer Diskretion. Mertens und seine Leute fingen daraufhin sofort an, Szenarien für die Geldübergabe durchzuplanen, unter anderem indem sie Kolleginnen instruierten, die meine Mutter bei besonders gefährlichen Übergabesituationen hätten doubeln können. Davon abgesehen sollte aber alles genauso gemacht werden, wie die Entführer es gefordert hatten. Die oberste Priorität war somit: das Lösegeld.

Ein paar Bilder und Kunstgegenstände wurden nun sprichwörtlich verramscht und dank einer Ad-hoc-Bereitstellung meines Großvaters aus Düsseldorf war nach dem ersten Tag immerhin eine Million zusammengekommen. Was jedoch danach passierte, machte alle sprachlos. Geschäftspartner von früher und Freunde brachten Geld in Plastiktüten vorbei oder schickten dicke Umschläge durch ihre Fahrer. Jede dieser Zuwendungen belief sich auf ein paar Hunderttausend Mark.

Dr. Latz sprach in seinem Büro in der Marienburg mit den Banken und schickte nebenbei seine Frau zu uns, damit sie Mami und Günni bei Laune hielt und ihnen etwas zu essen kochte. Derweil sorgte Prof. Kohlmann in Lindenthal dafür, dass Papi informiert und seine Rückführung nach Darmstadt noch einmal vertagt wurde, die ursprünglich für denselben Tag geplant gewesen war.

Währenddessen stampften *Bild*-Zeitung, *Express* und Co. infolge der umgehend verhängten Nachrichtensperre zähneknirschend ihre Erlemann-Storys für den nächsten Tag ein. Für Papi begann eine schlaflose Nacht in Ossendorf. Und Mami, die seit meinem Verschwinden sowieso stets angezogen und wach blieb und sich nur in absoluten Ausnahmefällen ein Nickerchen auf dem Sofa gönnte, hörte sich wieder und wieder die Kassette mit meiner Nachricht an: »Mooaa.« Darüber ging ein wolkiger, für die Jahreszeit ungewöhnlich warmer Tag in Köln zu Ende. Am Abend frischte der Wind auf. Er kam von Westen. Und er sollte Regen bringen. Viel Regen. Zu viel.

Am Vormittag des Donnerstags verkündete Dr. Latz, dass er das Lösegeld fast zusammenhabe. Es fehlten »nur« noch 150 000 Mark, bei denen alle davon ausgingen, dass sie im Laufe des Tages aufgetrieben werden konnten. Die »Perserkater«-Annonce im *Express* konnte also in den Druck gehen. Danach muss eine ziemlich aufgekratzte Stimmung geherrscht haben. Ein paar Besprechungen und einen weiteren Besuch bei meinem Vater im Gefängnis später kamen das Fünferteam und ein paar Polizeibeamte am Abend bei Prof. Kohlmann in Lindenthal zusammen, um das weitere Vorgehen zu planen. Bei dieser Gelegenheit soll Dr. Latz dann den legendären Satz gesagt haben: »Wir sind überzeichnet.«

Das bedeutete, die drei Millionen waren nicht nur vollständig, sondern am Ende sogar um 600 000 Mark übertroffen worden. Das Bargeld wurde noch in derselben Nacht in einer großen Tasche in den Hahnwald gebracht. Weil meine Mutter sich mit so viel Geld im Haus unsicher fühlte und es nicht offen rumliegen lassen wollte, versteckte Günni den gesamten Betrag im Kleiderschrank. »Wie naiv«, schmunzelte er später über sich selbst. Aber er wusste ja nicht, dass die Soko Erlemann an diesem Abend extra zwei Polizeibeamte abkommandierte, um das Geld im Auge zu behalten.

So begann Freitag, der 13., der Tag, an dem die »Perserkater«-Anzeige im *Express* erschien und an dem Andreas fünfzehn Jahre alt wurde. Es war nicht nur wegen des immer stärker werdenden Regens die trübste und unerfreulichste Geburtstagsfeier, die er je hatte.

»ES KOMMT ALLES AUF MONTAG AN.«

Wie die Isolation Kleinigkeiten zum Ereignis machte und ein Countdown in Schockstarre endete.

»Heute ist Freitag, der 13. 3. 1981. Ich wünsche Andreas alles Gute und Liebe zum Geburtstag. Schade, dass ich noch nicht bei euch sein kann. Damit du auch genau weißt, dass es mir gut geht, lese ich dir jetzt ein paar Sätze aus der heutigen *Bild*-Zeitung vor. ›Romy gar nicht verheiratet. Sie behält Kind und Geld‹. Oder hier: (…) ›Bei 17 riss der Film‹. Oder hier: ›Wieder Bankraub, 14 Geiseln im Keller‹ und so weiter. Was da alles steht …«

Als ich nach einer Woche im Verschlag anfing, diese Nachricht in den alten Kassettenrekorder zu sprechen, fühlte es sich an wie der Anfang vom Ende meiner Gefangenschaft. Denn auf das improvisierte Vorgeplänkel mit den Lebensbeweisen in Form von *Bild*-Schlagzeilen folgte ein vorgegebener Text, der klar datierte Anweisungen für die Geldübergabe enthielt.

»Die Leute, in deren Wohnung ich bin, wollen das Geld am Montag haben. Du sollst das Geld in zwei handliche Stofftaschen packen und dich am Montagnachmittag bereithalten. Du wirst dann von jemandem abgeholt. Der Mann hat einen Brief für dich, in dem steht, wo er mit dir hinfahren soll und was du tun musst. Du musst ganz allein mitfahren. Du brauchst keine Angst zu haben. Die Leute haben mir versprochen, dass dir ganz bestimmt nichts passiert, wenn du allein und ohne Polizei kommst. Bitte, bitte mache alles genau so, wie die Leute es wollen. Es muss klappen. Die Leute sagen, dass wir nur diesen Versuch haben, dass sie sonst sofort Schluss machen. Das Geld darf keine fortlaufenden Nummern haben und muss auch sonst in Ordnung sein. Keine Sender und keine Piepser und so weiter ... Der Mann, der das Geld da abholt, wo du es hinbringst, kommt erst, wenn du schon wieder weg bist. Er wird dich aber beobachten und abwarten, ob alles richtig ist. Wenn ein Fehler gemacht wird, wird das Geld nicht abgeholt und alles ist aus. Erst wenn der Mann das Geld geholt und gezählt hat und alles in Ordnung ist, ruft er hier an und ich werde freigelassen (...) Die Leute sind sehr vorsichtig und wollen auf gar keinen Fall einen zweiten Versuch machen. Es kommt alles auf Montag an. Wenn die Polizei sich nicht raushält und irgendeinen Trick versucht, ist hundertprozentig alles zu Ende. Es gibt keine Chance.«

Die »Alles ist aus«-Formulierungen waren wohl bewusst eingestreut worden, um meine Mutter an den Ernst der Lage zu erinnern und sie davon abzuhalten, Dummheiten zu machen. Ob sich »die Leute« je darüber Gedanken machten, dass die Drohungen auch bei mir ihre Wirkung taten? So war es jedenfalls. Auf wen genau sich das »Schluss machen« bezog, verrieten mir schließlich weder das Schreiben noch mein Aufpasser. Trotzdem war die Hoffnung stärker als die Angst. Von diesem Moment an begann ich, die Tage und Stunden bis zu meiner Freilassung zu zählen.

In den letzten Jahren bin ich immer wieder gefragt worden, was ich in der Zeit im Verschlag eigentlich gemacht, gedacht oder gefühlt habe. Meine spontane Antwort darauf lautet: nichts. Denn genau das war diese Zeit rückblickend für mich: ein einziges niederschmetterndes Nichts.

Zwischendurch gab es vereinzelte »Bewegungen«, die als kleine Vorkommnisse den Rhythmus der immer wiederkehrenden Ereignisse bestimmten. Irgendwann vor oder nach der ersten Tonbandaufnahme stellte ich zum Beispiel fest, dass ich in meinem Verschlag nicht mehr ganz allein war. Ich lag im Dunkeln und tastete gedankenverloren die Holzplanken am Boden und die Styroporwände ab. Die rauen, stumpfen, feuchten Oberflächen waren mir inzwischen eigenwillig vertraut. Nach ein paar Tagen hatte ich das Gefühl, jeden Spalt, jeden Splitter und jede Kerbe meiner düsteren vier Wände zu kennen.

Und doch gab es zwischendurch Unregelmäßigkeiten: elastische Auswölbungen, die im ersten Moment da waren, aber im nächsten auf einmal nicht mehr; die ich erst in einer Fuge im Boden spürte, dann in einem Riss an der Decke. Als mir mein Aufpasser mal wieder Tee und Brot brachte, sah ich im Flackerschein der Taschenlampe auf einmal, worum es sich handelte: dicke graue Würmer, die sich in den feuchten Ritzen wanden und zusammenzogen, sobald ein Lichtstrahl oder eine Berührung sie traf. Das war eine Nummer ekliger als alles, was ich mir vorgestellt hatte. »Lebendig begraben« für Fortgeschrittene quasi. Das Büffet war bereitet. Danach schmeckte mir mein pappiges Graubrot noch weniger als sonst.

Eine weitere Entwicklung: Es wurde Licht. Zumindest ansatzweise. Nach ein paar Tagen hatte ich mit meinem Aufpasser so was Ähnliches wie eine persönliche Ebene aufgebaut. Nicht so wie beim Stockholm-Syndrom, davon war ich weit entfernt, sondern schlicht in einer Form, die es möglich machte, ohne Angst

Fragen zu stellen, die über »Wie spät ist es?« und »Habt ihr was von Mami gehört?« hinausgingen.

Manchmal erzählte der Maskenmann auch von sich aus etwas, wonach ich gar nicht gefragt hatte. Zum Beispiel, dass er in Saint-Tropez als Kellner gearbeitet und meine Familie dort schon länger beobachtet hatte; oder dass der ursprüngliche Plan gewesen war, Andreas zu entführen, was dann aber wegen seiner Krankheit verworfen wurde. Im Nachhinein stellten sich all diese Storys als Nebelkerzentaktik heraus, aber sie eröffneten einen Dialog, aus dem heraus ich es irgendwann wagte zu fragen, ob ich die Taschenlampe im Verschlag behalten könnte. Dem wurde zu meinem Erstaunen stattgegeben. Ein kleiner Triumph.

Was das Erhellen der Dunkelheit angeht, brachte die alte Funzel nicht wahnsinnig viel, aber sie eröffnete neue Beschäftigungsmöglichkeiten: die nähere Betrachtung meiner wurmigen Mitbewohner zum Beispiel. Oder das Zuhalten der Lichtquelle mit der Handfläche und den Fingern, wobei im roten Schein der absorbierten Strahlen die Knochen und Blutgefäße sichtbar wurden. Oder Selbstuntersuchungen durch frontales Ins-Auge-Leuchten und danach die tanzenden Pünktchen auf der Netzhaut verfolgen wie Amöben unterm Mikroskop im Chemielabor ... Das war mein Entertainment. Irgendwann bekam ich auch ein Comicheft: *Clever & Smart*. Aber bevor ich es durchgelesen hatte, gaben die Batterien den Geist auf. Auf Nachfrage bekam ich neue, die aber auch meist schon halb leer waren. Ich nahm es pragmatisch und machte das Beobachten des Verlöschens der Glühwendel zum meditativen Ritual. Es war mein Ersatzsonnenuntergang.

Ein weiterer Gefährte neben den Würmern war mein Freund, das Nutellaglas. Als ich den faden Geschmack des täglichen Graubrots nach einer Weile gründlich satthatte, besann ich mich auf das gute Stück, das immer noch unentdeckt im Spalt hinter der Matratze klemmte. Das Geräusch beim Öffnen des Deckels kam mir verräterisch laut vor und als ich dann kosten wollte, musste ich erst mal feststellen, dass das nicht so einfach war. Durch die winterlichen Temperaturen des frühen März war das Nutella fast komplett gefroren. Mit meinen kleinen dreckigen Fingernägeln kratzte ich mir dann immer mal wieder ein paar Schokosplitter zusammen und streute sie auf mein Brot. Das war mühsam und umständlich, aber der Geschmack war gigantisch. Er schmeckte nach früher. Generell kam mir das Nutellaglas vor wie ein Relikt aus einer schönen, fernen, vergangenen Welt und in gewisser Weise war es ja tatsächlich das letzte Souvenir aus einer Kindheit, die in diesen Tagen unwiederbringlich endete.

Zu meinen Entdeckungen gehörte auch mein Bedürfnis nach Sauberkeit. Nach einer Woche In-Klamotten-Schlafen, Würmer-Betasten und Nutella-aus-dem-Glas-Kratzen sehnt sich selbst ein elfjähriger Junge, der Händewaschen und Zähneputzen sonst gerne mal ausfallen lässt, danach, sich den Mund durchzuspülen und richtig die Hände zu waschen. So bat ich nach etwa einer Woche um warmes Wasser, ein Stück Seife und Odol. Auch diesmal mit Erfolg.

Es war eine Wohltat, meine durchgefrorenen, verdreckten Finger das erste Mal seit meinem verhängnisvollen Aufbruch nach Rodenkirchen wieder in warmes Wasser zu tauchen. Das Waschen lohnte sich auch richtig, allein wegen der Nutellareste, die wie ein klebriger Film an meinen Händen hafteten. Der Seifengeruch blieb mir danach noch ewig in der Nase hängen. Erst fand ich ihn angenehm, aber irgendwann kippte das, weil ich ihn nicht wieder loswurde. Bis heute erinnern mich bestimmte penetrante Seifengerüche an dieses »Ereignis«.

Und dann, gerade als meiner inneren Uhr zufolge der Countdown bis zu meiner Freilassung mit großen Schritten dem Ende entgegenjagte, kam noch mehr Wasser. Diesmal ungebeten, kalt und ohne Seife. Draußen fing es äußerst stürmisch an zu regnen. So stark, dass es im Verschlag durch sämtliche Ritzen und von der Decke tropfte. Das war erst unangenehm, dann beängstigend und schließlich bezeichnend für die Gesamtsituation, in der sich nach und nach alles auflöste, was mich noch bei der Stange gehalten hatte.

Denn dann kam der Montag. Und er brachte nicht die erhoffte Freilassung mit sich, sondern einen lautstarken Besuch meines Aufpassers, der wutentbrannt zu mir in den Verschlag kroch, mich durch die Augenlöcher seiner Skimaske anfunkelte und rumschnauzte: »Es ist schiefgelaufen, die melden sich nicht. Die haben alles versaut und die Polizei gerufen. Ich sage dir, deine Eltern interessieren sich einen Dreck für dich. Wenn die alles richtig gemacht hätten, wärst du schon zu Hause. Denen bist du egal. Die wollen dich gar nicht zurück.«

Das war's. Nach diesem Ausbruch verschwand er mit wildem Getöse, schloss die Klappe und trampelte mit schweren Schritten davon.

Ich habe keine Worte für das Gefühl, das mich in diesem Moment überkam. Einerseits fiel ich ins Bodenlose, andererseits spürte ich überhaupt nichts mehr. Alles, worauf ich vertraut hatte, wurde von einem Moment auf den anderen bedeutungslos. Nicht, dass ich den Worten des Aufpassers Glauben schenkte. Spätestens bei dem Satz »Denen bist du egal« wusste ich, der lügt. Aber was half mir dieses Wissen, wenn ich gleichzeitig wusste, dass die Geldübergabe gescheitert war? Auf dem Zettel hatte gestanden, dass es »auf gar keinen Fall einen zweiten Versuch«

geben würde. Dass im Falle einer Panne »hundertprozentig alles zu Ende« war. Dieser Fall war nun offenbar eingetreten.

Was bedeutete das? War ich jetzt nicht nutzlos für die Entführer? Hatten sie nicht geschrieben, sie würden »Schluss machen«, wenn etwas schiefging? Aber wie? Ehrlich gesagt: In meiner Schockstarre war es mir fast egal. Fast. Denn was ich auf keinen Fall wollte, war, dass man mich einfach in diesem schwarzen Loch den Würmern überließ. Das war die alte Urangst vor dem Alleingelassen- und Vergessenwerden. Mein größter Horror.

Doch genau das drohte jetzt zu passieren. Vorher war mein Aufpasser in einigermaßen berechenbaren und regelmäßigen Intervallen vorbeigekommen. Nun gab es keine Intervalle mehr. Über Stunden ließ sich niemand blicken. So wurde aus der Erwartung, dass die Gefangenschaft bald vorbei war, die Befürchtung, dass ich langsam hier verrecken würde. Dieser Sturz aus der größten Hoffnung in die völlige Hoffnungslosigkeit war gewaltig. Der Nullpunkt meiner Widerstandskraft kündigte sich an. Mein Überlebenswille war in Gefahr.

»EIN NERVENKRIEG BEGINNT.«

Wie Rotlichtkönig Schäfers Nas ins Visier der Soko Erlemann geriet und eine Bande Autoknacker am Rad meines Schicksals drehte.

Die Kassette mit meinen Geburtstagsgrüßen für Andreas und den Instruktionen zur Geldübergabe hat meine Mutter nie bekommen. Warum? Diese Frage wird wohl für immer unbeantwortet bleiben, denn alle, die sie beantworten könnten, sind mittlerweile tot. Fest steht nur, dass das Tonband am 14. März in der Poststelle Rodenkirchen einging und wie die Vorgängernachricht direkt von Mertens und seinen Leuten abgefangen, dokumentiert und in die technische Prüfung geschickt wurde. Auch Dr. Latz hat die Nachricht gehört, Mami dagegen erreichte sie nie. Aus meiner Sicht kann es dafür nur zwei mögliche Erklärungen geben: Entweder war es eine bewusste Entscheidung, um sie zu schonen, oder es hatte ermittlungstaktische Gründe.

Der Gedanke der Schonung war mehr als angebracht. Was meine Mutter damals alles aushalten musste, sprengt ja sowieso schon jede denkbare Vorstellung. Als wäre die Situation nicht verfahren genug gewesen, verschluckte sich Andreas an seinem Geburtstag auch noch an einem Aprikosenkern, der den Darmausgang versperrte, sodass er mal wieder ins Krankenhaus musste. Da saß Mami also: ihr Mann im Gefängnis, der ältere

Sohn im Krankenhaus, der jüngere entführt, das Haus voller Polizisten, während im Vorratsschrank drei Millionen Mark in bar lagerten, deren Übergabe jeden Moment losgehen konnte, von der aber niemand wusste, wie genau sie ablaufen sollte. Vielleicht dachte Latz, dass sie gestraft genug war und nicht zusätzlich mit dem Furcht einflößenden »Alles ist aus«-Gerede auf der Kassette belastet werden sollte. Man könnte es ihm nicht verdenken.

Die ermittlungstaktischen Gründe sind ein bisschen um die Ecke gedacht, aber trotzdem plausibel. Bei allem Alarm, den die Soko Erlemann machte, und trotz des Hinzuziehens von Experten der Landeskriminalämter in Düsseldorf und Münster tappte die Polizei auch eine Woche nach meinem Verschwinden noch völlig im Dunkeln. Das Motiv war nach dem Eingang der Lösegeldforderung zwar klar, aber was mögliche Täter anging, musste in Ermangelung aussagekräftiger Spuren weiterhin in sämtliche Richtungen ermittelt werden. Das schloss die Theorie, dass meine Familie die Entführung nur inszeniert haben könnte, ausdrücklich mit ein.

In diesem Kontext könnte das Zurückhalten der Kassette ein Winkelzug gewesen sein, um Mami dazu zu bringen, sich zu verplappern, indem sie Dinge ausplauderte, die sie durch die nicht übermittelte Nachricht gar nicht wissen konnte. Aber wie gesagt: Das ist nur mein persönlicher Erklärungsversuch, in den Unterlagen der Polizei findet sich kein Hinweis darauf. Denen zufolge wurden ebenso Papis Andeutungen über einen möglichen Racheakt wie Kohlmanns Theorie eines Kapitalverbrechens geprüft und auch Verdachtsmomente in unserem privaten Umfeld in Saint-Tropez und Kühtai.

Auch dass die Entführer aus der organisierten Kriminalität kommen könnten, wurde in Betracht gezogen. So fand im Rahmen der Ermittlungen eine kuriose Begegnung mit Heinrich

Schäfer alias »Schäfers Nas« statt, dem damaligen König der Kölner Unterwelt. Bei der Analyse der Tonbänder im Bundeskriminalamt Wiesbaden war ein Hintergrundgeräusch herausgefiltert worden, das darauf schließen ließ, dass in der Nähe meines Aufenthaltsortes ein größerer Dieselmotor lief. Die Polizei vermutete einen Schiffsmotor und ließ Durchsuchungsbefehle für die Boote in den Kölner Rheinhäfen ausstellen.

Einer davon betraf die *Colorado*, ein ehemaliges Marine-Torpedoboot aus dem Zweiten Weltkrieg, das besagter Schäfers Nas mit Schnitzdeko, goldenen Wasserhähnen und nachträglich eingebautem Kamin zu einer Luxusjacht umgestaltet hatte, die er als Liebesnest nutzte. Als die Beamten der Soko Erlemann die *Colorado* mit Karacho enterten, platzten sie mitten hinein in ein sprichwörtliches Schäferstündchen, das der Rotlichtkönig gerade mit einer seiner Damen genoss. Er soll ziemlich dumm geguckt haben. Aber Polizei und Unterwelt pflegten einen eigenen, sehr speziellen Umgang miteinander, der bei aller Rivalität auch von gegenseitigem Respekt geprägt war. Und da Schäfers Nas sich in diesem Fall nicht persönlich betroffen fühlte, reagierte er wohl sehr verständnisvoll auf die Razzia. Zumal sein Standpunkt lautete: »Entführung läuft bei uns in Kölle nicht.« Diesem Motto folgend, schaltete er sich später noch mal auf eigene Faust in die Ermittlungen ein, aber bis dahin dauerte es noch etwas.

Vorher, genauer gesagt am Mittwoch, dem 18. März 1981, vermeldete die Poststelle Rodenkirchen erst mal den Eingang des dritten Briefes an meine Mutter, der ein von mir besprochenes Tonband enthielt. Wie die Geburtstagsgruß-Kassette wurde auch diese Nachricht nie an meine Mutter weitergeleitet. In diesem Fall würde ich im Sinne von Mamis Schonung sagen: Es war besser so. Denn hier war es endgültig vorbei mit meiner Fähigkeit, fröhlich zu klingen. Stattdessen gab ich das Geschimpfe, mit dem mein

Aufpasser mir am Tag der geplatzten Lösegeldübergabe die Hölle heißgemacht hatte, mehr oder weniger ungefiltert weiter. Das klang dann folgendermaßen:

»Liebe Mami, heute ist Dienstag, der 17.3.1981, (...)

Warum habt ihr die Polizei nicht aus dem Spiel gelassen? Wenn du alles richtig gemacht hättest, wäre ich jetzt schon zu Hause. Die Leute wollen die Übergabe nur einmal machen und gehen kein Risiko ein. Du sollst Ed zu dir holen und mit ihm die Lösegeldübergabe machen mit seinem Auto. Haltet euch beide mit dem Geld bereit. Die Leute melden sich sehr bald wieder bei euch. Bitte macht genau, was sie von euch wollen, damit ich endlich wieder zu Hause sein kann. (...) Ich hatte mich schon so auf zu Hause gefreut, dass ich heute wieder bei euch sein könnte. Ich hatte die letzten Stunden gezählt und nun bin ich sehr enttäuscht, dass ich noch hierbleiben muss. Bitte sorgt dafür, dass ich wieder bei euch sein kann. Ich bin hier an einer Handschelle befestigt, nur geht es mir hier drinnen in diesem kleinen Raum nicht besonders gut. Die Leute, die immer zu mir kommen, sind immer maskiert. Ja, ich möchte so gerne wieder nach Hause und zu meinen Freunden, da gehe ich schon lieber gerne in die Schule, anstatt hier zu sein. Bitte, ich möchte wieder nach Hause und ich bin überzeugt davon, dass sie mich freilassen, sobald sie das Geld haben. Dein Johannes.«

Die Originalnachricht war etwas länger, aber die Verzweiflung wird, denke ich, auch in der Kurzform deutlich. Mit »Ed« war mein Großvater Edmund gemeint. Ihm vertrauten die Kidnapper offenbar mehr als meiner Mutter, wobei sich natürlich die Frage aufdrängt, was konkret schiefgelaufen war mit Mami, der Polizei und der Geldübergabe am Montag. Das verriet mein Aufpasser mir damals nicht. Ich erfuhr es erst im Rahmen meiner späteren Recherchen. Die Antwort ist kurz, unspektakulär, ernüchternd und lautet: gar nichts. Es hatte nämlich überhaupt keinen Geldübergabeversuch gegeben. Die Entführer hatten selbst kalte Füße bekommen.

Nachdem in der Nähe des Waldstücks bei Leverkusen, wo die drei Millionen Mark übergeben werden sollten, eine Reihe von Autos geknackt worden war, hatten in der Gegend massive Polizeikontrollen stattgefunden. In eine davon gerieten die Entführer, als sie gerade die letzten Vorbereitungen für die Geldübergabe treffen wollten.

Eigentlich eine Situation zum Kaputtlachen: Während hinten auf der Ladefläche ihres Transporters alle möglichen Utensilien lagen, die für die Umsetzung des kriminellen Millionencoups gebraucht wurden, mussten die Kidnapper vorne ihre Fahrzeugpapiere und Personalausweise vorzeigen und artig warten, bis über Funk bestätigt wurde, dass sie eine weiße Weste hatten. Ironischerweise klappte das. Und auch sonst fiel den Leverkusener Streifenpolizisten offenbar nichts Ungewöhnliches auf. Schade eigentlich. Wären sie ein bisschen aufmerksamer gewesen, hätten sie sich einen Orden für die Auflösung eines der spektakulärsten Entführungsfälle verdienen können und mir ein paar der düstersten Momente meines Lebens erspart.

Aber das Schicksal meinte es damals mit allen Beteiligten nicht so richtig gut. Die Entführer fuhren unverrichteter Dinge und mit rasendem Puls davon und ließen ihren Frust danach an mir aus. Ihre mit Lügen und Drohungen garnierten Erklärungsversuche jagten mir einen Riesenschreck ein und Mami, Latz und Mertens warteten tagelang ratlos auf Instruktionen, die nicht kamen. Der damalige Polizeireporter der *Bild*-Zeitung, der das Geschehen im

Hahnwald in gespannter Erwartung der Aufhebung der Nachrichtensperre aufmerksam beobachtete und lückenlos dokumentierte, notierte infolge des mysteriösen Stillstands: »Ein Nervenkrieg beginnt.«

Dieser Satz passt für alle Seiten. Dass der Nervenkrieg nicht nur dramatische, sondern auch kuriose Folgen hatte, besprechen wir bei einer Pokerrunde im nächsten Kapitel.

»HAST DU MICH GESEHEN?«

Wie aus Angst ein Pokerspiel wurde und eine neue Entspannung die alte Dunkelheit zurückbrachte.

Eine Ewigkeit war vergangen, bis die Luke nach dem »Denen bist du egal«-Ausbruch zum ersten Mal wieder geöffnet wurde. In dieser Zeit hatte sich in mir etwas verändert. Ich hatte ein Stück weit meine kindlichen Sorgen verloren. Es war, als wäre ich an den Umständen gewachsen, was in diesem Fall nichts Gutes bedeutete. Vielmehr hieß es für mich: keine bunten Bilder mehr im Kopf, auch keine Musik, die zuvor noch in Form von Erinnerungen an tolle Lieder meine Gedanken zumindest zeitweise zum Klingen gebracht hatte. Ich war einfach nur noch da, aber spürte nichts mehr, hatte kein Ziel mehr vor Augen. Die Hoffnung war gebrochen. Die Resignation erstickte aber nicht nur positive Empfindungen. Sie vertrieb auch meine Bedenken und letzten Angstgefühle. Entsprechend furchtlos schnauzte ich den Aufpasser an, als er zu mir hereinrobbte: »Ich verrecke hier! Ihr müsst was mit mir machen!«

Er zuckte zurück und wirkte konsterniert. Na gut, dann eben eine Oktave höher: »Bitte!«, fügte ich freundlich, aber nun wirklich sehr laut hinzu. »Bitte! Ich verrecke hier …«

Wie paralysiert stellte er das Graubrot ab, kroch hastig nach draußen und verschloss mit hörbarem Nachdruck die Klappe.

Mit so was hatte er wohl nicht gerechnet. Um ehrlich zu sein, ich auch nicht. Die Ansage war nicht geplant gewesen. Sie war ein Reflex. Aber sie zeigte mir, dass es tief in mir drin doch noch so etwas wie eine treibende Kraft gab. Zunächst war ihr Effekt verblüffend: nämlich gleich null. Ich saß wieder im Dunkeln und das Einzige, was sich verändert hatte, war, dass da jetzt irgendwo der Teller mit dem Graubrot stand. Doch dann, keine zehn Minuten später, kam der Wachmann zurück. Mit einem Notizblock, einem Stift und einem Satz Spielkarten in der Hand: »So, wir spielen jetzt was. Kannst du pokern?«

Ich nickte. Was für eine Frage! Natürlich konnte der Sohn von Jochem Erlemann pokern. Während der Mann mit der Maske wie immer leicht schnaufend zu mir in den Verschlag kroch, setzte ich mich auf und brachte mich in Position. Erst als ich meine Hole Cards auf der Hand hatte, stutzte ich und fragte: »Und um was spielen wir?«

An Punkten wie diesen muss ich heute selbst über mein junges Ich schmunzeln. Da wird ein elfjähriges Kind verschleppt, angekettet und sämtlicher Hoffnungen beraubt, aber beim Pokern ist seine erste Sorge, um welchen Einsatz es gehen soll. Ich hatte freilich gut reden. Gefangenschaft hin oder her: Im Gegensatz zur Skimaske, die nur fiktive Geldbeträge auf dem Notizblock eintrug, hatte ich immerhin etwas wirklich Wertvolles, was ich einsetzen konnte. Mein kleines Kettchen von Cartier.

So wurde aus dem Beginn der völligen Selbstaufgabe der Auftakt einer denkwürdigen Poker-Tour und aus meinem wurmstichigen Verschlag das »Casino zum lustigen Goldbarren«. Und auch wenn die Lage in Wahrheit nach wie vor alles andere als lustig war, hatte ich jetzt immerhin das Gefühl, in letzter Sekunde meinen Verstand gerettet zu haben.

Aus psychologischer Sicht wäre das wohl stimmig. Ich habe

zwar nie eine Therapie gemacht, mich aber im Rahmen des Spielfilm- und Dokuprojekts mehrfach mit Psychologen über meine Geschichte unterhalten. Sie bestätigen mir, dass das Pokern eine modellhafte Methode war, um in einer Situation, die für mich den ultimativen Kontrollverlust bedeutete, die Kontrolle zurückzugewinnen und, wie es der Traumatherapeut Dr. Georg Pieper später in der Dokumentation auf den Punkt brachte: »Das Kartenspiel hat ihnen den Arsch gerettet.« Erstens brachte es eine gewisse Vertrautheit mit sich; zweitens hatte es feste Regeln, die unabhängig von der Gesamtsituation für meinen Gegner und mich gleichermaßen galten, uns also für die Dauer der Spiele zu ebenbürtigen Gegnern machten; und drittens waren hier Interaktionen, Tricks und Erfolgserlebnisse möglich.

Rückschläge gab es natürlich auch. Meine Cartier-Kette verlor ich ziemlich schnell, aber ich erspielte sie mir zurück. Und weil mein Aufpasser leichtsinnig genug war, danach weiterzumachen, war er irgendwann selbst bei mir in den Miesen. Nachdem wir die dritte Nachricht für Mami aufgenommen hatten, spielte für ein paar Runden auch der stumme Mann mit, der immer den Kassettenrekorder bediente. Auch er verlor. Oder ließ mich gewinnen. Jedenfalls hatte ich nach zwei, drei Tagen stolze 600 Mark Guthaben auf meinem Spielerkonto.

Es lief gut für mich. Noch. Doch dann passierte etwas, was der Spielerei schlagartig ein Ende setzte: ein Vorfall, der mich mit Nachdruck daran erinnerte, mit was und wem ich es hier trotz allem noch immer zu tun hatte – nämlich mit einer Situation zwischen Tod und Verderben und mit Leuten, die rücksichtslos mit meinem Schicksal spielten.

Das Pokern brachte nicht nur die alte Regelmäßigkeit in die Besuche meines Aufpassers zurück, sondern auch eine neue Entspannung. Sie ging mehr von seiner Seite aus als von mir. Auf einmal gab es Momente, in denen er mich lange ansah und sagte, ich wäre ganz schön mutig und dass er selbst einen Sohn hätte, der viel ängstlicher sei. Anders als zuvor ließ er sich in meiner Gegenwart also ein bisschen gehen. Diese neue Gelassenheit übertrug sich offenbar auch auf die Welt jenseits des Verschlags. Jedenfalls rasselte irgendwann mal wieder der Schlüssel, die Luke ging auf, die braune Cordhose wurde sichtbar, das Schnaufen meines Pokergegners erklang und er steckte den Kopf durch die Luke. Alles wie immer also. Und doch völlig anders. Verheerend anders. Denn er trug keine Maske.

Als ich statt der gewohnten Vermummung den Lockenkopf und das Gesicht mit dem Bartschatten sah, war mir auf der Stelle klar, dass etwas falsch lief. Es war reine Intuition, die mich leitete, als ich beim ersten Anblick der krausen Haare die Augen niederschlug, den Kopf senkte und so tat, als würde ich schlafen. Aber da war es schon zu spät, denn auch mein Besucher merkte sofort, was passiert war. Er stutzte, fluchte, zog sich polternd zurück und war kurz danach wieder neben mir. Mit Maske. Aber völlig außer sich.

Er packte meine Schultern, drückte mich gegen die Wand, rüttelte und schlug mich und schrie wie ein Verrückter: »Hast du mich gesehen? Sag die Wahrheit, hast du mich gesehen, verdammte Scheiße?«

Ich schüttelte den Kopf und beteuerte standhaft, ich hätte geschlafen. Als ich dabei blieb, sah er mich einen Moment lang durchdringend und mit weit aufgerissenen Augen an.

Dann ging er zu Drohungen über, in die er sich immer mehr hineinsteigerte: »Wenn du mich verrätst, bist du tot. Ich schwör dir, wir finden dich überall, dann bringen wir dich um. Kein Wort zu irgendwem. Und wenn du zur Polizei gehst, seid ihr dran. Wir machen euch alle kalt. Wir werden dich an die Wand nageln! Deine ganze Familie. Deine Mutter. Deinen Bruder. Alle. Oder wir lassen dich hier einfach nie mehr weg. Verstehst du, was ich damit meine …?«

Nach diesem Amoklauf war Schluss mit Kartenspielen und Vertraulichkeiten. Da wurden die Uhren wieder auf null gestellt und das eisige Schwarz der ewigen Dunkelheit kehrte zurück. Mit dem kleinen Bonus, dass darin jetzt ein Bild herumgeisterte, das ich am liebsten für immer aus meinem Gedächtnis verbannt hätte, aber partout nicht mehr aus dem Kopf bekam: der Anblick des Lockenkopfs, der mich mit weit aufgerissenen Augen anstarrte und brüllte: »Wir machen euch alle kalt.«

»EIN FEHLER? AUS.«

*Wie Mami in einer Vollmondnacht
die Schnitzeljagd ihres Lebens durchzog.*

Die fünf Telefonisten, die in der Nacht vom 19. auf den 20. März in der Taxizentrale an der Kölner Benesisstraße Dienst hatten, reagierten gelassen, als um 1.20 Uhr ein Mann anrief, der kurz und zackig verkündete: »Sie müssen nach Hahnwald. Schicken Sie einen Wagen Bonner Straße Ecke Bayenthalgürtel. In der Telefonzelle liegt ein Brief mit Bargeld. Sofort.«

Die Dame, die den Anruf entgegennahm, glaubte an einen Scherz. Ihr Kollege aber meinte, es könne sich auch um einen Liebesbrief handeln. Also schickten sie die Taxe Nummer 056 los. Deren Fahrer gab fünf Minuten später über Funk durch: »Hier ist ein Brief an den Erlemann.«

Nach dieser Ansage war es vorbei mit der Gelassenheit. Der Kollege, der den Liebesbrief erwartet hatte, reagierte sofort, wies den Fahrer an, den Brief ungeöffnet zu lassen, und verständigte die Polizei. Dort glaubte man wohl ebenfalls an einen Scherz. Jedenfalls bedurfte es eines zweiten Anrufs, bis die Beamten mehr als zehn Minuten später bei der Telefonzelle eintrafen und vom völlig aufgelösten Fahrer der Taxe 056 einen DIN-A5-Briefumschlag, der an meine Mutter adressiert war, und einen mit Schablone beschriebenen Zettel mit folgendem Auftrag ausgehändigt bekamen:

»Eilt sehr! Das Leben des kleinen Johannes Erlemann liegt momentan in IHRER Hand. Fahren Sie sofort zum Hahnwald Osterrietweg 13 und übergeben Sie den beiliegenden Brief ungeöffnet nur Frau Gabi Erlemann persönlich. Keine Durchsagen über Funk. Melden Sie Ihrer Zentrale eine Fahrt nach Rodenkirchen, Römerstr. Keine Polizei benachrichtigen. Denken Sie an den Jungen und die Eltern. Sie tragen jetzt die Verantwortung. Keine Nachricht an die Presse! Fahren Sie sofort los! Kein Wort, bevor der Junge frei ist.«

Mit dieser Nachricht begann eine Schnitzeljagd, die die ganze Nacht dauerte und die Mami endgültig zur Heldin der Geschichte machte. In den Nervenkriegstagen des elenden Wartens zuvor war sie mit Mertens verschiedene Szenarien für die Geldübergabe durchgegangen. Dabei stand immer auch die Überlegung im Raum, dass statt ihr selbst ein Double die Geldübergabe erledigte, also eine Polizistin, die als Mami verkleidet die drei Millionen ablieferte. Tatsächlich wurde eine Beamtin aufwendig mit Perücke, Schminke und Mamis Kleidung auf schöne Gabi getrimmt, aber am Ende war für meine Mutter die Doublevariante keine Option.

Heute erinnert sie sich: »Ich habe mir das erst angesehen, aber dann zu den Polizisten gesagt: ›Alle Fehler, die ich machen kann, könnte Ihre Kollegin auch machen. Wenn ich einen Fehler mache, ist es mein Fehler gewesen. Damit kann ich leben. Aber ich kann nicht mit Fehlern leben, die Ihre Leute machen. Nicht, wenn dadurch meinem Sohn was passiert.‹«

Das überzeugte wohl Mertens und seine Truppe. Allerdings bestanden sie darauf, dass Mami bei der Geldübergabe verkabelt wurde. Bevor nach mir auch noch sie spurlos verschwand, ging man lieber auf Nummer sicher. Und das Double ließen sie vorsichtshalber trotzdem bis zum Schluss im Gabi-Look auf dem

Revier ausharren, für den Fall, dass das Original Angst vor der eigenen Courage bekam. Was natürlich nicht passierte.

In der Nacht zum Freitag hatte sich meine Mutter gerade in ihr Schlafzimmer zurückgezogen, als es gegen 2.45 Uhr im Hahnwald Sturm klingelte. Vor der Tür stand ein Mann, der sich als Taxifahrer ausgab und meinte, er hätte einen Brief für Frau Erlemann. Aus den Protokollen von damals geht hervor, dass es nicht der Fahrer der besagten Taxe 056 war. Offenbar hatte die Polizei den Brief nach bekanntem Muster erst selbst geöffnet und danach einen eigenen Fahrer losgeschickt. Knapp eineinhalb Stunden nach dem Anruf des Entführers. Bei einer beabsichtigten Lösegeldübergabe, bei der die Anweisungen äußerst gewissenhaft befolgt werden sollten, ein in höchsten Maßen verantwortungsloses Vorgehen. Für Mami machte es keinen Unterschied. Für sie zählte nur, was im Brief stand:

»V.a.T. Frau Erlemann!

diesen Brief darf ausser ihnen niemand lesen. Ihr schwiegervater, nur er, kein verkleideter beamter, wir kennen ihn genau, darf sie jetzt begleiten. Ist er jetzt nicht da, fahren sie allein. Ihnen passiert nichts. nehmen sie nur diesen Brief, das Geld, einen Stadtplan und eine Taschenlampe mit. fahren sie sofort los. studieren sie den stadtplan unterwegs. niemand darf ihnen folgen. sie kommen in ein gebiet, das wir völlig unter kontrolle haben. es gibt keine chance uns bei der übergabe zu erwischen. erst wenn wir ganz sicher sind dass alles richtig ist, wird jemand dem unsere identität, unser wahres aussehen und Johannes Versteck nicht bekannt ist, das geld dort abholen, wo sie es deponieren werden. Ihn verfolgen zu lassen hat keinen zweck. wir merkens. aus. nur wenn sie jetzt alles richtig machen, sehen sie

Johannes jemals wieder. nicht vergessen! es gibt nur dieses eine mal. ein fehler? aus. es gibt keine zweiten versuch! ist mit dem geld etwas nicht in ordnung. aus. fahren sie jetzt nach köln dellbrück auf der berg. gladbacher str. am ende von dellbrück links über die eisenbahnbrücke, links in die waltherstr., geradeaus bis die str. kalkweg heisst. einige km weiter liegt rechts eine kaserne. gegenüber dem kasernentor ein grosser parkplatz im dunkeln. Dort stellen sie ihr auto ab. sie nehmen nur geld und taschenlampe und gehen zu fuss weiter richtung dünnwald. nach wenigen metern kommt links eine bushaltestelle. ›schiessstände‹, steht dran. unter dem papierkorb finden sie die nächste nachricht. keine polizei! wir haben das gebiet ständig unter kontrolle. denken sie nur an ihren Jungen. klappt alles nach plan bekommen sie Johannes unversehrt und schnell zurück. das ist ein versprechen. lassen sie sich zu nichts mehr überreden und fahren sie los.«

Patsch! Danach war Action. Unser Haus war ja immer noch voller Polizisten, die jetzt alle Mann den Alarmmodus anwarfen. Funksprüche gingen raus, Kommissar Mertens besprach mit Mami die Fahrtstrecke, Pläne wurden gewälzt, die Technik für die Verkabelung eingerichtet und das inzwischen auf zwei Bogner-Sporttaschen – die eigentlich mir gehörten – verteilte Lösegeld in den weißen Mercedes meines Großvaters verfrachtet. Opa Edmund selbst auf die Tour ins Ungewisse mitzunehmen, lehnte meine Mutter wegen seines fortgeschrittenen Alters ab.

So fuhr sie um 3.26 Uhr ganz allein aus unserer Ausfahrt und machte sich auf den Weg Richtung Dellbrück – bewaffnet mit einem Stadtplan und einer Taschenlampe auf dem Beifahrersitz, den Geldtaschen mit den drei Millionen Mark auf der Rückbank und mit einem Peilsender unterm Mantel, über den sie heute spöttisch sagt: »Peilsender, das hört sich so chic an. Aber die Technik war damals ja noch nicht so ausgefeilt. Die Messungen stimmten sowieso nur jedes dritte Mal. Außerdem war das Gerät sehr sperrig. Es war in etwa so groß wie ein Walkman oder zwei Schachteln Zigaretten. Das haben sie mir in den BH reingesteckt.«

Es war ein Vorteil, dass sie den größten Teil der Strecke relativ gut kannte. Vor unserem Umzug in den Hahnwald hatten wir in Schildgen bei Bergisch-Gladbach gewohnt, das lag nur fünf Minuten vom Zielort entfernt. Sie musste also nicht lange suchen. Der gottverlassene Forst, in dem die Tour endete, war ihr dann aber doch unbekannt. Die letzten Kilometer durch den dunklen Wald fuhr sie im Schneckentempo, aus Sorge, die Bushaltestelle zu übersehen.

Als sie sie schließlich entdeckt hatte, brauchte sie zwei Anläufe, um die Nachricht unterm Papierkorb zu finden. In ihrer Aufregung hatte sie die Anweisung nicht genau gelesen und suchte erst an der Haltestelle der Gegenrichtung. Doch schließlich hatte sie sie in der Hand: die in einer Plastikhülle unter dem Papierkorb festgeklebte Folgenachricht mit der Anweisung, sie solle fünfhundert Schritte den Waldweg hinuntergehen, bis zum vierten Schlagbaum, an dessen linkem Pfosten die nächste Anweisung kleben würde. Ich sage doch, es war die reinste Schnitzeljagd.

Ich stelle mir das immer filmisch vor: der am Straßenrand parkende Mercedes, die verlöschenden Scheinwerfer, die zierliche Frau, die aussteigt und die schweren Geldtaschen aus dem Auto wuchtet. Wie sie sie schultert und gebeugt vom hohen Gewicht ins Dunkel läuft, ohne zu wissen, was sie dort erwartet. Das Knirschen des Waldwegs unter ihren Schritten, das Verebben des Lichts von der Straße, den hastigen Atem. Obendrein war es auch noch eine windige Vollmondnacht, in der sich zwischendurch immer wieder schwarze Wolken vor den Mond schoben. Es muss gespenstisch gewesen sein.

Mami hat mir ihre damaligen Empfindungen so beschrieben: »Ich war total sensibilisiert und hatte meine Augen und Ohren überall. Ich hab ständig nach links und rechts geguckt, weil ich Sorge hatte, dass plötzlich jemand von hinten oder von der Seite kommt.«

Nach etwa einem Kilometer erreichte sie den vierten Schlagbaum. Am linken Pfosten war eine Butterbrottüte befestigt, an deren Außenseite ein kleiner Schlüssel klebte. In der Tüte: die nächste Nachricht. Mami las die Anweisungen im Schein der Taschenlampe. Sie sollte zehn große Schritte vom Weg ab in den Wald hineingehen und sich anschließend rechts halten, bis sie an eine große Kiste kam, deren Deckel mit einem Abus-Vorhängeschloss gesichert war, in das der aufgeklebte Schlüssel passte. Dann: Geldtaschen in die Kiste schmeißen, Schlüssel ebenso, Deckel drauf und Vorhängeschloss wieder zuklicken. Fertig.

So geschah es. Aber es klingt einfacher, als es war. Der Kraftakt begann damit, dass Mami Mühe hatte, die zwei großen Taschen, die jeweils neun Kilo wogen, zwischen den Bäumen hindurch in den Wald zu transportieren; die Öse, in die das Abus-Schloss eingehakt war, war so eng, dass der Bügel des Schlosses zunächst darin festklemmte; der Deckel der mannshohen Kiste war so schwer, dass es jede Menge Kraft und Konzentration kostete, ihn hochzuhalten und gleichzeitig die Taschen einzuwerfen. Und dann war da natürlich noch die Anspannung. Im Protokoll von Mamis späterer Vernehmung über den Vorgang heißt es:

> »Frage: Haben Sie dabei die Taschenlampe benutzt?
> Antwort: Garantiert nicht! Denn ich hatte Angst, daß mir zwei Augen aus der Kiste entgegengucken könnten.«

Und: »Zugemacht habe ich den Deckel mit beiden Händen. Ich habe langsam zugemacht, damit die Kiste nicht zuknallte. Denn ich hatte Angst vor dem lauten Geräusch in dem Wald.«

In unserem ersten längeren Gespräch vor ein paar Jahren über die ganze Geschichte erzählte sie mir, dass sie zuerst dachte, ich säße vielleicht in der Kiste. Und dass sie einmal leise »Johannes« gesagt hat. Aber es kam nichts zurück. Keine Antwort, kein Atmen, kein Laut. Nur der Geruch von Laub. Während der Waldboden feucht und moderig war, hatte man die Kiste zu etwa einem Drittel mit trockenen Blättern aufgefüllt. Das sah meine Mutter nicht, sie roch es nur. Und sie merkte, dass die Taschen nicht tief fielen; dass sie weich, mit einem leichten Knistern aufkamen und auch beim Hinterherwerfen des Schlüssels kein Klirren zu hören war.

Danach wollte sie schleunigst weg: »Den Weg zurück zur Haltestelle, wo das Auto stand, bin ich gerannt. Weil ich mich gefürchtet habe. Auf dem Hinweg hatte ich noch das Geld dabei, aber jetzt ...«

Drohungen wie »Ein Fehler? Aus« und »Sie kommen in ein Gebiet, das wir völlig unter Kontrolle haben« gingen eben auch an der Heldin der Geschichte nicht spurlos vorbei.

»TSCHÜSS.«

Wie sich der letzte Tag im Verlies in die Länge zog und die Fahrt Richtung Freiheit zum Himmelfahrtskommando zu werden drohte.

»Das Geld ist da, heute Abend bist du frei« – dieser Satz des Aufpassers läutete meine letzten Stunden in Gefangenschaft ein. Er fiel wohl am Morgen nach der Geldübergabe, als ich mal wieder mein Brot bekam. Warum es danach einen weiteren geschlagenen Tag dauern musste, bevor es losging, frage ich mich bis heute. Eigentlich eine Unverschämtheit. Schon weil im Brief an meine Mutter gestanden hatte: »Klappt alles nach Plan bekommen sie Johannes unversehrt und schnell zurück.«

Aber gut, nach endlos langer Zeit kam der Aufpasser wieder und hatte statt der Strumpfschuhe, die er sonst immer trug, matschverschmierte Gummistiefel an den Füßen. Als ich die sah, war mir irgendwie sofort klar, dass es jetzt so weit war. Nach dem Vorfall mit der vergessenen Maske verhielt sich mein Aufpasser mir gegenüber wieder deutlich distanzierter, doch jetzt wurde er noch mal vertraulich.

Als er mich von der Handschelle befreite, zeigte er mir fast ein bisschen kumpelhaft, wie ich das Schloss der Schelle mit der Batteriefeder der Taschenlampe auch selbst hätte öffnen können. Keine Ahnung, was er mir damit sagen wollte. »Mensch, so leicht hättest du stiften gehen können«? Ich war doch sowieso eingeschlossen. Egal, ich fragte nicht nach. Wahrscheinlich wollte er nur auf Gutwetter machen, bevor es kurz danach wieder unangenehm wurde. Denn darauf folgte die Gaffer-Prozedur.

Klar, auch jetzt durfte ich nicht sehen und hören, wo wir uns befanden. Als mir das Klebeband um den Kopf gewickelt wurde, erinnerte mich der synthetische Geruch und das klebrige Ziepen unweigerlich an den Gewaltakt der Geiselnahme im Forstbotanischen Garten, auch wenn die Situation jetzt völlig anders war. Nicht so hastig und brutal. Außerdem blieb jetzt der Mund frei. So konnte ich sagen, »Vorsicht!« und »Nicht so fest«, und erreichte sogar, dass das Band zum Schluss wieder ein bisschen gelockert wurde, indem ich behauptete, mein linkes Ohr würde durch den Druck wehtun. Das stimmte natürlich nicht. In Wirklichkeit spekulierte ich darauf, das Band in einem unbeobachteten Moment zu lösen, um einen Blick auf die Umgebung werfen zu können. Die Chancen standen gut, denn meine Hände wurden diesmal nicht gefesselt.

Ich musste auch nicht in die Kiste. Stattdessen hob mich mein Aufpasser hoch, warf mich über die Schulter und es ging los. Da war er auch schon: der unbeobachtete Moment, in dem ich mir blitzschnell einen kleinen Sehschlitz freischob. Durch ihn konnte ich trotz der Dunkelheit ein paar Details erkennen: die Holzstufen, die die Gummistiefel über eine Schwelle runterstiegen; die Bretterwand einer Baracke; Stroh in einer Futterkrippe. Obwohl niemand etwas sagte, wusste ich zudem, dass der Typ mit dem Kassettenrekorder da war. Vielleicht sah ich sogar seine Beine.

Wir gingen ein paar Schritte abwärts durchs Dunkel und erreichten den Bach, dessen Plätschern ich schon vorher ab und zu gehört hatte. Dort mussten wir durch. Deshalb trug mein Aufpasser also Gummistiefel. Anschließend ging es ein Stück bergauf. Dann wurde ich in einen Kofferraum gelegt – einen normalen Pkw-Kofferraum diesmal, nicht die Ladefläche eines Transporters. Aber der Kofferraum war ohne Verkleidung, ich lag auf kaltem blankem Blech. Die Klappe fiel zu, der Motor sprang an und die Fahrt begann.

In vielerlei Hinsicht ähnelte sie der Fahrt ins Dunkel vor zwei Wochen, denn auch sie führte auf Serpentinen über Landstraßen und Autobahnen. Aber sie kam mir länger vor. Und zielloser. Denn das Ziel ... Ja, was war eigentlich das Ziel? Da war sie wieder, die Ungewissheit. Wer sagte mir, dass die Entführer Wort hielten und mich am Ende nicht doch in den Rhein warfen?

Keine Ahnung, was jetzt in welcher Reihenfolge passierte. Es passierte einfach. Das Auto setzte ein Stück zurück. Ich wurde auf die kalte Straße gelegt, meine Handgelenke hinterm Rücken mit Gaffer Tape gefesselt. Mir wurden ein paar knisternde Scheine in die Jackentasche geschoben. Danach lag ich schwer atmend da und irgendwo sagte die Stimme meines Aufpassers: »Tschüss.«

Damit war alles gesagt, oder? Der Pkw hätte abfahren und die Sache vorbei sein können. Aber so war es eben nicht. Stattdessen herrschte Stillstand. Das Knattern des laufenden Motors entfernte sich keinen Zentimeter, das Scheinwerferlicht blendete mich weiter durch die Gaffer-Sehschlitze und das Einzige, was passierte, war, dass sich unter das Motorengeräusch die zunehmend aufgebrachten Stimmen der Entführer mischten. Sie stritten. Worüber, verstand ich anfangs nicht. Erst als sie immer lauter wurden, kamen die Worte bei mir an und sie trieben mir auch das letzte bisschen Taubheit aus dem Körper: »Los! Fahr drüber. Fahr den Jungen tot, fahr ihn tot!«

Im Nachhall dieser Worte bekam das »Tschüss« plötzlich eine ganz andere Bedeutung. Tschüss, Johannes, das war's dann. Hatte ich diesen Abschiedsgruß an mich selbst vor nicht allzu langer Zeit nicht schon einmal in Gedanken formuliert? Als plötzlich die Autotüren zuschlugen und der Motor aufheulte, kam er mir sehr akut wieder in den Sinn. Doch dann drehten die Scheinwerfer bei, der Wagen wendete und fuhr hektisch davon.

Ich blieb still liegen, bis ich das Auto nicht mehr hörte. Dann ruckelte ich meine Handgelenke frei, setzte mich, zog mir die Gaffer-Augenbinde vom Kopf und stand schnell auf. Zu schnell. Erst wurde mir schwindelig, dann sackten meine Beine weg und eine Sekunde später lag ich wieder auf dem Weg und musste mich erst mal sammeln. Das war dann der Moment, in dem die Sterne sich am Himmel im Kreis drehten und der mich an gleicher Stelle in einer damals unvorstellbar fernen Zukunft wieder einholen sollte. Der erste besondere Moment meines neuen Lebens.

»BANGES WARTEN BEGINNT.«

Wie das Lösegeld verschwand und unser Anwalt umstürzlerische Qualitäten entwickelte.

Als es am Freitagabend dunkel wurde, platzte Prof. Kohlmann der Kragen. Vierzehn Stunden hatte er mit Mami, Günni, Opa Ed, Latz, Mertens und zwei Dutzend Kriminalbeamten unser Wohnzimmer im Hahnwald gehütet und auf den großen Knall gewartet, doch passiert war rein gar nichts. Das Geld war weg, aber vom entführten Kind fehlte immer noch jede Spur. Der Nervenkrieg ging unverändert weiter.

Für meine Mutter war dieser Freitag neben den ungewissen Tagen nach meinem Verschwinden die schlimmste Zeit der Entführung. Auf der Autofahrt nach der Geldübergabe hatte sie sich kurzzeitig gefühlt, als wäre eine große Last von ihr abgefallen. Insgeheim hoffte sie sogar, ich wäre schon zu Hause, wenn sie zurückkam. Doch das Hochgefühl hielt nicht lange an. Statt ihres Sohnes erwarteten sie im Hahnwald nur grantige Polizisten, die ihr vorwarfen, sie hätte ihren Peilsender vorsätzlich ausgeschaltet, obwohl sich in Wirklichkeit nur beim Laufen ein Kabel gelöst hatte.

Es ging weiter mit einer Vernehmung um elf Uhr morgens, bei der sie haarklein über die Geschehnisse ihrer vierzehnten schlaflosen Nacht in Folge Auskunft geben musste. Danach blieb nichts als der ruhelose Stillstand, bei dem Mami nie ganz sicher war, ob die Beamten der Soko Erlemann ihr nicht doch interne Informationen vorenthielten. Letztendlich war es eine Befreiung für sie, als Kohlmann gegen achtzehn Uhr ausflippte und eine Rückkehr zum Ort der Geldübergabe anordnete. Mertens und seine Leute wollten ihn davon abbringen, aber wenn Kohlmann in Rage war, bremste ihn keiner. Ungeachtet der Bedenken des Kommissars, setzte er sich mit meiner Mutter und Latz ins Auto und sie fuhren zurück in den Schnitzeljagdwald.

In beschaulicher Waldesruh war das Areal um die Kiste jetzt natürlich schon lange nicht mehr. Die Polizei war Mami in der Nacht gefolgt und lag seitdem auf der Lauer, um zu beobachten, wann jemand kam, um das Geld abzuholen. Doch die Beamten blieben geduldig im Verborgenen und verhielten sich zurückhaltend.

Nicht so Prof. Kohlmann. Der stapfte mit einer Eisensäge in der Faust zur Kiste und versuchte erst das Schloss zu zertrümmern und dann den Deckel aufzubrechen, was aber beides nicht gelang. Doch aufgeben war nicht Kohlmanns Sache. »Umstoßen«, befahl er und hatte damit, ohne es zu wissen, genau den richtigen Riecher. Als Mami, Latz und er sich zu dritt ans Werk machten, ließ sich das sperrige Teil zu ihrer Überraschung erstaunlich schnell nach hinten kippen.

Die Erklärung für die unerwartete Leichtgängigkeit war ebenso simpel wie verblüffend: Die Kiste hatte keinen Boden. Sie hatte lose auf dem Waldboden gestanden und dabei ein Kanalloch verborgen, das sorgsam mit Laub bedeckt unter ihr in der Erde klaffte. Den Rest konnte man sich schnell zusammenreimen. Der *Kölner Stadt-Anzeiger* formulierte es später so: »Unterirdisch durch den Kanalschacht konnten die Täter an das Geld gelangen und unerkannt entkommen.«

Das Geld interessierte Mami in diesem Moment aber überhaupt nicht. Sie wollte wissen, wo ihr Kind war. Die Ermittlungskommission schickte umgehend zwei Beamte die Sprossenleiter des knapp zehn Meter tiefen Steigschachts hinunter, um zu prüfen, ob ich irgendwo unten im Tunnel lag. Fehlanzeige. Nur der Schlüssel des Abus-Schlosses wurde am Boden des Schachtes gefunden. Von mir jedoch fehlte jede Spur. Es ging weiter wie zuvor. Mit einem Zustand, für den der *Stadt-Anzeiger* ebenfalls die passenden Worte fand: »Banges Warten beginnt.«

»SIE HABEN VIELLEICHT VON MIR IN DER ZEITUNG GELESEN.«

Wie mein erster Weg nach der Freilassung in die Kneipe führte, anstelle einer Notrufsäule ein Taxifahrer aktiviert wurde und Phil Collins dazu den Soundtrack lieferte.

Der Sasserather Hof war so eine richtige Dorfgaststätte. Ein eckiger Backsteinbau an der Kreuzung einer verschlafenen Achthundert-Seelen-Durchgangsstraßengemeinde im Süden von Mönchengladbach, mit Bleiglasfenstern und einer Bitburger-Leuchtreklame überm Eingang. Als ich nach meinen leichten Startschwierigkeiten auf dem Feld eine halbe Stunde später dort ankam, war ich verunsichert, weil die Rollläden schon halb runtergelassen waren, und ging nicht rein.

In einem Anflug von Naivität nahm ich aber an, dass hier bestimmt demnächst ein Taxi entlangkommen würde. Geld hatte ich ja genug. Bei den knisternden Scheinen, die mir bei der Freilassung in die Jackentasche geschoben worden waren, handelte es sich um meinen Gewinn vom Pokern. Es waren sechs Hundertmarkscheine. Auf die Idee, dass sie aus dem Lösegeld stammen könnten – was natürlich der Fall war –, kam ich damals nicht. Dass 600 Mark eine Menge Geld waren, die man eigentlich nicht zu nachtschlafender Zeit mit sich herumtragen sollte, war mir allerdings klar. Man konnte nie wissen, ob zwielichtige Gestalten unterwegs waren. Also teilte ich das Geld vorsorglich, sortierte 500 Mark in meine rechte Hosentasche und behielt nur einen Hunderter fürs Taxi griffbereit in der Jackentasche.

Kaum war ich mit dem Separieren fertig, öffnete sich die Tür der Kneipe und ein junger Mann trat auf die Straße. Typ Halbstarker. Er stutzte kurz, guckte irritiert zu mir rüber, verschwand dann aber um die nächste Häuserecke und blieb zehn Minuten weg. In diesen zehn Minuten fuhren, wenn's hochkommt, drei oder vier Autos durch den Ort. Ein Taxi war nicht dabei. Ich blieb trotzdem an der Notrufsäule stehen und gab die Hoffnung nicht auf.

Ein paar Tage später fuhr ich im Rahmen der Ermittlungen noch einmal mit der Polizei zum Sasserather Hof und musste erzählen, wie die Freilassung abgelaufen war. Dabei sagte der Kriminalkommissar zu mir: »Sag mal, Johannes, du hast die ganze Zeit hier an der Notrufsäule gestanden? Warum hast du nicht einfach den Schalter umgelegt und Alarm gegeben?«

Ich hab ihn groß angeguckt und gefragt: »Wieso? Der Schalter ist doch nur für Notfälle.«

Das war keine Koketterie. In meinen Augen waren Notrufe nur dann angebracht, wenn es brannte, ein Unfall passierte oder jemand verletzt war. Hier brannte nichts und es war auch kein Auto zu Schrott gefahren worden. Damit war die Notrufsäule tabu. Aber auch sonst wäre ich nicht im Traum auf die Idee gekommen, sie in meiner Situation zu benutzen und zusätzlich Staub aufzuwirbeln, denn im Stillen war mir schon klar, dass mich das überallhin gebracht hätte, aber bestimmt nicht nach Hause.

Nach den vier Autos und ansonsten ereignislosen zehn Minuten kehrte der halbstarke Typ zurück zur Kneipe. Wieder guckte er komisch und hielt inne, dann kam er rüber und sprach mich an: »Was machst du denn hier so allein in der Nacht?«

»Ich warte, dass ein Taxi kommt.«

Er lachte: »Na, da kannst du lange warten. Hier gibt's kein Taxi. Komm lieber mal mit rein.«

So landete ich doch noch in der Kneipe, die sich als verrauchte Pinte mit Sparclub-Kasse und einer Jukebox herausstellte, aus der Roland Kaiser »Santa Maria« schmetterte. Der junge Typ setzte sich zu seinem Kumpel an die Theke und erzählte ihm, dass ich draußen auf ein Taxi gewartet hätte. Daraufhin brachen beide in Gelächter aus.

Dann fragte der Wirt: »Wo soll's denn hingehen?«

»Nach Köln«, antwortete ich. Wieder Gelächter.

»Da fährt um die Zeit von hier aus keiner mehr hin. Aber draußen ist die Bushaltestelle. Wenn du nach Köln willst, nimmst du um halb fünf den Postbus nach Odenkirchen und fährst von da aus mit dem Nahverkehrszug weiter.«

Über diesen Vorschlag muss ich im Nachhinein schmunzeln. Einem elfjährigen Kind mitten in der Nacht zu empfehlen, draußen fünf Stunden auf den Postbus zu warten, müsste man heute mal bringen. Aber in den Achtzigern sah man das alles ein bisschen lockerer. Das sollte ich in den nächsten Wochen noch deutlich zu spüren bekommen.

»Wo kommst du denn überhaupt her?«, fragte der Typ vom Eingang.

»Ich bin entführt worden und wurde gerade freigelassen.«

So befremdlich es klingt: Damals war das für mich eine neutrale Auskunft. Ich machte mir keine Gedanken darüber, ob die Antwort seltsam rüberkommen könnte. Ich merkte nur, dass die drei einander ein bisschen ratlos anschauen. Sie konnten ja nicht wissen, dass ihnen gerade das Schlagzeilenthema der kommenden Wochen ins Haus geschneit war. Zumal ich ihre Kneipe nicht mit »Hilfe, Hilfe, ich wurde entführt!«-Rufen gestürmt hatte. Erst etwas später zuckte der eine Typ auf einmal zusammen, wurde ganz blass und wies mich darauf hin, dass mir hinten noch Klebeband am Kopf hing. Er fing dann an, es abzuziehen, während der Wirt fragte: »Du solltest mal was trinken. Willste 'ne Cola?«

Eine Cola? Klar, da war ich dabei. Nicht nur, weil ich zwei Wochen lang nur Tee bekommen hatte, auch weil ich Cola zu Hause nicht trinken durfte. Als er mir die Flasche hinstellte, meinte er: »Wenn du entführt wurdest, sollten wir dann nicht besser die Polizei rufen?«

Ich schüttelte vehement den Kopf. Noch immer hatte ich lebhaft die Worte vom Ausraster meines Aufpassers im Ohr: »Wenn du zur Polizei gehst, seid ihr alle dran.« Also bestand ich weiter auf ein Taxi. Irgendwann griff der Wirt zum Telefonhörer und rief eins.

Bis es kam, dauerte es noch mal eine halbe Stunde. In dieser Zeit erzählte ich meinen neuen Freunden vom Tresen ein paar Schwänke aus den vergangenen zwei Wochen. Sie wurden mit der Zeit immer stiller. Ein Kind, das munter über seine just beendete Entführung plaudert, gab es auch im Sasserather Hof nicht alle Tage.

Als der Taxifahrer kam, guckte er mich erst mal schief an. Sehr offensichtlich sah er in mir nur einen kleinen Ausreißer: »Kannst du dir die Fahrt überhaupt leisten? Zeig mal, ob du Geld hast.«

Gut vorbereitet, wie ich war, zog ich meinen Hunderter aus der Jackentasche und zeigte ihn vor.

»Na gut, das sollte bis Köln reichen.« Damit waren wir startklar.

Der Taxifahrer erzählte später der Presse, ich hätte mich beim Einsteigen mit den Worten vorgestellt, »Ich bin der Sohn von

Dr. Erlemann, Sie haben vielleicht von mir oder meinem Vater in der Zeitung gelesen«, und danach ununterbrochen geredet: »Es kam aus ihm heraus, als ob man einen Wasserhahn aufdreht – die ganze Fahrt über.«

Ich selbst hab die Fahrt gar nicht so ruhelos in Erinnerung. Ich weiß noch, dass sich der Himmel inzwischen zugezogen hatte und es ein bisschen nieselte. Deshalb war die Intervallschaltung des Scheibenwischers eingeschaltet und es machte in regelmäßigen Abständen quietsch, quietsch. Dazu lief das Radio. Nicht laut, aber ich werde nie vergessen, dass »In The Air Tonight« von Phil Collins gespielt wurde, das damals überall in den Charts war. Zu diesem Soundtrack fuhren wir durch die erste Nacht meiner wiedergewonnenen Freiheit Richtung Hahnwald. Eigentlich fast pathetisch. Wie ein mittelmäßiges Drehbuch. Aber es war halt so und ich verbinde das Lied noch heute mit dieser Situation.

Später hat mich meine Mutter mal gefragt, warum ich eigentlich ein Taxi nahm, anstatt zu Hause anzurufen und ihr zu sagen, sie solle mich abholen. Darüber hatte ich noch nie nachgedacht, aber ich finde die Frage total berechtigt. Ich meine, ganz ehrlich: Wer wird denn entführt und lässt sich danach gemütlich im Taxi nach Hause kutschieren? Aber ich denke, dass die Taxiaktion für meine Psyche enorm wichtig war. Sie war meine Art, die Sache aus eigener Kraft zu Ende zu bringen.

Zu dem Stolz, der damit einherging, stellten sich aber auch Gewissensbisse ein. Hatte ich durch mein Verschwinden Leuten Kummer bereitet? Hatte ich etwas falsch gemacht, was dazu beigetragen hatte, dass es überhaupt dazu gekommen war? Das waren Fragen, die mich umtrieben. Umso größer war mein Ehrgeiz, selbstständig nach Hause zu kommen, ohne Hilfe in Anspruch zu nehmen. Das war eine Art Wiedergutmachung.

So kam ich mit einer eigenwilligen Mischung aus schlechtem

Gewissen und Stolz im Hahnwald an. Der Taxifahrer wollte nach allem, was er gehört hatte, wohl den Helden spielen, mich die Einfahrt hochfahren und persönlich an der Tür abliefern. Aber das lief mit mir nicht. Die entscheidende Hürde kam ja erst noch: wirklich allein zu Hause anzukommen. Dabei wurde meine Belastbarkeit nach den Strapazen der vergangenen zwei Wochen gleich noch mal doppelt auf die Probe gestellt.

Nachdem der Motor des Taxis in der Ferne verklungen war, musste ich feststellen, dass weder im Garten noch in irgendeinem Fenster unseres Hauses Licht brannte. Das hatte es vorher nie gegeben. Selbst bei Stromausfall war das Grundstück mittels Notstromaggregator erleuchtet worden. Es war nicht die Dunkelheit als solche, die mir Angst machte, sondern die Frage nach ihrer Ursache: Hatten die Verbrecher etwa auch hier zugeschlagen? Der zweite Erklärungsversuch war keinen Deut weniger beunruhigend. Vor seiner Verhaftung hatte Papi die Villa auf Mami, Andreas und mich überschrieben. Seitdem war sie inoffiziell zum Verkauf freigegeben. Stand sie inzwischen etwa leer und alle waren schon weg? Um herauszufinden, ob noch Möbel im Haus waren, schlich ich auf der Gartenseite Richtung Terrasse. Ich war gerade am Pool vorbei, als der zweite Schreck mich traf wie ein Donnerblitz: Das Licht ging an.

DER BADEMANTEL

Wie auf die große Dunkelheit grelles Scheinwerferlicht folgte und das Ende der Nachrichtensperre nicht nur die Tagesschau auf den Plan rief.

Der arme Taxifahrer! Erst musste er sich die komplette Fahrt von Mönchengladbach bis nach Köln meine Storys anhören und dann das: Kaum hatte er mich am Osterriethweg abgeliefert und sich auf den Rückweg gemacht, fiel eine Horde Polizisten über ihn her. Seit der Gründung der Soko Erlemann war der ganze Hahnwald bevölkert von Ermittlern, die, getarnt als Ehepärchen, Hunde Gassi führten. In Wahrheit sollten sie natürlich nur die Gegend im Auge behalten und auf ungewöhnliche Vorkommnisse achten.

Nach zwei ereignislosen Wochen waren diese Beamten wahrscheinlich richtig scharf drauf, endlich mal einen Ermittlungserfolg vorzuweisen. Da war ein Taxifahrer, der das entführte Kind nach Hause brachte, ein gefundenes Fressen. Unter normalen Umständen wäre der arme Kerl sicher trotzdem nur durchsucht und auf seine Personalien überprüft worden, aber die Umstände waren nicht normal. Schließlich hatte der Mann einen Schein aus dem Lösegeld als Bezahlung bekommen, dessen Seriennummer bei der Polizei registriert war. Das hieß, der Fahrer musste erst mal mit zur Spurensicherung aufs Polizeipräsidium und kam in die Zelle. Wenn's schon schiefläuft, dann richtig.

Zur gleichen Zeit erging es mir nicht viel besser. Die ersten Momente nach der Rückkehr gehören ohne Übertreibung zu den schlimmsten meines Lebens. Es war nicht die vertraute Gartenbeleuchtung, die mich nach meinem Eintreffen auf der Terrasse empfing. Es waren Flutlichtstrahler, die innerhalb von Sekundenbruchteilen gleißend hell überall im Garten aufflammten. Nachdem meine Augen zwei Wochen lang nur Dunkelheit gesehen hatten, brannte das grelle Licht in ihnen wie Feuer. Gleichzeitig stürmten rund zwanzig Männer, schwer bewaffnet, schwarz gekleidet und mit ähnlichen Masken über den Köpfen, wie sie mein Aufpasser getragen hatte, von allen Seiten des Waldes, der das Grundstück umgab, auf mich zu. Einige liefen vorwärts, andere rückwärts, wobei sie mit ihren Maschinenpistolen in sämtliche Richtungen des Gartens zielten. Aus dem Haus kamen derweil aufgebrachte Schreie: »Niemand fasst das Kind an. Niemand, ist das klar?« Immer wieder hieß es: »Niemand berührt dieses Kind!« Die Einsatzkräfte der Sonderkommission, die inzwischen auch ich als solche identifiziert hatte, schien das Geschrei nicht zu kümmern. Sie rückten unbeeindruckt weiter zu mir vor, wohl in dem unbedingten Willen, mich in Sicherheit zu bringen. Doch ehe sie mich ergreifen konnten, wurde ich von hinten am Kragen gepackt, zu Boden gerissen und ins Haus gebracht. Dort hörte ich zum ersten Mal Mamis Stimme: »Johannes! Johannes«, rief sie in einem Tonfall, den ich noch nie zuvor bei ihr gehört hatte. Diese verzweifelten Rufe haben sich so tief in mein Gedächtnis eingebrannt, dass ich sie nie im Leben vergessen werde. Es treibt mir noch heute die Tränen in die Augen, an sie zu denken.

Die Männer, die mich fest an beiden Armen gepackt hielten, trugen weiße Overalls und Handschuhe. Sie bahnten sich mit mir einen Weg in die Eingangshalle. Dort sah ich sie: Mami. Sie stand auf der Mitte der Treppe und wurde ebenfalls links und rechts von Polizisten festgehalten. Als unsere Blicke sich trafen, rief sie: »Mein Junge, mein Junge!«, um dann sehr laut zu werden und die Beamten, die sie daran hinderten, mich in die Arme zu schließen, anzufahren: »Ich will zu meinem Kind. Sofort!« Doch sie konnte sich nicht losreißen.

So konnten sich die Overall-Träger ungehindert an mir zu schaffen machen, was Mami erneut aus der Fassung brachte: »Lassen Sie Johannes in Ruhe«, schrie sie. »Fassen Sie mein Kind nicht an.« Doch die Herren in Weiß zogen mich unbeeindruckt Kleidungstück um Kleidungsstück vor versammelter Mannschaft aus. Splitternackt. Dann konfiszierten sie meine Klamotten zur Beweissicherung und untersuchten mich am ganzen Körper auf Spuren eines Sexualdelikts. So viel zur Order »Niemand fasst das Kind an«. Ihr Verhalten war rücksichtslos und demütigend. Auch ein Junge von elf Jahren hat ein gewisses Schamgefühl. Vom Schreck und der gewaltsamen Separierung von meiner Mutter, die ich zwei Wochen lang nicht gesehen hatte, will ich gar nicht erst anfangen. Zum Glück gab es Günni. Der hatte wie immer das nötige Feingefühl, verschwand ins Nebenzimmer und kam kurz darauf mit einem weißen Bademantel zurück, den er mir mit einem entschiedenen »Schluss jetzt, lassen Sie den Jungen in Frieden« überwarf. Damit nahm er mich, ungeachtet des Widerstands der Beamten, zur Begrüßung in den Arm. Diese Geste ist für mich wie ein Symbol für den furchtlosen und selbstlosen Einsatz, mit dem er meiner Mutter in der gesamten Zeit der Entführung zur Seite stand – aber auch für den besonderen Platz, den Günni bis heute in meinem Herzen einnimmt.

Weder Mami noch Günni waren zuvor auch nur ansatzweise auf diese dramatische Situation vorbereitet worden. Mami ließen die Minuten unserer schonungslosen Isolation im wörtlichen Sinne atemlos zurück. Sie brauchte danach eine Weile, um sich wieder zu fangen. Später erzählte sie, dass sie bereits eine Stunde vor meiner Rückkehr unruhig und hellhörig geworden war. Offenbar wusste die Polizei schon länger, dass ich komme, sagte aber nichts. Das ergibt auch Sinn, denn die Beamten hörten den Taxifunk ab, und wenn ich mich richtig erinnere, gab mein Fahrer einen Funkspruch an die Zentrale durch, in dem er erzählte, dass er in Sasserath einen Jungen aufgenommen habe, den er nun nach Köln-Hahnwald bringe.

»Das ganze Esszimmer war voller Polizisten«, erinnerte sich Mami später. »Aber auf einmal sagte keiner mehr was. Es war das große Schweigen im Walde. Ich hab dann immer gefragt: ›Was ist denn los? Hier passiert doch irgendwas, sagen Sie doch mal.‹ – ›Nein, wir können nichts sagen.‹ Mich hat das wütend gemacht. Ich hab die richtig angebrüllt: ›Sie wissen doch was, das rieche ich. Johannes kommt.‹ Ich hatte das im Gefühl, dass du auf dem Weg bist.«

Spätestens als alle Lichter im Haus gelöscht wurden, damit von drinnen das Geschehen auf der Einfahrt und im Garten besser beobachtet werden konnte, war auch Günni, Latz, Kohlmann und meinem Großvater klar gewesen, dass Mami richtig lag. Aber offiziell informiert wurden sie nicht. Stattdessen fuhr die Polizei die Überfalltaktik, die nicht nur mich, sondern alle, die nicht zum Ermittlerteam gehörten, nachhaltig irritierte und verstörte. Warum erklärten die Beamten meiner Familie nicht im Vorfeld, dass sie bei meiner Rückkehr zuallererst Spuren sichern mussten? Und warum verrieten sie nicht, dass sie wussten, dass ich auf dem Weg nach Hause war?

Vermutlich hatte es damit zu tun, dass der Verdacht, meine Mutter würde mit den Entführern unter einer Decke stecken, in den Köpfen einiger Beamter bereits sehr fest verankert war. Schon nach der Geldübergabe hatte sie durch eine widersprüchliche Bemerkung den Anschein erweckt, sie hätte schon vor dem Umstoßen der Kiste im Wald gewusst, dass diese keinen Boden hatte. Damit erhärtete sich eine Annahme, die ein Beamter einige Wochen später in einem vertraulichen Beobachtungsprotokoll so formulierte: »… dass für uns kein Zweifel besteht, dass Frau Erlemann mit der Entführung zu tun hat.«

So oder so ist in dieser Nacht eine Menge falsch gelaufen und überstürzt worden. Auch die verzerrten Bilder, die die öffentliche Wahrnehmung der Entführung später prägten, nahmen hier ihren Anfang. Ich war noch keine halbe Stunde wieder zu Hause, da rief schon die Presse an und bat um einen Kommentar. Die Journalisten waren trotz des Zurückhaltens ihrer Informationen stets bestens über den Verlauf der Ermittlungen auf dem Laufenden gewesen. Jetzt, wo die Nachrichtensperre durch meine wohlbehaltene Rückkehr hinfällig wurde, witterten sie Schlagzeilen. Zu Recht. Und da Latz meinte, den Medien für die Diskretion der vergangenen Tage etwas schuldig zu sein, war das Erste, was er nach Papis Benachrichtigung über meine Rückkehr tat, mich um ein kurzes Interview am Gartentor zu bitten. Dort stand bereits Ulrich Deppendorf von der *Tagesschau* und wartete auf ein Statement.

Ich selbst hinterfragte nicht, ob es unter den gegebenen Vorzeichen angemessen war, dass jetzt schon die Kameras auf mich draufhielten – drei Stunden, nachdem ich auf dem Acker zusammengebrochen war; zwei Stunden, nachdem mir ein Halbstarker das letzte Gafferband aus dem Nacken gerupft hatte; eine Stunde, nachdem mir der Doppelschock der Ankunft durch Mark und Bein gegangen war. Wie gewohnt, machte ich eben, was von mir erwartet wurde. So erzählte ich Ulrich Deppendorf, nachts um eins im Bademantel am Gartentor stehend, höflich und gut gelaunt: »In einem kleinen Dorf auf dem Acker, da wurde ich freigelassen. Dann bin ich in 'ne Gaststätte gegangen, da hab ich ein Taxi bestellt, dann bin ich hierhergekommen.«

Dieses Statement wurde am nächsten Tag zur Primetime in der *Tagesschau* gesendet. Irgendwer schrieb später über den Beitrag, ich würde in meinem Bademantel eher aussehen, als würde ich aus dem Tenniscamp kommen anstatt von einer Entführung. Ich kann dem nicht widersprechen. Aber die unerfreuliche Vorgeschichte des Bademantels sieht man auf den Bildern nun mal nicht. Und dass ich vom grellen Scheinwerfer der Kamera nach zwei Wochen im Dunkeln total geblendet war, ebenso wenig. Erst als ich ins Haus zurückkam, durfte ich zu Mami. Sie bemerkte sofort, dass ich ständig die Augen zusammenkniff und angestrengt blinzelte. Daraufhin ließ sie alle Lichter löschen und es wurden Kerzen angezündet. Dann legte ich meinen damaligen Lieblingssong auf – »Guilty« von Barbra Streisand – und wir stießen mit Champagner darauf an, dass ich wieder da war.

In diesem Augenblick kam ich zum ersten Mal zur Ruhe. Mami ebenfalls. Es herrschte eine Stimmung, die alle, die dabei waren, als schön und besinnlich in Erinnerung behielten. Die Boulevardpresse konnte sich trotzdem nicht verkneifen, daraus die spöttische Schlagzeile zu machen: »Typisch! Erlemanns feiern bei Kerzenschein und Schampus Rückkehr des entführten Sohnes!« Wer die entsprechenden Informationen nach draußen funkte, erfuhr ich nie. Es war auch irgendwie unerheblich im Angesicht des nun folgenden Mediengewitters. Der Reigen der verzerrten Bilder war eröffnet.

Buch 3:
GEJAGT

»Ich taufe dich auf den Namen DELTA-CHARLIE-OSCAR-OSCAR-LIMA!«

D-COOL

Erlemanns
Köln 1980
offiziell

Johannes
Erlemann
Kühtai, Tirol
1978

Zuhause I:
Köln, Hahn-
wald

Zuhause II:
»La petite fleur«
Saint-Tropez

Zuhause III:
Jagdschloss
Kühtai

Innsbruck, Ende der Siebzigerjahre

Ich habe mich immer gefreut, wenn Papi auch nach Kühtai gekommen ist. Landung mit Begleitung in zeitgemäßer Mode. Der Porsche war auch noch da, bevor Papi ihn irgendwann bei Sankt Sigmund im Sellraintal versenkte.

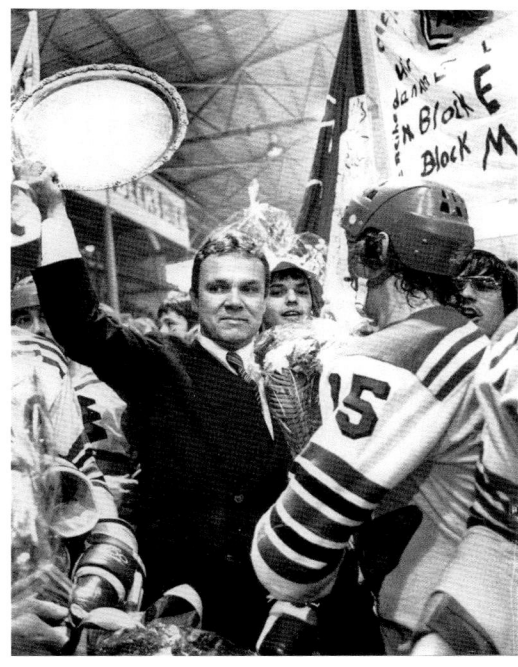

Dr. Jochem Erlemann, 1976–1979 Präsident des Kölner Eishockeyclubs »KEC – Die Haie«. 1977 wird der KEC erstmals Deutscher Meister, 1979 das zweite Mal.

Party zur Europapremiere seines Kinofilms *Hair* im Garten von »La petite fleur« bei uns in Saint-Tropez. Dieses Bild zeigt Papi (links) und Mami (rechts) mit Melba Moore, Regisseur Miloš Forman und Beverly D'Angelo.

Born to be child.
Mit diesen beiden Motocrossmaschinen wurde Saint-Tropez für Andi und mich zur Heimat. Meine Dankbarkeit für dieses Leben habe ich durch meine persönliche Helmgestaltung zum Ausdruck gebracht. Wie wertvoll es ist, sollten mir die nächsten Jahrzehnte zeigen.

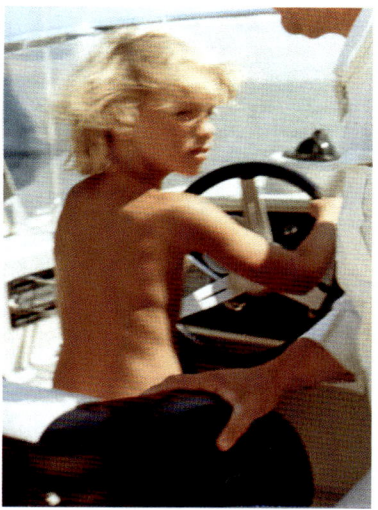

2 x 350-PS-GM-V8. Porquerolles, Port-Cros, Club 55 oder Cap Ferrat.
Die Riva brachte uns immer an die schönsten Plätze der Côte d'Azur.
Am liebsten mit mir am Steuerrad. 1980 war der letzte Sommer,
die letzten Tage im Paradies, bevor die brutale Realität mit
schonungsloser Härte über jeden Einzelnen von uns hereinbrach.

Vermißt ! Vermißt ! Vermißt ! Vermißt ! Vermißt !

Vermißt wird der

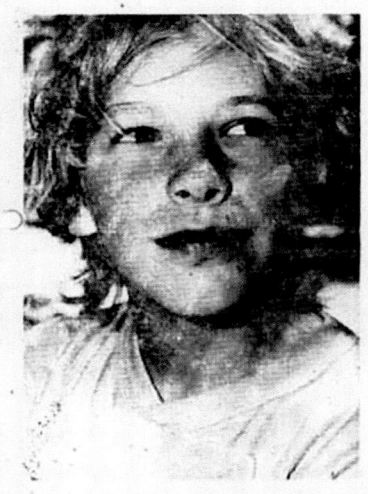

Schüler
Johannes E r l e m a n n
geb. 30.7.1969 in Köln,
wohnhaft, Köln 50 (Hahnwald)
Osterriethweg 13.

Beschreibung:
155 bis 160 cm groß, schlank,
schulterlanges, hellblondes
Haar, blaue Augen

Bekleidung:
Blauer, daunenwattierter Anorak
mit gelbem Kragen, auf dem stark
verschmutzten Rücken der Jacke
die Aufschrift: " J o f a ",
blaue Karottenjeans, weißes oder
blaues Sweat-Shirt, Marke: " La
Coste ", weiße Tennisschuhe Gr. 38,
halsenge Goldkette mit Miniatur-
goldbarren, Marke: " Cartier ".

Der Vermißte verließ am 6.3.81,
gegen 16.40 Uhr die elterliche
Wohnung und wurde zuletzt gegen
17.50 Uhr an der Imbißstube
Stellwerk am Bahnhof Rodenkirchen
gesehen. Das von ihm mitgeführte
silberfarbene Alu-Fahrrad, Marke: Kettler, an dem das hintere
Schutzblech fehlte, wurde inzwischen am Rande des Forstbotanischen
Gartens nahe der elterlichen Wohnung aufgefunden.

Wer hat Johannes Erlemann nach 17.50 Uhr gesehen oder kann Hinweise auf seinen Aufenthalt geben ?

Hinweise nimmt die Kriminalpolizei Köln,Tel. 2291, oder jede
andere Polizeidienststelle entgegen.

Der Polizeipräsident
in Köln

Vermißt ! Vermißt ! Vermißt ! Vermißt ! Vermißt !

7. März 1981. Das Fahrrad im Unterholz des Forstbotanischen Gartens setzte alle Hundertschaften der Polizei aus Köln in Bewegung. Aus dem benachbarten Brühl wurden sämtliche Rekruten der ansässigen Polizeischule zur Unterstützung angefordert, um mit Suchstöcken den gesamten Wald zu durchforsten. Die Hundestaffel und Polizeihubschrauber kamen erst am nächsten Morgen. Alle Bemühungen führten tagelang zu nichts. Die Geldübergabe zwei Wochen später sollte in die Kriminalgeschichte eingehen.

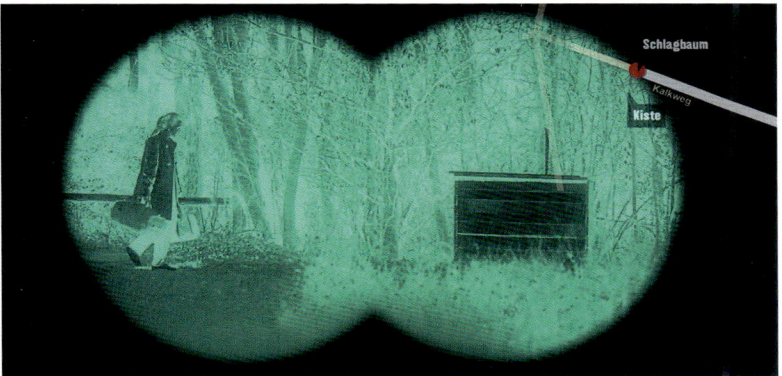

21.03.1981. Die *ARD-Tagesschau* machte die Entführung zum 1. Programmpunkt und den weißen Bademantel unabsichtlich zum Gesprächsthema Nummer eins. Aber auch die Gasflaschen sollten noch eine tragende Rolle bekommen. Das Bild zeigt Mami bei der Rekonstruktion der Geldübergabe.

Das Leben geht weiter: Mein Freund Dirk und ich, 1989, acht Jahre nach der Entführung bei unserer Käfer-Tour nach Saint-Tropez.

Mit Tati und »Domaines Ott« in Cannes

Mit Natascha Kampusch bei *Günter Jauch/ARD* vor unserer gemeinsamen Premierentour für ihren Film *3096 Tage*

Erstes Treffen mit Veronica Ferres im Hotel Wasserturm, Köln

2016: Die ersten Gespräche mit Mami über die Entführung. Nach 35 Jahren

2017: Mit Mami zusammen erstmals am Ort der Lösegeldübergabe

2021: Nach 40 Jahren gemeinsam mit einem Team des *Spiegel* erstmals an der Waldhütte, in der ich damals für zwei Wochen gefesselt eingesperrt worden bin

Die Bank im Forstbotanischen Garten, auf der die Entführer auf mich gewartet haben. Zwischenzeitlich habe ich sie persönlich entsorgt. Sie wurde durch eine neue ersetzt.

Dreharbeiten *Entführt – 14 Tage Überleben*. Mit Veronica Ferres in der Eifel an der Originallocation meines Verstecks

Dreharbeiten zur Dokumentation *Lebenslänglich Erlemann*

Detaillierte Rekonstruktion mit Regisseur Marc Rothemund am Originalverschlag im Wald

27.06.2023: Kino-Weltpremiere *Entführt – 14 Tage Überleben* beim Filmfest München.
Mitte: Veronica Ferres & Johannes Erlemann und ein Teil der 70-Personen-Spielfilm-Crew (auszugsweise): Sonja Gerhardt (Rolle Gabi), Torben Liebrecht (Rolle Jochem), Cecilio Andresen (Rolle Johannes), Jacob Speidel (Rolle Andreas), Moritz Heidelbach (Rolle Entführer), Hauke Bertel (RTL), Ralf Berchtold (Ausführender Produzent),
Marc Rothemund (Regisseur), Laura Roll (Producerin), Ahemt Tan (Kameramann), Konstantin Mayer (Ausführender Produzent), Klaus Steinbacher (Rolle Günni), Brigitte Kohnert (RTL), Beatrice Huber (Drehbuch), Chris Mühlbauer (Postproduction), Hans Horn (Postproduction)

»WIR GLAUBEN DIR KEIN WORT!«

Wie die Rückkehr in die Freiheit zum Katz-und-Maus-Spiel wurde und mir die Soko Erlemann den Boden unter den Füßen wegriss.

Als das Interview im Bademantel am Samstagabend in der *Tagesschau* gesendet wurde, hatte ich bereits eine Tour de Force hinter mir, die mich den ganzen Tag nicht ein einziges Mal hatte zur Ruhe kommen lassen. Auf den Champagner, das Kerzenlicht und eine Nacht, in der ich bei Mami im Bett schlafen durfte, folgte nicht etwa Ausschlafen und Abschalten, sondern das genaue Gegenteil: ein Terminmarathon, der es in sich hatte.

Nach dem Frühstück kam erst mal Prof. Undeutsch, der Psychologe von der Uni Köln, der schon unmittelbar nach meinem Verschwinden mit Mami in Kontakt getreten war, um die Nachricht an die Entführer zu formulieren, deren Veröffentlichung sich durch das Eintreffen der ersten Tonbandnachricht erledigt hatte. Undeutsch war spezialisiert auf Gerichtspsychologie, galt als Koryphäe auf seinem Gebiet und war vor allem bekannt für den Einsatz von Polygrafen, also Lügendetektoren.

Vor dem Gespräch, das zweieinhalb Stunden dauerte und auf Tonband aufgezeichnet wurde, beteuerte er immer wieder, dass dies keine polizeiliche Vernehmung sei und ich ganz unbefangen mit ihm sprechen könne. Das glaubte ich und erzählte ihm deshalb so ziemlich alles – inklusive der Tatsache, dass ich meinen Aufpasser einmal ohne Maske gesehen hatte. Als Undeutsch daraufhin von Polizei und Steckbrief anfing, bekam ich es sofort mit der Angst und ruderte zurück:

> »Nee, Polizei wollen wir gar nicht. Über die Beschreibung wollen wir gar nichts der Polizei sagen, nämlich ich habe ... Ich hab da Angst (...) Er hat gesagt, wenn ich ihn jetzt genau beschreibe bei der Polizei und so, dass die mich kriegen, (...) dass sie uns umbringen sollen, die ganze Familie (...) Deshalb will ich nicht, dass da so ein Steckbrief ausgesetzt wird und so, weil dann brauch er das nur zu sehen, ne? (...) Das vergessen die nicht. Dann nehmen die alle ihre Rache bei mir.«

Das sind Auszüge aus dem Tonbandprotokoll von damals. Als ich die Bänder vor ein paar Jahren zum ersten Mal gehört habe, nahm ich dabei überdeutlich wahr, wie ich seinerzeit vorgeführt wurde. Und dass ich mich damit nie bewusst auseinandergesetzt hatte. Mit dem heutigen Abstand und Wissen fällt einem sofort auf, dass das alles andere war als ein harmloses Gespräch. Undeutschs Aufgabe bestand offiziell darin, zu prüfen, ob ich ein brauchbarer, also belastbarer Zeuge war. Da er das im Auftrag der Polizei tat, bin ich mir ziemlich sicher, dass er von vornherein darauf angesetzt worden war, mir auf den Zahn zu fühlen und herauszufinden, ob die ganze Entführungsgeschichte nur Hokuspokus war. Generell stand dieser Verdacht die gesamten Ermittlungen über wie ein Elefant im Raum, den alle sahen, nur ich nicht.

Die Polizei dachte: Der Vater sitzt im Knast, der Sohn wird entführt, kommt mit 600 Mark zurück, die aus dem Lösegeld stammen, und gibt erst mal ein fröhliches TV-Interview im Bademantel? Da muss doch irgendwas faul sein. Aus heutiger Sicht kann ich diese Denkweise unter Vorbehalt sogar nachvollziehen. Aber mit meinen elf Jahren versuchte ich trotz der widrigen Umstände zu funktionieren und ging von den besten Absichten aus. Niemals wäre ich auf die Idee gekommen, dass meine Aussagen auf dem Kommissariat unter der Prämisse interpretiert wurden, dass es sich hier nicht um eine echte Entführung handelte, sondern um einen Wirtschaftskrimi.

Aber weiter im Marathon. Nach zweieinhalb Stunden Prof. Undeutsch ging es nach Ossendorf. Papi im Gefängnis besuchen. Gemeinsam mit Mami und Opa Edmund. Vor der JVA lauerten schon die ersten Fotografen – ein kleiner Vorgeschmack auf später. Der Besuch als solcher war mir zugegebenermaßen ein bisschen unangenehm. Papi war sehr emotional und freute sich riesig, mich zu sehen, aber er war auch merklich gezeichnet von der Anspannung der vergangenen Tage. Mich persönlich machte es schon nachdenklich, ihn, der sonst immer als starker Mann und Vater aufgetreten war, derart entwaffnet zu sehen. Heute verstehe ich besser, wie er sich damals gefühlt haben muss. Dass in dem Moment wohl auch er Trost gebraucht hätte. Damals war ich einfach nur überfordert von der Situation. Das galt am Ende ja für uns alle.

Durchatmen ging nach dem Gefängnistermin trotzdem nicht. Denn natürlich lagen auch bei uns zu Hause schon die Journalisten auf der Lauer, deshalb hatte Latz am Nachmittag einen offiziellen Pressetermin in unserem Garten anberaumt. Dabei posierte ich für die Fotografen mal mit Mami, mal mit Blumenstrauß oder Motorrad und gab anschließend ein Interview nach dem anderen. Auszüge aus einem Artikel des *Kölner Stadt-Anzeigers*, der am folgenden Montag erschien, bringen die rastlose Atmosphäre dieses Nachmittags ganz gut auf den Punkt:

> »Am Tag nach seiner Freilassung knattert Johannes mit einem Minimotorrad durch den Park der elterlichen Villa in Köln-Hahnwald. Vor den Journalisten, die scharenweise anrücken, hat er keine Scheu (...) Auf der Terrasse läßt der Junge die Fragen geduldig über sich ergehen. (...) Das ständige Surren der Kameras scheint dem Jungen nach einer Viertelstunde doch auf die Nerven zu gehen (...) Sein Freund Günter, der junge Student, der darauf achten soll, daß dieses Kind an diesem ersten Tag nicht allzu sehr bedrängt wird, läßt ihn gewähren (...) Als den Journalisten schließlich keine Fragen mehr einfallen, sagt Johannes Erlemannn: ›So, das war meine Story.‹«

Der letzte Satz war dann auch die Headline des Artikels. Wenn man bedenkt, dass ich einen Tag zuvor noch angekettet und in Klamotten, die ich seit zwei Wochen trug, unter der Erde vor mich hinvegetiert und in der Nacht mehr oder weniger vom Leben Abschied genommen hatte, ist das schon ein ganz schöner Kaltstart. Der Druck der Medien muss brutal gewesen sein. Es spricht für sich, dass der *Stadt-Anzeiger* im zitierten Artikel auch erwähnt: »Gabi Erlemann (...) sieht erschöpft aus; sie bedankt sich artig für die bisherige Zurückhaltung der Presse«, und das Blatt sich in der gleichen Ausgabe mit einem bezeichnenden Kommentar an die Leserschaft wendet:

> »Als in der Nacht zum Samstag die Polizei aufhörte, ihr tagelang geäußertes ›Kein Kommentar‹ zu sagen auf die Frage nach dem verschwundenen Erlemann-Sohn, konnten auch die Medien ihr Schweigen brechen. Sie, denen oft vorgeworfen wird, wegen des Sensationsbedürfnisses der Masse Nachrichten zu veröffentlichen, die besser zurückgehalten worden wären, hatten ohne Absprache untereinander geschwiegen. (...) In einem der

scheußlichsten Verbrechen, die es überhaupt gibt, einer Kindesentführung, war ein Leben gefährdet, da kann nichts Vorrang haben vor dem Gedanken, es um jeden Preis zu schützen. Aus diesem Grunde ging die erste Meldung über Entführung, Lösegeldzahlung und Freilassung erst nach ein Uhr Samstagnacht in Druck – zu spät, um die gesamte Auflage zu erreichen.«

Nach so viel rechtschaffener Diskretion war es nun natürlich vorbei mit der Zurückhaltung. Am Tag darauf titelte die *Bild am Sonntag*: »Der geheimgehaltene Entführungsfall Erlemann – 3 Millionen Lösegeld« und die Polizei gab eine zehnseitige Pressemeldung heraus, in der neben dem detaillierten Tatverlauf und Zeugenaufrufen auch eine von Latz und Mami ausgelobte Belohnung in Höhe von 15 Prozent, was stolzen 450 000 Mark entsprach, für die Rückbeschaffung des Lösegelds deklariert wurde. Damit war das Rauschen im Blätterwald endgültig eröffnet. Gleichzeitig durchsuchte ein Trupp aus sechzig Kripobeamten unter Hochdruck das Gebiet rund um den Ort der Geldübergabe und das darunterliegende Kanalsystem auf Spuren. Sie sollten schon bald fündig werden.

Von den Fortschritten ihrer Ermittlungen erfuhr ich allerdings selbst meistens erst aus der Zeitung. Anstatt mich über die jüngsten Entwicklungen auf dem Laufenden zu halten, spannte die Soko Erlemann mich lieber als Zeugen ein, denn Professor Undeutsch, der mich am Sonntag noch zwei weitere Stunden in die Zange nahm, kam am Ende zu einer Einschätzung über meinen Zustand, die er gegenüber der Presse so formulierte: »Seine bisher gezeigte Reaktion berechtigt allerdings zu der Hoffnung, dass er alles gut verkraften kann.« Nach diesem Urteil hatten Mertens und seine Leute wohl das Gefühl, frei über mich verfügen zu können. Sobald das Wochenende vorüber war, taten sie es jedenfalls äußerst gründlich.

Ich weiß nicht, wann genau entschieden wurde, dass ich für den Rest des Schuljahres mit dem Unterricht aussetzen sollte, oder wer den Entschluss fasste. Aber es ist Fakt, dass ich erst mit dem Beginn des folgenden Schuljahres ans Gymnasium Rodenkirchen zurückkehrte. Im Klartext bedeutete das: fünf Monate schulfrei! Bei dieser Aussicht bekommen viele Kinder leuchtende Augen und reiben sich die Hände. Mir ging es im Prinzip nicht anders. Allerdings: Was bringt einem so eine Beurlaubung, wenn man stattdessen einen anderen Fulltime-Job aufgedrückt bekommt? Anstatt in die Schule musste ich nun jeden Tag zum Polizeipräsidium am Waidmarkt; anstatt mit Gleichaltrigen verbrachte ich meine Tage mit Mertens und ständig wechselnden Polizeibeamten; und anstatt etwas Neues zu lernen, musste ich wieder und wieder bis ins kleinste Detail berichten, was mir seit dem 6. März passiert war.

In den ersten Tagen lieferte Mami mich noch persönlich bei den Beamten ab. Aber sie war kein gern gesehener Gast auf der Wache. Bei den Vernehmungen sollte sie ohnehin nicht dabei sein und als Fahrerin wurde sie ebenfalls schnell kaltgestellt. Ihr sagte man, es wäre besser für die Ermittlungen, wenn mich die Polizei direkt zu Hause abholte, und mir sagte man: »Sag mal, Johannes, wäre es nicht toll, wenn wir dich mal abholen kommen? Dann kommen wir mit einem echten Polizeiauto.«

Das sollte wohl verlockend klingen. Wenn ich heute über dieses joviale Angebot nachdenke, empfinde ich es fast als Affront gegenüber meinem jüngeren Selbst. Als untrügliches Zeichen dafür, dass ich damals bei der Polizei weder wahr- noch ernstgenommen wurde. Ich trat gegenüber den Ermittlern nie als der kleine Junge auf, den man auf die Begeisterung für Polizeiautos reduzieren konnte. Vielmehr gab ich mir die größte Mühe, auf hohem Niveau den Anforderungen der Sonderkommission gerecht zu werden. Man hätte das honorieren können, indem man mir auf Augenhöhe begegnet, anstatt mich mit infantilen Scheinangeboten für dumm zu verkaufen.

Und überhaupt: Nach dem ruppigen Empfang in der Nacht der Freilassung und in Anbetracht der Tatsache, dass mir in diesen Tagen nun wirklich mehr als genug Polizei zugemutet wurde, war es dann doch ein bisschen viel verlangt, dass ich bei so einer Frage in Jubel ausbreche und »Au ja« schreie. Ehrlich gesagt rollte ich innerlich mit den Augen und wäre am liebsten weggerannt bei dem Gedanken, von dem angekündigten Streifenwagen chauffiert zu werden. Aber auch wenn die Soko es mir gegenüber an Takt mangeln ließ, war ich selbst für eine Ablehnung zu taktvoll. Also zuckte ich nur mit den Schultern und wurde morgens fortan von resoluten Waidmarkt-Beamtinnen im Hahnwald abgeholt. Und abends wieder zurückgefahren.

In der Regel hielten sie sich nicht mal an ihr verlockendes Versprechen und kamen statt im Einsatzwagen in einfarbigen Passaten mit Standardlackierung. Für mich machte es keinen Unterschied. Ein bisschen mehr Grün-Weiß hätte die stundenlangen Vernehmungen und faden Mittagessen in der Polizeikantine auch nicht angenehmer gemacht. Die wirklich harten Momente standen mir allerdings erst noch bevor.

»So, Johannes, jetzt mal raus aus dem Büro«, sagte Mertens nach ein paar Tagen. »Heute gehen wir mal ein bisschen an die Luft.«

Das taten wir. Mit einer Handvoll Soko-Beamter liefen wir durchs nach Bohnerwachs riechende Treppenhaus zum Hintereingang des Präsidiums und traten in den Hof. Dort standen drei hintereinander aufgereihte Kleintransporter. Bevor sich eine bittere Vorahnung in meinem Kopf manifestieren konnte, fing Mertens schon an zu erklären.

»Um effektiv nach den Tätern fahnden zu können, müssen wir wissen, mit was für einem Auto sie dich entführt haben, verstanden?«

Ich nickte.

»Du kannst dich sicher erinnern, wie der Motor des Tatfahrzeugs geklungen hat, oder?«

Wieder nickte ich.

»Gut, aber Erinnerungen werden beim Erleben noch genauer. Darum stellen wir den Tathergang jetzt so wirklichkeitsgetreu wie möglich nach. Das nennt man Tatrekonstruktion.«

Damit öffnete er die Schiebetür des vordersten Transporters und wies in den Innenraum – in dem eine massive, ein mal ein Meter große Holzkiste auf der Ladefläche stand. Ich schluckte.

»Nach deinen Beschreibungen der Tat haben wir in jedes dieser drei Autos eine Kiste reingestellt. Jetzt binden wir dir noch die Augen und Ohren mit Klebeband zu, du kletterst in die Kisten und wir fahren ein bisschen rum. Danach verrätst du uns, nach welchem der drei Motoren das Tatfahrzeug am ehesten geklungen hat.«

Ich wollte das nicht und in meinem Kopf kämpften zwei Empfindungen miteinander: Einerseits hätte ich gerne verstanden, warum das hier notwendig sein sollte, andererseits wollte ich die Antwort gar nicht wissen, weil ich ahnte, dass ich sie weder verstanden noch akzeptiert hätte. Also keine Fragen, sondern rein in die Kiste.

Und dann war tatsächlich alles sofort wieder da. Ein totaler Déjà-vu-Moment. Die Beklemmung war die gleiche, das Geräusch, der Geruch, das Gefühl. Eigentlich eine völlige Überforderung. Aber ich hatte das Gespür für meine eigene Belastungsgrenze verloren. Selbst der Empörung, die ich im Stillen über diesen rücksichtslosen Irrsinn empfand, misstraute ich. Vielleicht musste das hier ja wirklich sein. Vielleicht waren diese Methoden ganz normal. Immerhin hatten fünfzehn erwachsene Personen dabeigestanden, als mir das Ganze erklärt worden war, und niemand hatte protestiert. Also war vielleicht ich der Verrückte hier.

Jetzt entwickelte die Situation ganz schnell ihren eigenen Schrecken. Ich musste ständig daran denken, dass all das Furchtbare, das ich erlebt hatte, gleich noch mal passieren würde. Und dann noch mal. Bis ich alle drei Motorentypen gehört hatte. Dabei konnte ich mich doch von Anfang an sehr gut daran erinnern, dass es ein Diesel gewesen war.

Jede der drei Fahrten dauerte etwa zwanzig Minuten. Als ich die Prozedur endlich hinter mich gebracht hatte, war ich ziemlich erledigt, wurde entlassen und von einer der strengen Polizeidamen nach Hause gebracht. Ich erinnere mich noch, dass Mami mich ansah und wie jeden Tag fragte: »War was, Johannes?« Und dass ich wie jeden Tag den Kopf schüttelte und antwortete: »Nö, nichts Besonderes.« Mal wieder wollte ich niemandem zur Last fallen.

Und dennoch spürte ich schon damals, was mir heute völlig klar ist: dass diese Methoden der Polizei skandalös waren. Ein Kind wird gekidnappt, für zwei Wochen weggesperrt und nicht mal eine Woche nach der Freilassung in die Paniksituation der Entführung zurückversetzt? Inklusive verklebtem Kopf und Kiste? Tatrekonstruktion hin oder her: Ich kann mir dieses Vorgehen eigentlich nur damit erklären, dass sowieso alle davon überzeugt waren, dass das Verbrechen nur Show gewesen war, und die Beamten deshalb den Eindruck hatten, ihre Schikanen bedenkenlos fortsetzen zu können.

Mami fragte mich später mal, warum ich mich damals niemandem, weder ihr noch Günni, anvertraut hatte. Ich konnte es nur mit dem Respekt vor der Polizei und Gewissensnot im Angesicht von Vorfällen erklären, von denen man zwar auf Anhieb weiß, dass irgendwas falsch läuft, aber gerade deshalb nicht darüber spricht. Als Kind wurde ich mal in Rodenkirchen fast von einer adretten Frau in einem schwarzen Golf GTI über den Haufen gefahren. Danach saß mir der Schreck des Jahrzehnts in den Gliedern und ich hatte eine Prellung, aber ich erzählte zu Hause niemandem davon. Genauso gab es mal eine Situation, in der sich ein pädophiler Kinovorführer fast an mir vergangen hätte. Auch das behielt ich jahrelang für mich. Vielleicht merken Kinder intuitiv, wenn Erwachsene etwas falsch machen und deren Schuld automatisch auf sich selbst projizieren. So in der Art war das damals jedenfalls bei mir.

Nach den Motorsoundtests gab es noch weitere Autofahrten im Dienst der Rekonstruktion. Diesmal bestand das Ziel darin, den Verschlag zu finden, in dem ich gefangen gehalten worden war. Jetzt wurde ich nicht in eine Kiste, sondern nur unter eine blickdichte schwarze Decke gesteckt. Dann fuhren die Beamten von der Stelle aus los, an der man mich nach der Geiselnahme im Hahnwald mutmaßlich aus dem Gestrüpp ins Auto gezerrt hatte, und ich sollte sagen, wo wir entlanggefahren waren. Auf diesen Touren zahlte sich meine sehr bewusste Wahrnehmung des Fahrtverlaufs aus: ein Stück geradeaus, Kurve, zwei Minuten Landstraße, erhöhte Drehzahl, Autobahn, nach einer halben Stunde von der Autobahn abfahren, wieder Landstraße, dann bergauf, dann Serpentinen ...

Die Blindfahrten wurden in Etappen vorgenommen. Später stellte sich heraus, dass ich die Ermittler, unter der Decke liegend, tatsächlich bis auf ein, zwei Kilometer an die Stelle heranführte, wo sich der Verschlag im Wald befunden hatte. Für die Ermittlungsarbeit war das eine kleine Sensation. Sie feuerte allerdings auch die Spekulationen über eine Beteiligung meiner Familie an der Entführung an. Dass ich über ein derart exaktes Erinnerungsvermögen verfügte, konnte man sich bei der Polizei schlicht nicht vorstellen. Aus meiner Sicht ist es bezeichnend für die Konzentration, die ich bei den Vernehmungen und Rekonstruktionen trotz aller Unannehmlichkeiten aufbrachte. Für mich waren sie keine Freizeitveranstaltung oder ein bequemer Ersatz für Schule, sie waren eine Aufgabe, die ich ernst nahm. Ich wollte helfen – wirklich helfen.

Absurderweise war mir bei alledem durchaus bewusst, dass ich damit einem Ziel zuarbeitete, das ich eigentlich, so gut ich konnte, verdrängte: der Festsetzung der Täter. Die Frage, für wen genau ich mir hier so große Mühe gab, ist also gar nicht so leicht zu beantworten. Für die Polizei bestimmt nicht. Für mich selbst auch nicht. Es ging wohl um Mami, der diese Gauner immerhin drei Millionen Mark abgeknöpft und jede Menge Kummer bereitet hatten. Um das wieder geradezurücken, war es okay, ein paar persönliche Bedürfnisse hintenanzustellen.

So oder so fuhr ich ohne Widerrede mit einem Dutzend wildfremder Beamter zum Acker meiner Freilassung und legte mich im Sinne der Demonstration vor ihnen auf die Straße; ich beantwortete geduldig immer wieder dieselben Fragen und überging dabei diverse kleine Feindseligkeiten; und nicht zuletzt sprang ich über meinen Schatten und bezwang meine Angst, als es irgendwann doch darum ging, ein Phantombild meines Aufpassers anzufertigen.

Mein Einsatz änderte allerdings nichts daran, dass die Ermittlungen schon bald auf der Stelle traten und das Frustlevel bei Mertens und seinen Leuten mit jedem Tag stieg. Im Zuge dessen erhärtete sich wohl der Verdacht, ich würde die Geschichten über die Bank, die Kiste und den Verschlag nur erfinden – das bekam ich schließlich auch zu spüren.

Nach drei Wochen Waidmarkt landete ich mal wieder im Kommissariat und wurde ausnahmsweise in einen großen Raum zitiert, in dem ich vorher noch nie gewesen war. Da saßen sie alle an einem langen Konferenztisch, die ganzen alten Herren von der Soko Erlemann mit Mertens in der Mitte, der mich über die Ränder seiner Brillengläser lauernd ansah. Kein Hallo, keine Emotionen, niemand verzog eine Miene. Man hätte eine Stecknadel fallen hören können. Mit einem flauen Gefühl im Bauch ging ich auf den Tisch zu und sah die Herrschaften fragend an.

Nach einer Weile sagte Mertens: »Johannes, wir haben in den letzten Wochen viel Zeit miteinander verbracht, du hast uns viel erzählt und wir haben viel zugehört. Und jetzt sind wir zu dem Schluss gekommen ...«

Bei diesen Worten sah er mich durchdringend an und machte eine Pause. Dann schlug er mit der flachen Hand so vehement auf den Tisch, dass es knallte, und schrie: »Wir glauben dir kein Wort! Und jetzt sagst du uns endlich die Wahrheit!«

In diesem Moment riss es mir im wahrsten Sinne des Wortes den Boden unter den Füßen weg. Meine Knie wurden weich, meine Beine klappten ein und ich brach vor der versammelten Runde weinend zusammen. Dieser Schrei war zu viel. Und auch wenn man die Entführung in ihrer gnadenlosen Härte mit nichts vergleichen kann, führt die Erinnerung an diesen Tag immer mal wieder dazu, dass ich mich frage, was eigentlich schlimmer war – die Entführung als solche oder die Zeit der Ermittlungen danach.

»DER FALL IST DREHBUCHREIF.«

Wie die Entführer ihre Spuren verwischten, schlussendlich aber trotzdem gefasst wurden und die Polizei das Lösegeld fand.

»Wir können jedoch vielleicht in einigen Tagen überlegen, wie man sich in zukünftigen Fällen geschickter verhalten kann.« Diese Antwort gab Hänschen Latz damals, als ihn der Reporter Heinz Tutt fragte, ob die Soko Erlemann korrekt gearbeitet habe. Seinem diplomatischen Urteil schließe ich mich vorsichtig an. Allen Fehltritten zum Trotz will ich nicht in Abrede stellen, dass die Polizei bei der Suche nach den Entführern beeindruckende Arbeit leistete. Die Zeugenvernehmungen und Rekonstruktionsversuche mit mir waren ja nur die eine Seite der Ermittlungen, die andere war das Finden und Auswerten von Spuren. In dieser Hinsicht lief es zunächst richtig gut. Dann irgendwann nicht mehr. Und dann ... Aber eins nach dem anderen.

Seit der Nacht von Mamis Schnitzeljagd hatten Mertens Leute das Areal der Lösegeldübergabe nicht mehr aus den Augen gelassen und sobald ich wieder zu Hause war, fingen sie an, es auf den Kopf zu stellen. Der Dünnwalder Forst wurde durchkämmt, der Kanalisationsschacht unter der Kiste begangen und die unterirdische Röhre des zwölf Kilometer langen rechtsrheinischen Randkanals abgeschritten – all das mit dem Ziel, Hinterlassenschaften zu finden, die beim Abtransport des Lösegelds zurückgeblieben waren.

Fünf Tage nach meiner Freilassung hatte die Suche folgende Fundstücke hervorgebracht: die bodenlose Geldübergabekiste, eine eigenhändig ausgesägte runde Holzscheibe, den Schlüssel des Vorhängeschlosses, einen selbstgebauten Wurfanker an einer Wäscheleine und ein zerschnittenes Schlauchboot der Marke »Adam«.

Dank dieser Indizien ließ sich der Ablauf des Geldabtransports gut nachvollziehen. Die Kiste war offenbar erst direkt vor Ort in Dünnwald zusammengesetzt worden; darauf ließen die frischen Schrauben schließen, die das ansonsten aus alten Brettern bestehende Monstrum zusammenhielten. Die Holzscheibe dagegen hatte man zuvor passgenau ausgesägt, um den schweren gusseisernen Kanaldeckel zu ersetzen, den die Entführer heraushoben und neben dem Schacht ablegten. Sie sollte verhindern, dass während der Geldübergabe verräterische Geräusche aus dem Schacht an die Oberfläche drangen. Der Schlüssel des Vorhängeschlosses lag am Boden des Schachteinstiegs und war mutmaßlich beim Abseilen der Geldtasche heruntergefallen und vergessen worden.

Was den Wurfanker betraf, so handelte es sich dabei um ein provisorisch zusammengebautes Hilfsmittel. Man hatte ihn aus drei Alustangen zusammengesetzt, die vorher zu Haken gebogen worden waren, und deren Stiele in der Mitte mit reißfestem Garn umwickelt. Weil dieser Dreifachhaken an einer roten Wäscheleine hing, vermutete die Polizei, dass die Entführer damit die schweren Geldtaschen in den Schacht heruntergelassen hatten. Diese These galt allerdings als umstritten. Da alle davon ausgingen, dass die Entführer schon im Schacht gewartet hatten, als Mami die Geldtaschen in die Kiste warf, um anschließend direkt unterirdisch mit dem Geld über die Kanalisation zu entkommen, war es nicht plausibel, dass der Wurfanker auf dem Waldboden vier Meter neben der Kiste gefunden wurde. Außerdem war die Wäscheleine, an der er hing, nur drei Meter lang, während der Einstiegsschacht acht Meter hoch war. So kommentierte Mertens skeptisch: »Der Wurfanker könnte ebenso von Kindern gebastelt und zufällig in der Nähe der Kiste weggeworfen worden sein.« Die Wahrheit lag am Ende dazwischen. Der Anker sollte dennoch wesentlich zum Aufspüren der Täter beitragen.

Ein sehr viel eindeutigeres Indiz war das Schlauchboot: ein aufblasbares Zweisitzer-Kanu der Marke »Adam«, Modell K 330, das vier Kilometer von der Geldübergabestelle entfernt im Randkanaltunnel auf halber Strecke Richtung Rhein gefunden wurde – zerschnitten und damit unbrauchbar gemacht. Dieser Fund lieferte neue Erklärungen. Nicht nur widerlegte er die vorherige Annahme der Kripo, die Entführer wären zu Fuß zum nächsten Kanalausstieg gewatet, er ließ auch Vermutungen zu, warum die ursprünglich für Montag angekündigte Geldübergabe kommentarlos ausgefallen war. Wegen des tagelangen Regens hatte der Rhein zu dieser Zeit Hochwasser geführt und auch im Tunnel hatte ein Wasserstand von über zwei Metern geherrscht, was einen Geldtransport per Boot nicht nur zu gefährlich, sondern schlicht unmöglich gemacht hätte. In der Nacht von Mamis Schnitzeljagd war der Wasserstand dagegen auf 90 Zentimeter abgefallen. Damit konnte man wieder Boot fahren.

War der »Nervenkrieg«, der sowohl mir als auch Mami und allen anderen Beteiligten so viele Sorgen und Ängste bereitet hatte, am Ende also nur einer wetterbedingten Planungsänderung geschuldet? Um es kurz zu machen: Ja, genau so war es. Wie sich später herausstellte, war das Hochwasser der erste Grund für die Verschiebung der Geldübergabe, bevor die Polizeikontrollen wegen der geknackten Autos in der Nähe des Dünnwalder Forsts eine weitere Verzögerung auslösten. Warum ich deswegen beschimpft werden musste und erzählt bekam, Mami hätte alles falsch gemacht und wolle mich nicht zurück, ist eine von vielen Fragen, die ich den Entführern heute gerne stellen würde.

Im Zuge der sich verdichtenden Erkenntnisse fiel es Kommissar Mertens zunehmend schwer, seine Bewunderung für das ausgeklügelte Vorgehen der Gauner im Zaum zu halten. Erst schwärmte er von einem »genialen Plan«, dann konstatierte er: »Für uns steht mittlerweile fest, dass es sich bei den Kidnappern um Vollprofis handelt«, dann wieder ließ er sich zu der Aussage hinreißen: »Der Fall ist drehbuchreif!«

Kleine Randnotiz: Letzteres sah offenbar nicht nur er so. Auch der Kölner Pornoproduzent Mike Hunter erkannte das Potenzial des Stoffes und tönte prompt in der Öffentlichkeit herum, er wolle das Ganze verfilmen. Und zwar mit mir in der Hauptrolle. Was aus diesen Plänen wurde, weiß ich nicht, aber je länger ich darüber nachdenke, desto haarsträubender finde ich sie. Als lebende Actionfigur eines Pornoproduzenten mein eigenes Martyrium nachspielen ... Schon der Gedanke daran bestärkt mich in meiner Dankbarkeit dafür, dass ich die filmische Aufarbeitung der Entführung im letzten Jahr nicht vor, sondern hinter der Kamera begleitet habe – unter seriösen Bedingungen und mit dem gebührenden zeitlichen Abstand.

Aber zurück zu den Ermittlungen: Sechs Tage nach meiner Freilassung fand die erste Verhaftung eines Verdächtigen statt. Ein Fehlschlag, wie sich herausstellte, dem weitere folgen sollten. Als dann auch noch neue bahnbrechende Erkenntnisse ausblieben, verging auch Mertens allmählich die Freude über die Genialität der Täter. Als Leiter der Soko dürfte er angesichts des großen Interesses der Öffentlichkeit unter einem Riesendruck gestanden haben, endlich Ergebnisse zu liefern. Das würde auch seinen unbeherrschten »Wir glauben dir kein Wort«-Ausraster mir gegenüber erklären. So oder so lautete die Bilanz fünf Wochen nach meiner Freilassung, dass die Soko zwar achthundert Spuren gesammelt hatte, aber die Identität der Entführer noch immer völlig unklar und ihre Festsetzung nicht ansatzweise in Aussicht stand. Das wurmte die Soko-Mitarbeiter natürlich. Allerdings nicht nur sie.

Während bei der Kripo die Findung der Wahrheit um jeden Preis verfolgt wurde, hatten Mami und unsere Anwälte nach meiner wohlbehaltenen Rückkehr ein ganz pragmatisches Interesse daran, die Täter zu stellen: Sie wollten das Lösegeld wiederhaben. Als die Polizei Anfang April noch keine Resultate vorweisen konnte, nahmen sie die Sache selbst in die Hand und engagierten einen Privatdetektiv: Ben Zuidema. Der kam aus den Niederlanden, wurde in Insiderkreisen nur »Der Holländer« genannt und brüstete sich mit einer angeblichen Erfolgsquote von 90 Prozent. Nachdem er den Auftrag übernommen hatte, ging er allen möglichen Spuren in Saint-Tropez, Frankfurt und ganz NRW nach.

Bei einer Befragung in Neuss gab er sich dann ohne Legitimation als Polizist aus, wurde gemeldet und bekam erst mal Ärger mit der Soko Erlemann. Er schnüffelte trotzdem weiter herum. Unter anderem, indem er Schäfers Nas ins Boot holte, der daraufhin in der *Bild*-Zeitung verkündete: »Ich bin bestimmt kein Kind von Traurigkeit, aber Kindesraub und Entführung, das gibt's bei mir nicht! (…) Man darf nicht einfach Kinder von der Straße zerren, um die Eltern dann zu erpressen. Ich werde alles tun, damit dieser Fall bald geklärt ist.« Mami verwehrte sich jedoch gegen seine Mithilfe und konterte: »Ich werde nicht dulden, dass in meinem Auftrag mit der Unterwelt zusammengearbeitet wird.«

Das war dann auch schon der Anfang vom Ende der Zusammenarbeit mit dem »Sherlock Holmes aus dem Tulpenland«, wie der *Stadt-Anzeiger* Zuidema spöttisch bezeichnete. Am Ende kam absurderweise heraus, dass sowohl er als auch Schäfers Nas sich zumindest in einem Punkt mit der Kripo einig waren: nämlich, dass sie Mami im Verdacht hatten, selbst hinter der Sache zu stecken. Es ging also zunehmend drunter und drüber. Aber dann kam der Mai. Und mit ihm die entscheidende Wendung.

Trotz der breiten medialen Begleitung der Ermittlungen beklagte die Polizei von Anfang an, dass zu ihren zentralen Fragen – Hatte jemand zufällig die Entführung beobachtet? Konnte irgendwer Verdachtsmomente bezüglich des Standortes meines Verschlags äußern? Gab es Zeugen für den Zusammenbau der Geldübergabekiste? – kaum Hinweise aus der Bevölkerung eingingen.

Schließlich kam aber doch einer, der den Durchbruch einleitete. Ein Kölner, der am Nachmittag des 19. März durch den Dünnwalder Forst gejoggt war, meldete sich bei der Kripo, weil er im Vorbeilaufen drei Männer beim Zusammenbauen der Kiste im Wald beobachtet hatte. Personenbeschreibungen konnte er nicht liefern, das Auto, das am Waldrand abgestellt worden war, dafür aber umso detaillierter beschreiben: Es handelte sich um einen Transporter. In Weiß. Von Toyota. HiAce H11. Es war ein Segen für die Soko, dass dieses Modell noch recht neu und in Deutschland vergleichsweise selten war. Im Regierungsbezirk Köln gab es »nur« etwa 600 Zulassungen, zum Vergleich: Bei einem VW-Bus waren es rund 500 000.

Während nach und nach die Besitzer ermittelt wurden, schlug ein weiterer Fahndungserfolg zu Buche. Er betraf den Wurfanker.

Auf einer von dessen drei identischen Aluhaken war die Patentnummer »PAT No. 27984/75« eingraviert. Es stellte sich heraus, dass mit dieser Signatur im Jahr 1975 ein Patent für einen Fischkescher in Australien registriert worden war. Dieser Kescher wiederum war in Deutschland nur in einem einzigen Geschäft für Anglerbedarf in Hürth erhältlich. Weil er sich im Laufe der Jahre als ausgesprochener Ladenhüter entpuppt hatte, erinnerte sich der Besitzer noch sehr lebhaft an die Käufer, die einen weißen Toyota gefahren hatten. Und von denen einer dem Phantombild ähnelte, das auf der Grundlage meiner Beschreibung des Aufpassers erstellt worden war. Das Puzzle nahm Gestalt an.

Ich weiß nicht, in welchen Farben die deutschen HiAce-Modelle damals unterwegs waren, aber ein solcher Transporter in Weiß war jedenfalls auf einen gewissen Dieter D. in Etzweiler zugelassen. Der war Maschinenbauer und Monteur und betrieb gemeinsam mit zweien seiner Brüder eine Heizungsbaufirma, die Anfang 1981 aufgrund geplatzter Aufträge und personeller Probleme mit Vollgas an die Wand gefahren war. Im Tausendseelennest Etzweiler und dessen Umgebung war es kein Geheimnis, dass die Firma am Ende und das Unternehmertrio restlos pleite und verschuldet war.

So hatte man sich gewundert, dass Dieter D. Ende März beim örtlichen Tankstellenbesitzer auf einmal seine seit Wochen gestundeten vierstelligen Spritrechnungen in bar beglich, ehemalige Angestellte auszahlte, die auf ihrem Lohn sitzen geblieben waren, und bei einem ansässigen Bauern zwei Fohlen für 3500 Mark kaufte. Auch seine Brüder und seine Frau Iris warfen in den Kneipen und Geschäften der Gegend auf einmal großzügig mit Geld um sich. Sehr verdächtig. Also besorgte die Soko Erlemann einen Durchsuchungsbefehl für den Firmensitz, in dessen oberer Etage die drei Brüder nebst Frauen auch wohnten. Dort fanden sie unter anderem eine Musikkassette von Peter Maffays 1980er-Album »Revanche«, dessen großer Hit »Über sieben Brücken musst du geh'n« gewesen war. Ein Zeichen, mehr aber auch nicht. Ein Indiz dagegen war Iris' Handtasche, denn darin steckten 1200 Mark aus dem Lösegeld. Volltreffer!

Am 8. Mai 1981 nahm die Polizei Dieter D., seinen Bruder Werner, seinen Angestellten Karl-Heinz und seine Frau fest. Einen Tag später druckte die *Bild* ein Pin-up-Foto von Iris und titelte: »Hat sie Erlemanns Sohn entführt?« Das Foto stammte aus einer Nacktsession, mit der die Einundzwanzigjährige nach der Pleite ihres Mannes ein paar Monate zuvor die Haushaltskasse aufgebessert hatte. Allerdings war die Schlagzeile reiner Sensationsjournalismus, denn es stellte sich schnell heraus, dass Iris von der Kidnappinggeschichte erst nach meiner Freilassung erfahren und ansonsten nichts damit zu tun hatte.

Dieter D. dagegen gestand schon zwei Tage nach der Festnahme, der Drahtzieher der Entführung zu sein. Gleichzeitig entlastete er seine Frau und seinen Bruder Werner. Er gab an, dass an dem Verbrechen »auf keinen Fall mehr als drei Personen beteiligt« gewesen seien, deren Namen er aber nicht nannte. Über den Kollegen Karl-Heinz äußerte er sich nicht. Doch der gestand seine Mittäterschaft selbst relativ bald. Aber wo war der dritte Täter? Bei ihm handelte es sich ausgerechnet um den Mann, der mir die größten Sorgen bereitete: den Aufpasser, der mir gedroht hatte, meine ganze Familie auszulöschen, wenn ich ihn bei der Polizei beschreiben würde. Zum Glück sagte mir damals niemand, dass ausgerechnet er noch frei herumlief, sonst hätte ich wahrscheinlich kein Auge mehr zugetan.

Er hieß Horst, war der zweite Bruder von Dieter D. und hatte eine Schwäche für Halbwelt, Frauengeschichten und Zockerei.

Während seine Brüder bereits im Knast saßen, schoss er gemeinsam mit einem Kollegen und einem Lösegeldanteil in Höhe von 400 000 Mark in einem weißen Mercedes SL durch die Gegend und klapperte die Casinos und Nachtclubs zwischen Hamburg und Sylt ab. Dort gab er eine Runde nach der anderen aus, schenkte den Liebesdamen sündhaft teuren Schmuck und bezahlte wildfremden Kunden gönnerhaft deren Schäferstündchen.

In der *Bild* erinnerten sich später die begeisterten Sylter Barmädchen Ramona und Kirsten: »Wir konnten gar nicht so schnell trinken, wie die den Champagner auffahren ließen.« Bei den Unterweltbossen auf St. Pauli kam das aufschneiderische Gehabe dagegen weniger gut an und auch die Polizei, die die beiden Schampus-Tiger ja ohnehin auf der Fahndungsliste hatte, wurde misstrauisch. So griff man sie Ende Mai am Hamburger Hauptbahnhof auf. Danach ging es direkt mit dem Gefangenentransport in die U-Haft nach Köln. Horsts Kollege wurde wieder freigelassen, er selbst musste bleiben. Die Party war zu Ende.

Da alle drei Täter nach kürzester Zeit geständig waren, hätte der Fall aus kriminalistischer Sicht damit abgeschlossen sein können. War er aber nicht. Schließlich war immer noch ein Punkt offen, den bis jetzt weder Mertens und seine Beamten noch Der Holländer und Schäfers Nas geklärt hatten: Wo befand sich das Lösegeld? Die Beantwortung dieser Frage ist auch noch mal so eine Geschichte, die zu kurios ist, als dass man sie sich ausdenken könnte.

Nachdem in der Handtasche von Iris D. ein Teil der Beute gefunden worden war, machte die Soko in sämtlichen Räumen des Hauses in Etzweiler Tabula rasa. Es wurden Kassenzettel aus der Zeit nach der Lösegeldübergabe gesammelt, Bargeldbeträge konfisziert, neu erworbene Gegenstände sichergestellt und alles beschlagnahmt, was möglicherweise als Beweismittel für die Entführung und meine Gefangenschaft dienen konnte.

Anschließend weitete sich die Bestandsaufnahme auf weitere Aufenthaltsorte des Entführertrios aus. Natürlich führte sie auch dorthin, wo ich vierzehn Tage unter der Erde gefangen gehalten worden war: ein verlassenes Stück Land nahe des Eifeldörfchens Schmidt, das Dieter D. für eine Forellenzucht gepachtet hatte, die er zwischenzeitlich mit Karl-Heinz betrieb. Das Waldstück war von hohen Fichten bewachsen, wurde von einem Bach durchflossen und beherbergte zwei Fischteiche, zwei kleine Hütten und eine alte Baracke. In Letzterer war neben dem Futtertrog mein Verlies, der Verschlag, eingebaut gewesen. Er existierte inzwischen nicht mehr. Nach meiner Freilassung hatten die Entführer sämtliche Bestandteile – die Matratze, die Styroporwände, den Schlafsack, den Eimer, die Luke, die Bretterwände – entsorgt oder verbrannt und die Vertiefung, die sie für das Gefängnis ausgebuddelt hatten, wieder zugeschüttet.

Dennoch musste auch hier eine Rekonstruktion stattfinden. So kam ich zwei Monate nach meiner Freilassung an den Ort zurück, der in meiner Erinnerung ein großes dunkles Nichts war. Dass ich all das, was ich bisher quasi nur übers Gehör wahrgenommen hatte, jetzt bei Tageslicht sehen konnte, veränderte an meinem Grundeindruck nicht besonders viel. Weiterhin war die größte Kraft, die von diesem Schuppen ausging, die, dass ich so schnell wie möglich wieder von ihr wegwollte. Trotzdem tat ich, was von mir verlangt wurde. Zeigte, wie ich gelegen hatte; machte vor, wie ich wegen der zu kurzen Ketten nicht hatte stehen können; berichtete zum hundertsten Mal von meinen Wahrnehmungen der zwei Wochen.

Das war natürlich etwas völlig anderes als mutterseelenallein ein ungewisses Dasein im Dunkeln zu fristen. Aber weniger einsam fühlte ich mich in der Gesellschaft von Mertens, dem Oberstaatsanwalt und der Horde von Soko-Leuten nicht. Nur vielleicht anders einsam. Als wir endlich wieder wegfuhren, schaute ich nicht zurück – und kam danach fast vierzig Jahre nicht wieder dorthin.

Auch an den Fischteichen wurden Beweismittel gesichert, darunter eines der wenigen Überbleibsel meiner Geiselhaft: die Handschellen. Sie waren in einen der Tümpel geworfen worden. Polizeitaucher bargen sie. Weiterhin durchsuchten die Beamten die Wohnung von Karl-Heinz im Kölner Westen und das Elternhaus der Brüder D. in Flittard nahe dem Dünnwalder Forst. Dessen Keller hatte nach dem Geldabtransport als Umkleide- und Verschnaufpunkt gedient. Hier wurden Gummistiefel, Kleidung und leere Gasflaschen gesichert, von denen die Entführer später behaupteten, mit ihnen sei mein Verschlag geheizt worden. In Wahrheit heizten sie wohl eher ihre eigene Hütte damit. Sonst wäre es bei mir ja wohl etwas wärmer gewesen.

Aber um aufs Ausgangsthema zurückzukommen: Beschlagnahmt wurde viel, doch das Geld fanden die Beamten nirgends. Mussten sie allerdings auch gar nicht, denn die kriminelle Energie der Entführer war groß genug, um selbst nach der Verhaftung noch einen finanziellen Mehrwert aus der Situation ziehen zu wollen. Sie boten die Herausgabe kurzerhand von sich aus an – wenn auch unter bestimmten Bedingungen.

Zwei Tage nach Dieter D.s Verhaftung, an einem Sonntagnachmittag, klingelte bei Dr. Latz das Telefon. Kommissar Mertens war dran und meinte, Herr Reichenbach, der Anwalt des Entführers, wolle mit Hänschen sprechen. Der war ein bisschen irritiert über den Zeitpunkt, aber ließ sich weiterreichen. Woraufhin Herr Reichenbach sofort zur Sache kam und verkündete, er wolle über die Rückgabe des Lösegelds verhandeln. Bei diesem Angebot war Latz auf der Stelle ganz Ohr und auch wenn es ihm überhaupt nicht passte, dass Reichenbach als Voraussetzung für die Verhandlungen die Aufrechterhaltung der Belohnung forderte, die Mami für die Wiederbeschaffung des Geldes ausgelobt hatte, machte er sich umgehend auf den Weg zum Waidmarkt, um alles Weitere zu klären.

Dort beschnupperten sich die beiden gegnerischen Anwälte kurz im Beisein von Mertens, um anschließend in Latz' Kanzlei in der Marienburg weiterzusprechen. Die Unterredung, die dort stattfand, war nicht gerade üblich, aber immerhin konstruktiv. Reichenbach gab an, im Auftrag seines Mandanten Dieter D. das Versteck von rund zwei Millionen Mark des Lösegelds preisgeben zu können. Dafür forderte er allerdings im Vorfeld eine schriftliche Zusage, dass ihm – beziehungsweise seinem Mandanten – die ausgelobte Belohnung in Höhe von 15 Prozent noch vor der Enthüllung des Verstecks und außerdem persönlich auszuzahlen sei. So was machte Latz natürlich nicht mit. Er drückte die Höhe der Belohnung wegen des verminderten Rückgabebetrags erst mal auf zehn Prozent runter. Herr Reichenbach erwiderte, das müsse er mit seinem Mandanten besprechen. So vertagte man weitere Verhandlungen auf den nächsten Nachmittag im Polizeipräsidium.

Bei diesem Termin, der in einem Büro im ersten Stock stattfand, waren dann auch Mertens und der Oberstaatsanwalt dabei. Er muss ziemlich sonderbar gewesen sein. Zwar ließ sich D.s Anwalt auf den verminderten Belohnungssatz von zehn Prozent ein, aber er forderte erneut eine sofortige Zahlung des Betrags auf sein Anderkonto. Als Latz einwandte, dass es für eine Ad-hoc-Überweisung an diesem Nachmittag zu spät sei, forderte der Kollege, das Ganze über einen privaten Scheck aus Hänschens Tasche laufen zu lassen, was dieser ablehnte.

Die Folge war, dass Reichenbach nun um jedes Komma der schriftlichen Belohnungszusage feilschte, dann einen Zusatz forderte, der ihm garantierte, dass Latz im Falle von Mamis Zahlungsunwilligkeit persönlich für die Auslobungssumme haftete, und kurz vor der Unterzeichnung einen weiteren Passus einfügen ließ, der »gleichgültig, wo es sich befindet« lautete. Das bezog sich auf das Lösegeld. Die Belohnung sollte also unabhängig von dessen Fundort garantiert werden. Als die gesamte Runde angesichts dieser Haarspalterei die Stirn runzelte, erklärte Reichenbach: »Ja, wissen Sie, das Versteck ist derart raffiniert, dass alle Beteiligten bei der Aufdeckung wohl äußerst verblüfft sein werden.«

Latz verdrehte innerlich die Augen, unterzeichnete die Vereinbarung inklusive aller Zusätze und gab den Stift an den Kollegen weiter. Der unterzeichnete ebenfalls. Damit war das »Geschäft« vollzogen und alle standen gespannt da, aber nichts passierte. Nach einer Weile räusperte sich Hänschen und fragte: »Und wohin können wir nun gehen, um das Lösegeld zu finden?«

Reichenbachs Antwort kam kurz und knapp und wie aus der Pistole geschossen: »In die neunte Etage.«

Jetzt stand in der Tat allen Anwesenden die Verblüffung ins Gesicht geschrieben. Vor allem Kommissar Mertens stutzte, denn in der Neunten lag sein Dienstzimmer. Dennoch bemühten sich alle um Fassung und man stieg gemeinsam in den Fahrstuhl nach oben.

Im Zielstockwerk angelangt, wies Reichenbach den Herrschaften tatsächlich den Weg zu Mertens Büro. Dort herrschte etwas Chaos. Neben dem obligatorischen Schreibtisch und übervollen Aktenregalen standen noch diverse Beweismittel im Raum, die bei den Durchsuchungen der Wirkungsstätten von Familie D. beschlagnahmt worden waren und auf die polizeiliche Untersuchung warteten. Darunter – besonders klobig und auffällig – die leeren Gasflaschen, mit denen man vermeintlich meinen Verschlag geheizt hatte. Auf diese zeigte Reichenbach nun triumphierend: »Bitte sehr, meine Herren, in diesen Kartuschen befindet sich das Lösegeld.«

Danach war vielleicht was los in der neunten Etage. Der Oberstaatsanwalt schimpfte, Reichenbach könne nicht über die Herausgabe von Gegenständen verfügen, die bereits beschlagnahmt seien, Mertens rechtfertigte sich peinlich berührt, er hätte das Material wegen des Wochenendes noch nicht näher geprüft, Latz wetterte: »Das ist Betrug, werter Kollege« und Reichenbach wedelte mit seiner schriftlichen Belohnungszusage. Letztere schmetterte Latz in einem über mehrere Wochen andauernden juristischen Schriftverkehr mit der gegnerischen Seite ab, der am Ende dazu führte, dass das Hänschen den werten Kollegen seinerseits wegen arglistiger Täuschung verklagte. Zumal die Gasflaschen statt zwei Millionen nur 1 693 900 Mark enthielten.

Was für ein vermurkstes Erpressungsgesellenstück! Besonders originell finde ich allerdings, dass ausgerechnet der penible Spürhund Mertens tagelang auf dem Lösegeld hockte, ohne den geringsten Verdacht zu hegen. Aber immerhin behielt er recht mit seiner anfänglichen Einschätzung: Der Fall war drehbuchreif.

»DENK BLOSS NICHT, DASS DU JETZT WAS BESONDERES BIST!«

Wie ich vorzeitig erwachsen wurde und traurige Berühmtheit erlangte.

Die Eisenbahn, die nicht wollte

Der Jija ist ein Abenteurer
Keck und mutig wie Tom Sawyer
Die Eisenbahn wollt' er verkaufen
Es schien, als hätt' er sich verlaufen
In Wirklichkeit war's Kidnapping
Und in der Tat ein dickes Ding
Vom Rad herunter in die Kiste
Ging es auf die Räuberpiste
Und von den Gangstern gut bewacht
Wurd' er in den Wald gebracht
Drei Million' war das Gangster-Wort
Nach Zahlung kam er heim von dort
Was er vom Abenteuer mitgebracht
Ganz Deutschland hat sich totgelacht
Beim Pokern machte dieser Zocker

Sechs Scheinchen bei den Gangstern locker
Die Flöhe kriegt der Staatsanwalt
Doch das lässt unsern Jija kalt.
Er hat ja noch die Eisenbahn
Die arme, muss jetzt wirklich ran
Und die Moral von der Geschicht
Die Eisenbahn, die wollte nicht.
In Liebe Dein Papi

Als ich kürzlich beim Sichten meines Recherchematerials über diese Verse aus dem Mai '81 stolperte, hat es mich kalt erwischt. Ich gebe zu, ich hatte das Gedicht vergessen. Papi hatte es im Gefängnis geschrieben, nachdem die Entführer geschnappt worden waren, und mir in den Hahnwald geschickt. Wenn ich diese Zeilen heute lese, lösen sie widersprüchliche Gefühle bei mir aus. Es spricht viel Liebe aus ihnen, viel Humor und Wärme und Augenzwinkern, die mich in sehr anrührender Weise an meinen Vater erinnern.

Auf der anderen Seite kommt auch die Erinnerung an eine Empfindung wieder hoch, die ich damals häufig hatte und die ich nicht angenehm fand. Es waren ja nicht nur die Soko-Leute, die mich mit ihrer nach Beifall heischenden Frage, ob ich nicht mal in einem echten Polizeiauto zu Hause abgeholt werden wollte, auf eine Kinderrolle reduzierten, die meinem Selbstbild überhaupt nicht mehr entsprach. So was passierte auch im privaten Umfeld. Papis Gedicht passt ein bisschen zu diesem Missverständnis. Da werden im negativen Sinn einschneidende Erfahrungen zum großen Abenteuer erklärt und Überlebensstrategien zu Heldentaten stilisiert, was meiner Wahrnehmung immer entgegenstand.

Außerdem ist da wieder das schiefe Bild des kecken Jungen, an dem die Erfahrungen auf der »Räuberpiste« mehr oder weniger spurlos vorübergegangen sind, weil er sich sowieso nur fürs Zocken und seine Eisenbahn interessiert. Ich glaube nicht, dass es hilfreich ist, Kinder aufgrund ihres Alters oder ihres äußeren Anscheins in solch eindimensionale Muster zu pressen. Kinder sind Menschen. Jedes ist anders. Man sollte sie ernst nehmen und ihnen zuhören. Eine solche differenziertere Betrachtungsweise hätte ich mir damals gewünscht. Dann hätte vielleicht der eine oder andere verstanden, dass ich mich nicht mehr wie ein kleiner Junge fühlte.

Hinzu kam, dass ich nicht als das arme entführte Kind gesehen werden wollte, das bemitleidet werden und wegen seines schweren Schicksals eine Sonderbehandlung erfahren musste. Deshalb gab ich mich fröhlich, kooperativ und unangreifbar. Darin war durchaus noch – ähnlich wie in Papis Gedicht – eine ganze Menge »Schnucki macht das schon«-Attitüde enthalten. Doch – was wohl kaum jemand außer mir mitbekam –: Den Schnucki gab es nicht mehr. Er war in der Kiste geblieben. In dieser Deutlichkeit konnte ich das damals aber weder erfassen noch artikulieren. So klaffte zwischen Außenbetrachtung und Selbstsicht beziehungsweise Erwartungshaltungen und eigenem Erleben fortan häufig ein tiefer Graben.

Ein Ausdruck des Post-Schnucki-Zeitalters war, dass ich nach der Entführung nur noch erwachsene Freunde hatte – so kam es mir zumindest vor. Da mein bester Kumpel Dirk ausgerechnet in dieser Zeit aufs Internat kam und nicht mehr als Spielkamerad zur Verfügung stand, ergab es sich irgendwie von selbst, dass ich stattdessen mit Günni und seinem Bekanntenkreis herumzog. Da waren zwar alle schon zwischen zwanzig und dreißig, also mindestens zehn Jahre älter als ich, aber der Altersunterschied spielte keine Rolle. In dieser Clique fühlte ich mich weder als kleiner Junge noch als entführtes Kind missverstanden und auch nicht als lästiges minderjähriges Anhängsel. Ich gehörte ganz selbstverständlich dazu und die Frage, »Wer holt den Johannes ab?«, war fester Bestandteil der Planung jeder Unternehmung. Im Sommer nach der Entführung fuhren wir raus aufs Land, besuchten Freunde in ihren Häusern, hörten viel Musik und am Wochenende kamen zu den Tagesausflügen gelegentlich Trips in die Nacht dazu. Die konnten dann auch mal richtig ausufernd werden.

Legendär war ein kleiner Ausflug in die Stadt. Es war Samstag und unsere Tour begann am Nachmittag harmlos im Climt in der Pfeilstraße. Der Laden war damals einer der Meetingpoints des Viertels. Hier kamen Studenten, Künstler, DJs, Selbstdarsteller und Leute aus der Modeszene zusammen; es war immer ein bisschen freakig, aber trotzdem kultiviert und nicht zuletzt entfaltete sich dort das Lebensgefühl der Achtziger in all seinem Trash und seiner Verrücktheit. Ich war schon früher gelegentlich mit meinen Eltern im Climt gewesen, doch mit Günni wurde ich zum Inventar. Die Barkeeper kannten mich, die Stammgäste ebenfalls und wenn wir ankamen, stand die Cola, die ich zu Hause nicht trinken durfte, schon auf dem Tresen, bevor ich sie überhaupt hatte bestellen können.

So nahm der Samstagsausflug allmählich Fahrt auf. Erst waren wir noch zu zweit, aber weil sich immer mehr Bekannte zu uns gesellten, wurde daraus schon bald eine größere Gruppe. Dann bekam irgendwer Hunger und wir gingen weiter ins Nana's, ein Restaurant, in dem die Kellner alle Gäste nur »Liebelein« oder »Schatzi« nannten und auch das Essen mit entsprechend viel Herz zubereitet und serviert wurde. Danach zogen wir im Pulk auf einen Digestif ins Il Bagutta und schließlich um ein Uhr nachts ins Déjà Vu, den Vorgänger des Monopol am Rudolfplatz und damals heißesten Club Kölns.

Ich erinnere mich noch, dass mir vorm Eingang irgendwer einen Trenchcoat und eine Sonnenbrille lieh und ich unter großem Gelächter als geheimnisvoller Partyzwerg an den Türstehern vorbeigeschleust wurde. Heute leuchtet mir nicht mehr wirklich ein, warum wir solche Pseudo-Tarnmanöver machten. Wir kannten die Clubbesitzer und die Türsteher doch sowieso persönlich, also war mein Alter eigentlich unerheblich, denn sie hätten mich in jedem Fall durchgelassen. Aber wahrscheinlich war die Verkleidung dem Humor unserer Clique geschuldet.

Also rein ins Déjà Vu, rauf auf den Tresen, Trockeneisdüse marsch und abheben in den Synthienebel mit »Love Will Tear Us Apart« von Joy Division, »Fade to Grey« von Visage oder dem unschlagbaren Sting-Feature-Track »Why Don't You Answer« von Eberhard Schoener. So ging es bis fünf Uhr morgens. Danach waren wir zu müde, um noch die sieben Kilometer bis zu Günnis Wohnung auf uns zu nehmen, also schwankten wir ausgepowert, aber glücklich zu einer Freundin, die nebenan vom Déjà Vu wohnte. Dort wachten wir am Sonntagmittag alle etwas verdattert auf und bekamen erst mal einen Schreck, weil wir im Flow unserer Kneipentour völlig vergessen hatten, Mami Bescheid zu sagen. Was aber kein Problem war, denn Mami war sowieso davon ausgegangen, dass ich bei Günni in der Pferdmengesstraße in Marienburg übernachten würde. Wir ließen sie einfach mal in dem Glauben. Sie konnte keine unnötige Aufregung gebrauchen. Während meiner Gefangenschaft hatte auch sie ihre Belastbarkeitsgrenze deutlich überschritten. Zum Zeitpunkt meiner Rückkehr waren ihre Ressourcen gänzlich aufgebraucht. Zwei, drei Monate lebte sie sehr zurückgezogen, holte Schlaf nach, machte ein bisschen Yoga, legte sich die Tarotkarten. Dankenswerterweise war ihre Schwester Mäggie in dieser Zeit viel bei uns. Sie hielt Haus und Garten in Schuss und unterstützte Mami in organisatorischen Angelegenheiten. Doch irgendwann an einem herrlichen Sommertag schallte auf einmal »I Never Knew Love Like This Before« von Stephanie Mills durchs ganze Haus. Mami hatte ihre Lieblingsplatte aufgelegt. Von diesem Moment an wusste ich, sie war wieder da.

Mein persönlicher Alltag nach der Entführung hatte derweil noch ein paar weitere Besonderheiten. Sie waren einerseits ziemlich ungewöhnlich, aber in Anbetracht der Zeit durchaus folgerichtig. Schließlich hatten wir noch die Ära, bevor Realityformate in den Privatsendern ganz normale Personen zu Prominenten machten und das Internet und soziale Medien permanent Identifikationsmodelle aus aller Welt in die Wahrnehmung der Leute spülten. Informationen wurden vor allem über Zeitungen, Magazine und öffentlich-rechtliches Fernsehen transportiert. Wer einmal dort vorkam, war in gewisser Weise schon ein Promi. Wer mehrfach dort vorkam, sowieso. Es ist nicht schwer, zu schlussfolgern, was das in meinem Fall bedeutete, auch wenn es albern klingt: Die intensive Berichterstattung über die Entführung verhalf mir zu dem, was ich heute immer als »traurige Berühmtheit« bezeichne.

Andreas und ich hatten die damalige Wirkungsmacht der Zeitungen schon vor der Entführung in Ansätzen zu spüren bekommen. Auch in dieser Zeit waren wir schon ab und zu bewundernd auf Fotomeldungen angesprochen worden, die uns an der Seite von Papi bei Partys oder Eishockeyspielen zeigten. Aber diese Reaktionen waren nichts gegen das, was ab dem Frühjahr '81 passierte. Da *Bild*, *Stadt-Anzeiger*, *Express* und Co. mit ihren Fotostorys, Interviews und wohlmeinenden Schlagzeilen wie »Elf Jahre und so selbstsicher« die Entführungsgeschichte über Wochen ausschlachteten, wurde unweigerlich ein gewisser Kult um meine Person aufgebaut.

Und das hatte Folgen. Mädchen lagerten plötzlich gruppenweise vor unserem Gartentor, riefen meinen Namen, brachten Geschenke und schmissen Teddybären über den Gartenzaun, und diejenigen, die nicht persönlich vorbeikommen konnten, schrieben Briefe. Die Flut an Zuschriften führte dazu, dass der Briefträger die »Fanpost«, die an die Zeitungsredaktionen geschickt worden war, ohne Übertreibung wäschekörbeweise in den Hahnwald brachte.

Wirklich erfassen konnte ich das damals nicht, dafür war es viel zu viel. Und da ich zum Antworten zu schreibfaul war, sammelte ich die ganzen Briefe nur und packte sie in eine Kiste, von der ich heute leider nicht mehr weiß, was mit ihr passiert ist. Eigentlich bedauerlich. Heute gehe ich mit so etwas umsichtiger um, aber ich bin natürlich auch vierzig Jahre älter und die Zeiten haben sich geändert. Inzwischen kommen die meisten Zuschriften übers Internet. Es hat nie völlig aufgehört, aber die Nachrichten haben stetig an Ernsthaftigkeit und Tiefe gewonnen.

Nach den Premieren des *Entführt – 14 Tage Überleben*-Spielfilms und der Dokuserie *Lebenslänglich Erlemann* im Herbst 2023 fühlte es sich zwischenzeitlich ein bisschen an wie eine digitale Version der damaligen Flut von Briefen. Mich erreichten so viele, teilweise sehr persönliche Kommentare und Dankesschreiben, dass ich davon völlig überrollt wurde. Gerne würde ich allen Leuten antworten, die mir ihre Zeit und Aufmerksamkeit schenken und ihre eigenen Schicksale mit mir teilen, aber das werde ich vermutlich nie ganz schaffen. Das ändert aber nichts daran, dass mich die Anteilnahme unheimlich berührt und bestätigt. Lässt sie mich doch spüren, dass das, was ich mit alledem bezwecke, auch tatsächlich eintritt: dass ich Menschen mit meiner Geschichte Mut mache. Um nichts anderes geht es hier schließlich.

Aber drehen wir die Uhr noch mal zurück: Nachdem die Täter gefasst, die Phase der Rekonstruktionen vorbei und das Lösegeld zu gut zwei Dritteln wiederaufgetaucht war – mehr kam bis heute nicht zurück –, beruhigte sich die Lage etwas. Der Sommer mit Günni und der Clique begann und brachte die überfälligen Momente mit sich, in denen ich endlich wieder ein bisschen zu mir selbst kam.

Dann endeten die großen Ferien. Das hieß, die Schonfrist war vorbei und ich musste zurück in die Schule. Dazu hatte ich nicht gerade Lust, aber ich hatte auch kein Problem damit. Ein Problem wurde es erst, als ich die seltsame Stimmung spürte, die mir auf einmal im Klassenraum und auf dem Pausenhof entgegenschlug. Zwar sprach mich eigentlich niemand direkt auf die Entführung an – von ein paar feindseligen »Denk bloß nicht, dass du deswegen jetzt was Besonderes bist«-Kommentaren abgesehen –, aber es hing eine erdrückende Sprachlosigkeit in der Luft, die viel schwerer zu ertragen war als konkrete Fragen.

Ständig fühlte ich mich von verstohlenen Blicken verfolgt, aus denen mal Hemmungen, mal Neid, mal Missgunst und mal Bewunderung zu sprechen schienen. Da ich nicht wusste, wie ich all das auffangen sollte, wurde Schule mir zunehmend unangenehm. Das machte die Sache natürlich nicht besser – und dass im September 1981 die Gerichtsverhandlung gegen die Entführer anstand und das große Mediengewitter aufs Neue lospolterte, ebenso wenig.

»JOHANNES! HAST DU EINEN DIESER MÄNNER GESEHEN?«

Wie mein Tag vor Gericht mich fix und fertig machte und der Prozess mit dem Urteil »29 Jahre Gefängnis« endete.

Am 22. September 1981 war es so weit: Der Prozess, auf den die halbe Stadt gewartet hatte, wurde im Saal 201 des Kölner Landgerichts an der Luxemburger Straße vor der Zweiten Großen Strafkammer eröffnet. Angeklagt waren vier Männer und nicht nur drei. Die Versuche von Dieter D., seinem Bruder Werner ein Verfahren zu ersparen, waren an der Tatsache gescheitert, dass dieser bei näherem Hinsehen dann doch eine nicht unwesentliche Rolle bei der Entführung gespielt hatte. Anders als zum Beispiel D.s Gattin Iris war Werner von Anfang an in den Plan eingeweiht gewesen, er hatte beim Anfertigen der Tonbänder und Erpresserschreiben mitgewirkt sowie diverse Botengänge für das kriminelle Unternehmen übernommen.

So saßen sie zu viert auf der Anklagebank: die Brüder Dieter, Horst und Werner und ihr Kollege Karl-Heinz. Die Anklageschrift lautete auf Erpresserischen Menschenraub, Kindesentzug in einem besonders schweren Fall und räuberische Erpressung. Das Höchststrafmaß für diese Vergehen waren fünfzehn Jahre

Knast. Ich hätte es, ohne mit der Wimper zu zucken, verhängt. Aber gut, ich war ja auch der Hauptgeschädigte.

Deshalb durfte ich an den ersten beiden Prozesstagen auch nicht dabei sein, da meine Zeugenaussage noch bevorstand. Nicht dass ich Wert darauf gelegt hätte, mir die Verhandlung anzugucken; mir reichte es völlig, dass ich für den 28. September 1981 als Zeuge vorgeladen war. Was das bedeutete, war mir im Vorfeld überhaupt nicht klar. Denn da mich mal wieder niemand darüber aufklärte, wie so ein Gerichtsprozess abläuft, hatte ich nicht mal im Ansatz eine Ahnung davon, was mich im Landgericht für ein Tohuwabohu erwarten würde.

Mit dem heutigen Abstand muss ich sagen, dass die Berichterstattung über das Gerichtsverfahren ziemlich bemerkenswert war. Von der *FAZ* über *Die Welt* bis zur *Süddeutschen* waren alle gekommen, um ihren Lesern aus erster Hand berichten zu können, wie der Prozess über jenes Verbrechen verlief, das die höchste Lösegeldsumme zutage gefördert hatte, die in Deutschland je nach einer Kindesentführung gezahlt worden war. Der Einsatz sollte sich lohnen. Es war ein Gerichtsdrama in fünf Prozesstagen, das wirklich alles bot, was eine saftige Story braucht: Kalauer, Tränen, Platzverweise, Geschrei, Störungen, Pannen, Herzschmerz und nicht zuletzt ein Ergebnis, über das sich aus meiner Sicht noch heute trefflich streiten lässt. Aber von Anfang an.

Prozesstag 1: Dienstag, 22. September 1981

Zu Beginn wurden alle auf die Folter gespannt. Der Saal war bis auf den letzten Platz besetzt mit aufgeregten Zuschauern und Presseleuten, aber die Eröffnung der Verhandlung zögerte sich immer mehr hinaus, weil sich ein Beisitzer des Gerichts wegen eines Unwetters im Bergischen Land um eine Stunde verspätete. Bei seiner Ankunft war die Stimmung dementsprechend aufgeladen. Die Menge wollte endlich was erleben. Sie wurde nicht enttäuscht.

Als es schließlich losgehen sollte, wurde erst mal eine Zuschauerin des Saales verwiesen. Allerdings nicht irgendeine, sondern Mami. Sie hatte einen Platz in der letzten Reihe ergattert, um sich anzuhören, was die dreisten Herren, die ihr erst den Sohn geklaut, dann einen Millionenbetrag genommen und dann auch noch eine Belohnung abgefordert hatten, vor Gericht zum Besten gaben. Doch der Richter machte ihr einen Strich durch die Rechnung. »Ist da Frau Erlemann?«, rief er mahnend in Richtung Zuschauerbänke, um Frau Erlemann anschließend mit der Weisung nach draußen zu schicken, dass sie nicht dazu befugt sei, der Verhandlung beizuwohnen. Denn auch sie war für den 28. September als Zeugin geladen.

Aber es war ohnehin mehr oder weniger egal, ob man dabei war oder nicht. Am nächsten Tag erfuhren sowieso alle aus der Presse, was sich hier abspielte. Die Täter nutzten den Prozessauftakt ausgiebig, um dem Gericht mit viel Hang zum Melodrama ihre Werdegänge und ihre Tatmotive zu unterbreiten. Allein Dieter D. nahm sich volle zwei Stunden Zeit, um zu erklären, dass er nach der Pleite seiner Firma »in einer völlig hoffnungslosen Situation« gewesen sei, »nichts mehr zu beißen« gehabt habe und sich nur aus diesem Grund auf »Plan B« – wie die Entführung im Kreis des Täterquartetts bezeichnet wurde – eingeschossen habe.

Nebenbei kamen weitere kuriose Interna zur Sprache. Zum Beispiel, dass für die Umsetzung des Verbrechens extra ein Kredit in Höhe von 10 000 Mark aufgenommen worden war, den ein Bekannter hatte beantragen müssen, weil D. selbst bei der Bank kein Geld mehr bekam. Oder dass das Kennwort »V. a. T.« aus den Erpresserschreiben für »Verein armer Teufel« stand.

Vor allem aber wurde an diesem ersten Prozesstag immer wieder die hanebüchene Behauptung aufgestellt, ich sei ein Zufallsopfer gewesen, was die Presse dann auch noch ungefiltert weiterverbreitete. So schrieb die *Münchner Abendzeitung*: »Der einzige Zufall im Ablauf der Entführung war, daß es die Erlemanns traf. Der Kidnapper-Clan hatte zwar intensiv mit einigen Streitereien und Saufereien die Entführung organisiert, sich aber nie Gedanken gemacht, welchen Prominenten man nun eigentlich entführen solle. Nur der Tatort stand fest: Man ging einfach davon aus, daß im Kölner Prominenten-Viertel Hahnwald jedes Opfer fette Beute bringen werde.«

Bei einem minutiös geplanten Unternehmen wie diesem sollte einfach ein x-beliebiges Kind aus einem wohlhabenden Wohnviertel geschnappt werden? Was für eine Farce! Kein Wunder, dass *Die Welt* in ihrem Artikel über die Verhandlung vom »rheinischen Komödienstadl« sprach und sich der *Stadt-Anzeiger* an eine »beinahe karnevalistische Veranstaltung« erinnert fühlte.

Diese Beurteilungen bezogen sich allerdings auf die trockenen Kommentare des Obersten Vorsitzenden, der erst für Amüsement im Saal sorgte, weil er passenderweise auf den Familiennamen Richter hörte, und dann einen ironischen Seitenhieb nach dem anderen raushaute. So beantwortete er die Dechiffrierung des Kürzels V. a. T. mit »Dann müssten Sie sich jetzt wohl eigentlich V. ä. T. nennen – Verein noch ärmerer Teufel« und als einer der Angeklagten erzählte, er hätte früher Polizist werden wollen, konterte der Vorsitzende: »Nun sind Sie ja doch noch zur Polizei gekommen. Aber leider nicht auf dem Weg, den Sie sich vorgestellt hatten.«

Prozesstag 2: Donnerstag, 24. September 1981

Wieder war der Saal restlos überfüllt und wieder gehörte die Bühne den Entführern. Nur die Stimmung war nicht mehr ganz so ausgelassen wie am Dienstag. Zunächst ging es um die Durchführung der Tat, wobei offenbar ein ziemlich gediegenes Bild meiner Gefangenschaft gezeichnet wurde. So hieß es laut *Abendzeitung*, all meinen »Sonderwünschen« sei entsprochen worden, ich hätte mit der Taschenlampe »36 Batterien verbraucht« und man habe extra mit mir gepokert, »damit er sich über was freuen konnte«. Klingt ein bisschen nach Wohlfühlprogramm. Dazu würden mir eine Menge ironischer Seitenhiebe einfallen, aber lassen wir das.

Weiterhin wurde geklärt, was es mit dem verräterischen Wurfanker auf sich hatte, der wesentlich zur Aufklärung des Falles beigetragen hatte. Er war tatsächlich als Hilfsmittel für den Lösegeldtransport mit in den Dünnwalder Forst genommen worden, allerdings nicht, wie die Soko Erlemann unter Vorbehalt vermutet hatte, um die Geldtaschen abzuseilen, sondern um am Ende der Schlauchbootfahrt ausgeworfen zu werden und das Boot an der Ausstiegsstelle am Abtreiben zu hindern. Während des Zusammenbauens der Kiste hatten die Entführer ihn auf dem Waldboden abgelegt und anschließend vergessen – das war neben der Wahl des Toyota HiAce als Tatfahrzeug im Prinzip der einzige folgenschwere Fehler in ihrem ansonsten bombensicheren Plan.

Das Hauptgesprächsthema dieses Prozesstages war allerdings, dass Karl-Heinz auf einmal querschoss und sich gegen das Brüdertrio stellte. Er behauptete, er sei bei der Sache nur eingestiegen, um sicherzugehen, dass mir nichts angetan wird, weil mein Aufpasser zuvor auf die Frage, was zu tun sei, wenn ich rumgeschrien hätte, geantwortet habe: »Dann schlag ich ihn K. o.«

Außerdem würden die Brüder die Rolle von Werner bei der Umsetzung der Entführung unangemessen herunterspielen, denn er sei bei Plan B nicht weniger als eine Art »technischer Berater« gewesen.

Was genau Karl-Heinz mit dem Frontalangriff bezweckte, blieb unklar, und auch seine Aussage, das Geld sei ihm völlig gleichgültig gewesen, war nicht recht plausibel, weil er andererseits zugab, in den sechs Wochen zwischen Lösegeldübergabe und Verhaftung nicht weniger als 60 000 Mark seines Anteils in Nachtclubs auf den Kopf gehauen zu haben. So oder so war das Fazit des *Stadt-Anzeigers* nach diesem Prozesstag: »Im ›Verein armer Teufel‹ kriselt es.«

Prozesstag 3: Montag, 28. September 1981

Da war er dann also: der Tag, von dem ich zunächst nicht ahnte, welcher Kraftakt er werden würde. Am Morgen musste meine Mutter vor den Richter, am späten Vormittag war ich dran. Mir wäre es lieb gewesen, wenn Mami mich in den Saal begleitet hätte, aber das wurde nicht gestattet. Obwohl es jetzt, wo sie ihren Part erledigt hatte, eigentlich keinen Grund mehr gab, sie davon abzuhalten, im Zuschauerraum Platz zu nehmen und mir zumindest aus der Ferne beizustehen, wurde sie strengstens ermahnt, sie müsse draußen bleiben, während ich aussagte.

Also war ich wieder mal allein, als ich die Höhle des Löwen betrat: einen großen Raum, in dem vorne der Richter thronte, mich von hinten neugierige Massen fremder Menschen anstarrten, links ein Riesendurcheinander aus Kameras, Fotografen und Journalisten herrschte und gegenüber an der rechten Seite auf der Anklagebank das Viergestirn meiner größten Ängste Platz genommen hatte: die Entführer. Ich wagte nicht, zu ihnen hinzusehen, als ich wie ferngesteuert in die Mitte des Raumes ging, um mich in den Stuhl zu setzen, der als Zeugenstand diente. Er war riesig und verstärkte das Gefühl des Ausgeliefertseins, das ohnehin jede Faser meines Körpers erfasst hatte, zusätzlich.

Der Richter merkte offenbar, wie mir zumute war, und sagte ein paar bedächtige Worte, um mich zu beruhigen: Ich müsse keine Angst haben, hier im Gericht sei ich sicher, man werde schon auf mich aufpassen. Danach durfte ich mal wieder erzählen, wie ich vom Fahrrad gerissen worden war, mich bewusstlos gestellt hatte und in den Verschlag kam, was ich dort getan, gedacht, gefühlt und zu essen bekommen hatte. Am Ende lief das ganze Gerede aber eigentlich nur auf den einen Moment hinaus, von dem ich zwar ahnte, dass er kommen musste, aber irgendwie trotzdem hoffte, davon verschont zu bleiben.

»Und jetzt sieh mal nach rechts rüber, Johannes«, sagte der Richter. »Und sage mir: Hast du einen dieser Männer gesehen?«

Das war der Kern der Sache. Nur darum ging es hier: dass ich im Gerichtssaal den Mann identifizierte, von dem ich das Phantombild hatte zeichnen lassen.

Für mich war dieser Augenblick der nächste große Einbruch nach dem »Wir glauben dir kein Wort«-Absturz mit Mertens. Allerdings war er viel heftiger. Auf einmal fühlte ich mich wie gelähmt. Konnte nichts sagen. Den Kopf nicht drehen. Ich vergaß sogar zu atmen. Ich erinnere mich noch genau, wie es immer stiller wurde im Raum. Vorher war die ganze Zeit ein leises Raunen von den Zuhörerbänken ausgegangen, aber jetzt … Nichts mehr.

Auch diese Situation hatte ich mir schon lange, bevor wir den Spielfilm drehten, szenisch vorgestellt: Die Kamera fährt immer näher an mein Gesicht heran, man kann eine Stecknadel fallen hören und mitten in dieses beunruhigende, erdrückende Schweigen poltert die Stimme des Richters: »Ich frage dich noch einmal, Johannes. Hast du diesen Mann gesehen?«

In meinem Innern brach jetzt alles über mich herein: der Augenblick, als bei meinem Aufpasser die Maske fiel, die furchtbaren Todesdrohungen danach, der erste Schreck, als ich mich bei Prof. Undeutsch darüber verplappert hatte, der Widerwille bei den Beschreibungen für das Phantombild … Die Ängste der letzten Tage, Wochen und Monate wurden übergroß, während ich in meinem Stuhl immer kleiner wurde.

»Hast du einen dieser Männer gesehen, Johannes?«

Da schaute ich doch rüber. Dem Mann mit den Locken direkt in die Augen. Er sah zurück. Ohne jegliche Mimik und Gestik im Gesicht. Wie erstarrt.

In dem Moment fing ich an zu weinen, streckte die Hand aus, zeigte mit dem Finger auf ihn und rief: »Ja. Ja. Ja. Den da hab ich gesehen. Das ist der Mann. Ja.«

Danach ging einerseits gar nichts mehr und andererseits kullerten die Worte nur so aus mir heraus. Ich beschrieb, wie mich der Aufpasser an die Wand des Verschlags gedrückt und mir gedroht hatte, mich zu jagen, zu erschießen oder an die Wand zu nageln; erzählte von seiner Ankündigung, meine Familie auszuschalten; bekannte meine Angst. Mann, war diese Situation niederschmetternd. Nach einer Stunde Anhörung kroch ich völlig erschöpft aus dem Gerichtssaal. Jetzt wusste ich, was so ein Prozess für einen Hauptzeugen werden kann: ein absoluter Albtraum.

Prozesstag 4: Mittwoch, 30. September 1981

Endspurtstimmung in Saal 201. In der vorletzten Verhandlungsrunde hatte Mertens seinen großen Auftritt, den er genüsslich genutzt haben soll, um die kriminalistischen Meisterleistungen seiner Soko ins beste Licht zu rücken und zu betonen, dass er »vom ersten Tag an« den Ernst der Lage erfasst und ihm technisch, personell und strukturell Rechnung getragen habe.

Außerdem wurde Dieter D., der am ersten Prozesstag noch betont hatte, er sei »ein bescheidener Mensch«, vom Oberstaatsanwalt in die Zange genommen und mit seinen Versuchen konfrontiert, selbst vom Gefängnis aus noch Profit aus der Entführung zu schlagen – sei es mit der Erpressung der Belohnung für die Lösegeldpreisgabe oder mit einer Kolumne namens »Die Kidnapper von Köln«, für die er der *Bild-Zeitung* freimütig Auskunft über seinen genialen Entführungsplan und dessen Durchführung gegeben hatte. Zweiteres sei doch mit Sicherheit nicht unentgeltlich, dafür aber offenbar »unter Umgehung der staatsanwaltlichen Briefkontrolle« geschehen, stichelte die Anklage. Daraufhin wurde der sonst so redselige Kopf der Entführerbande sehr einsilbig und antwortete für den Rest des Tages nur noch mit: »Dazu möchte ich nichts sagen.« Ich selbst hörte und sah mir das alles nicht mehr mit an. Ich brauchte das nicht. Der Montag hatte mir gereicht.

Prozesstag 5: Freitag, 2. Oktober 1981
Die Schlussplädoyers wurden gehalten. Die Anklage sprach von einem »Verbrechen, das tiefste Verachtung verdiente«, einer »maßlosen Geldgier« und »niederträchtigen Isolationsfolter«. Daraus leitete sie die Forderung eines Strafmaßes von vierzehn Jahren Haft für Dieter D., jeweils zwölf für seine beiden Hauptkomplizen sowie neun für den »technischen Berater« ab. Die Verteidigung konterte mau: »Bei aller Abscheulichkeit hat diese Tat auch positive menschliche Aspekte bei den Tätern«, und verwies auf deren Reue und Gewaltlosigkeit. Außerdem betonte sie noch mal, dass die Entführer ja nicht gezielt mich hatten entführen wollen, sondern irgendeinen Jungen aus dem Hahnwald.

Die Zufallsopferthese macht mich heute noch sprachlos. Abgesehen davon, dass ich sie natürlich nicht glaube, weil ich die

Gespräche in der Kiste nun mal selbst miterlebt habe, sehe ich schlicht und ergreifend nicht, was sie ändert. Wo liegt der Unterschied, ob ein Kind nun gezielt oder zufällig zwei Wochen unter der Erde angekettet wird? Die Folter bleibt doch die gleiche. Dennoch zog das Argument. Während die *Bild* mit der Schlagzeile »Erlemann-Entführer: 29 Jahre Gefängnis« wohl ein besonders hartes Urteil suggerieren wollte, war die Wahrheit, dass die Einzelstrafen, aus denen sich die 29 summierte, vergleichsweise mild ausfielen. Dieter wurden zehn, Horst und Karl-Heinz jeweils acht und Werner die Mindeststrafe von drei Jahren Haft aufgebrummt.

Der Hammer fiel und die Akte wurde zugeklappt. Danach verschwand sie im Landesarchiv. Beziehungsweise im Nirwana. Heute ist sie, wie bereits erwähnt, unauffindbar. Für Polizei, Justiz und Medien war der Entführungsfall Johannes Erlemann damit jedenfalls abgeschlossen. Aber für mich noch lange nicht.

»DAS LEBEN GEHT WEITER.«

Wie ich dem Hexenkessel Köln entkam und mich zwei neue Schicksalsschläge meine Albträume vergessen ließen.

Es gab einige Nachwirkungen der Entführung, an die ich mich mit der Zeit gewöhnte. Die Narben, die die Handschellen an meinen Handgelenken hinterlassen haben, sieht man heute zum Beispiel immer noch. Auch die Lichtempfindlichkeit meiner Augen, die Mami am Abend meiner Rückkehr dazu bewegt hatte, die Lampen zu löschen und Kerzen anzumachen, ist geblieben. So was kann ich handeln. Ich trage halt ein bisschen häufiger Sonnenbrille als gemeinhin üblich. Mein Verhältnis zur Nacht und zur Dunkelheit empfinde ich ansonsten als relativ gesund. Ich liebe die Stille der Nacht. Sie gibt mir eine Ruhe und Gelassenheit, durch die ich mich viel besser fokussieren kann als am Tag. Totale Finsternis und tiefschwarze Schlafzimmer sind allerdings immer noch nicht mein Schönstes. Wenn ich nachts wach werde, habe ich gern irgendwo ein Licht zur Orientierung. Lange durfte ich beim Schlafen keine Tür im Rücken haben. Sonst kamen die Albträume.

Sie waren eine Zeitlang das große Schreckszenario der Nacht – Träume, in denen sich die verbalen Drohungen, die mir mein Aufpasser entgegengeschleudert hatte, in blutrünstige Visionen von

Kämpfen und Angriffen verwandelten. Ziemlich beängstigend. Zumal diese Träume wie Treibsand waren. Sie zogen mich in eine Zwischenwelt hinein, von der ich manchmal fürchtete, ich würde nicht mehr aus ihr herausfinden. Dann war ich halb wach, halb am Schlafen, nahm die Hälfte der realen Welt wahr, aber kam einfach nicht aus dem Traum heraus, sondern musste mich im wahrsten Sinne des Wortes aus ihm herauskämpfen. Wenn ich das geschafft hatte, schüttelte ich mich, stand auf, drehte eine Runde oder machte sonst was. Wenn ich mich dann aber wieder hinlegte, ging der Traum manchmal an der gleichen Stelle weiter, an der er vorher unterbrochen worden war.

Ich konnte das nicht verhindern. Es erinnerte mich daran, dass das Eindrücklichste, das die Entführer bei mir hinterlassen hatten, diese massiven Drohungen waren. Darüber habe ich mir wohl so lange und so ernsthaft einen Kopf gemacht, dass die Bilder, die sie mir ins Hirn pflanzten, eine Eigendynamik entwickelten. Es ist noch gar nicht lange her, dass ich es schaffte, das Thema Albträume abzuschütteln. Das war ein Ergebnis meiner späten multimedialen Aufarbeitung der Entführung, darauf komme ich später noch einmal zurück. Doch davor lagen Jahrzehnte der allmählichen Bewusstwerdung.

Als die Ermittlungen und der Prozess vorbei waren, ging einerseits alles weiter wie zuvor und andererseits alles immer mehr den Bach runter. Damals hatte ich noch keine Albträume und ich hatte auch keinen Redebedarf. Viele Abgründe der Entführungserfahrung wurden mir eigentlich erst richtig bewusst, als ich siebzehn oder achtzehn wurde. Da erschütterte es mich auf einmal bei vielen Dingen, die ich bis dahin für gegeben hingenommen hatte.

Davor beeinträchtigten mich die Folgen der Entführung in

erster Linie dahingehend, dass ich selten das Gefühl hatte, mich irgendwo aufhalten zu können, ohne mich rechtfertigen oder erklären zu müssen. Irgendwie spürte ich überall diese komische Verdrucksheit der Leute, die mich ahnen ließ, dass sie in mir eben doch in erster Linie das sahen, als was ich nicht gesehen werden wollte: das entführte Kind. Das war zumindest in Köln so, wo damals gefühlt jeder von der Entführung wusste und ein paarmal meinen Namen gehört oder gelesen hatte. Wenn wir dagegen nach Kühtai fuhren, was wir auch jetzt noch regelmäßig taten, entspannte sich die Lage. Ich brauchte knapp zwei Jahre, um meine eigenen Schlüsse daraus zu ziehen: dass ich wegmusste aus meiner Heimatstadt und dem Beispiel meines besten Freundes Dirk folgen würde, der aufs Internat abgehauen war.

Ich tat mich schwer mit dieser Entscheidung. Denn auch wenn mir klar war, dass vieles nicht rundlief, fiel es mir nicht leicht, meine Familie und mein gewohntes Umfeld hinter mir zu lassen. Gleichzeitig spürte ich aber auch immer deutlicher, dass der Spießrutenlauf der ständigen indirekten Beobachtung mich zermürbte und daran hinderte, zu mir selbst zu kommen.

Wir schauten uns einige Internate an. Schloss Salem, Spiekeroog und Burg Nordeck bei Marburg. Letztere wurde dann vier Jahre lang mein Zufluchtsort. Es war ein sehr exklusives Internat mit nur fünf Kindern pro Klasse, von denen die meisten aus reichen Industriellen- und Adeligenfamilien stammten. Aber blaues Blut und große Namen spielten dort keine Rolle. Auf dieser Schule wurden alle Kinder nur beim Vornamen genannt. Dadurch waren wir alle gleich und niemand wurde aufgrund der Geschichten, die er mit sich herumtrug, bevorzugt oder benachteiligt. Hier konnte ich im wörtlichen Sinn einfach nur Johannes sein.

In vielerlei Hinsicht kommen mir meine acht Semester auf dem Internat wie eine Insel der Ruhe vor. Nach drei Jahren im Rampenlicht waren sie, als hätte man mich aus dem Lichtkegel herausgerückt. Ein ambivalenter Zustand, denn offenbar setzte die neue Entspannung auch neue Dämonen frei. Das passte zu der alten Gespensterburg Nordeck, die mit ihrem Bergfried und den spitzen Gaubenfenstern auf einer kleinen Anhöhe über der hessischen Provinz thronte und deren Felder und Wälder überragte. Die Internatszeit war jedenfalls die Phase meines Lebens, in der es mit den Albträumen losging.

Anfangs habe ich mich total gewundert, woher die blutrünstigen Szenarien auf einmal kamen. Träume von Gestalten, die mich jagten, mir mit Waffen entgegenrannten oder mir ein Messer in den Bauch rammten. Aber klar: Hetzjagd, Waffen, Messer – das waren alles Rachemaßnahmen, die mir mein Aufpasser angedroht hatte. Ich will damit aber nicht sagen, dass die Träume die Internatszeit dominiert hätten. Sie schlichen sich nur allmählich in meinen Schlaf und gaben mir nach dem Aufwachen kurz zu denken. Ansonsten trug der neue, eigenständige Alltag eher dazu bei, mein seelisches Gleichgewicht wieder in Balance zu bringen und mich die Schicksalsschläge der Vergangenheit vergessen zu lassen. Er hielt allerdings auch zwei neue für mich bereit.

Obwohl ich mit offenen Armen in diese Zeit der neuen Möglichkeiten hineinrauschte, habe ich sie nicht als klassische Coming-of-Age-Erfahrung in Erinnerung. Die typischen Teenagerinitiationen gab es für mich nicht. Ich empfand die berühmten ersten Male eher als Etappen einer Suche nach individuellen Werten. Sie ging nicht nur räumlich, sondern auch praktisch mit einer Abnabelung von meinen Eltern einher.

Anfangs erhoben sie an den Wochenenden alle beide Anspruch auf mich. Papi, der mittlerweile Freigänger war, hatte es von Darmstadt oder seiner Wohnung in Frankfurt sowieso nicht weit, aber auch Mami kam regelmäßig am Samstag oder Sonntag vorbei. Weil sie inzwischen offiziell getrennt waren, kabbelten sie sich immer nach dem Motto »Ich hol ihn ab« – »Nein, ich hol ihn ab«. Ich setzte diesen Diskussionen auf meine Weise ein Ende, indem ich eines Tages sagte: »Nächstes Wochenende muss mich keiner von euch beiden abholen. Da kommt Barbara.«

Barbara war eine meiner ersten Freundinnen. Sie war so ein bisschen die Brücke zwischen meiner Heimat und Burg Nordeck, denn ich kannte sie noch aus Köln. Dort hatte unsere Liebschaft ihren Anfang genommen, und von dort aus besuchte sie mich, wann immer es ging, damit wir das Wochenende oder die Ferien zusammen verbringen konnten.

Wir waren wohl ein bisschen das, was manche als »ungleiches Paar« bezeichnen würden, schließlich war ich gerade mal fünfzehn und sie schon einunddreißig. Aber warum hätten wir uns um das Urteil anderer scheren sollen, wo wir doch miteinander die ganze verheißungsvolle, irritierende und wilde Schönheit erforschen konnten, die echte Sturm-und-Drang-Phasen des Lebens ausmacht?

Mich selbst interessierten Altersgrenzen sowieso nicht. Auch unter der Woche verbrachte ich meine Freizeit auf Burg Nordeck zunächst weniger mit Mitschülern als mit meiner Deutschlehrerin. Ihr legte ich immer die Karten. Das hatte ich von Mami gelernt. Die hatte auch immer ihr Tarot-Spiel auf dem Nachttisch liegen. So war das bei uns. Von Papi lernte man Pokern, von Mami Tarot. Meine Deutschlehrerin wusste beides zu schätzen und trug auf diese Weise viel dazu bei, dass ich mich relativ schnell auf dem Internat einlebte.

All das bedeutete aber nicht, dass ich mich von den Gleichaltrigen abschottete. Ich hatte auf Burg Nordeck von Anfang an zwei sehr besondere Freundinnen, die bis heute einen speziellen Platz in meinem Herzen einnehmen. Die eine war Nicola, ein schönes, fröhliches und lebensbejahendes Mädchen, das wegen seiner umwerfenden Ausstrahlung jeder auf der Schule mochte. Wie beliebt sie war, merkte ich, als wir in meiner Anfangszeit auf dem Internat ein paarmal Händchen hielten. Da trafen mich sofort böse Blicke von Mitschülern. Dabei dachten wir uns gar nichts dabei. Ich mochte Nicky einfach nur unheimlich gern.

Außerdem gab es ja noch Ilva. Auch zu ihr hatte ich vom ersten Moment an einen besonderen Draht. Als ich im Spätsommer 1983 mit meinen vierzehn Jahren auf dem Internat ankam und zunächst nicht recht wusste, was ich mit der neuen Situation anfangen sollte, stand sie auf einmal vor mir, strahlte mich an und vertrieb mit ihrem Lächeln meine Unsicherheit. Sie erinnerte mich ein kleines bisschen an Mami, vor allem aber wurde sie eine wirklich gute Freundin, die in allen Lebenslagen ein offenes Ohr für mich hatte. Umgekehrt war es genauso.

Als wir 1985 dann wie jedes Jahr mit der gesamten Schule auf Skifreizeit nach Obertauern fuhren, entwickelte sich unser Verhältnis unerwartet und spielerisch weiter. Es war wie eine stille Übereinkunft, dass wir auf einmal mehr Zeit für uns, mehr Nähe, generell mehr voneinander wollten. Weder für sie noch für mich spielte es eine Rolle, ob das nun die große Liebe war oder einfach nur eine neue Facette unserer Freundschaft. Bis zu den Sommerferien waren wir ständig zusammen. Dann mussten wir uns gezwungenermaßen trennen, weil Ilva für vier Wochen verreiste. Ihre Großeltern hatten sich gewünscht, mit ihrer Enkelin nach Kolumbien zu fahren, und diesem Wunsch wollte sie natürlich nachkommen. Wie unser Abschied aussah? Ich weiß es nicht mehr. Ich weiß nur, dass er ein bisschen wehtat. Und dass es ein Abschied für immer war.

Ilva kam nie zurück. Wegen eines Lotsenstreiks wurde auf ihrem Anschlussflug in Bogotá eine alte Militärmaschine eingesetzt, die irgendwo über dem Dschungel abstürzte. Als mich diese Nachricht erreichte, stand ich für eine Weile unter Schock. Ich war wie paralysiert. Fassungslosigkeit, Trauer, Wut, Mitleid ... Da kam alles zusammen. Dass wir nie über die Zukunft nachgedacht hatten, machte die Tatsache, dass es für Ilva nun unwiederbringlich keine mehr geben würde, nicht weniger bestürzend. Ganz im Gegenteil. Es tat gut, dass Nicky in dieser Zeit für mich da war. Auch sie hatte Ilva gekannt und gemocht. Gemeinsam schafften wir es, erst zu realisieren, dass sie nie mehr wiederkommen würde, aber dann auch zu akzeptieren, dass unser eigenes Leben weiterging. Wir gaben uns gegenseitig Halt.

Als ein Jahr später mit der zehnten Klasse mein letztes Schuljahr auf dem Internat anbrach, weil auf Burg Nordeck nur bis zur Mittleren Reife unterrichtet wurde, gewann die Freundschaft mit Nicky eine neue Qualität. Wir waren siebzehn und ich empfand die Kontraste des Alltags damals besonders intensiv. Auf der einen Seite gab es tiefe Gedanken über individuelle Erwartungen und Hoffnungen, andererseits Wochenenden, an denen Andreas mich mit dem Auto abholte und wir nach Frankfurt fuhren, um bis zum Morgen im Dorian Gray, dem Plastic oder der Music Hall zu feiern. Manchmal schaffte ich es gerade noch rechtzeitig, um zum Weckdienst morgens um Viertel nach sechs zurück im Internat zu sein.

Der Gegenpol zu solchen aufregenden und aufwühlenden Erlebnissen waren lange Spaziergänge, die ich mit Nicky durch die tiefen, stillen Wälder machte, die Nordeck umgeben. Dabei sprachen wir über alles: geheime Fantasien und Träume, verpasste Gelegenheiten und Chancen und über die Ungewissheit, was

»Das Leben geht weiter.«

kommen würde, wenn ich im nächsten Sommer den schützenden Raum des Internats verlassen musste. An einem strahlenden Tag im November mündete einer dieser Spaziergänge unverhofft in einem melancholischen Kuss. Er vereinte uns nicht nur in unserer Perspektivlosigkeit, er vereinte auch unsere Seelen. Für genau zehn Tage. Dann folgte Nicky meinem Beispiel und fuhr mit drei Freundinnen zum Feiern in die Music Hall. Sie kam nie zurück. Auf der Rückfahrt schlief ihre Freundin am Steuer ein und der Wagen raste mit Vollgas unter einen parkenden Lastwagen am Seitenstreifen. Alle vier Mädchen waren sofort tot.

Es war ein grauenhafter Unfall, dessen brutale Endgültigkeit mich noch heute sprachlos macht. Dass es der zweite erschütternde Todesfall einer Person, die mir sehr nahestand, innerhalb von nur anderthalb Jahren war, ändert gleichzeitig nichts und alles. Denn natürlich hinterließen diese beiden Verluste Spuren in mir, die sich zu den weiteren Narben auf meiner Seele gesellten. Trotzdem versuchte ich auch jetzt weiterzumachen. Wie schon nach dem Unglück von Ilva. Wie schon in den kritischen Phasen von Andreas' Krankheit. Wie schon nach der Entführung.

Wir tragen alle unsere Blessuren, Verluste und Dachschäden mit uns herum. Aber wenn wir uns nicht von ihnen brechen lassen, wird der banale Satz »Das Leben geht weiter« auf einmal zum Geschenk. Mit dieser Haltung versuchte ich damals, nach vorne zu schauen, und ich pflege sie bis heute. Allerdings ist mir inzwischen auch klar, dass es nach Nickys Tod viele Jahre dauerte, bis ich mich wieder einem Menschen in der Form öffnen konnte, wie ich es damals in den Gesprächen mit ihr gerade erst angefangen hatte zu tun.

»DIE SCHWIRREN HIER IRGENDWO RUM.«

Wie ich auf der Münchner Leopoldstraße von der Vergangenheit eingeholt und bei Schreinemakers live als »Entführungsopfer« vorgeführt wurde.

Es war vor allem ein Kampf um Selbstbestimmtheit, der die Jahre meiner Jugend und des frühen Erwachsenenlebens prägte. Wie bei den meisten jungen Leuten. Aber vielleicht doch ein bisschen anders, weil immer die Öffentlichkeit zuguckte und die Gesellschaft ihre eigenen undurchsichtigen Regeln im Umgang mit Menschen pflegt, die traumatische Erfahrungen hinter sich haben. So sagen mir einige Weggefährten, die mich jahrzehntelang von sich aus niemals auf die Entführung angesprochen hätten, erst jetzt, wo ich selbst das Thema in der Öffentlichkeit verhandele, dass es ihnen schon immer seltsam vorkam, dass ich nie eine Psychotherapie gemacht habe. Oder dass sie immer befürchtet haben, dass irgendwann das Trauma in mir durchbricht und ich zusammenklappe. Oder dass sie einige meiner Verhaltensweisen auf die Ereignisse im März '81 zurückführen ...

Ich finde es besser, offen über solche Dinge zu sprechen. Nur dann kann sich derjenige, auf den die Erwartungshaltungen projiziert werden, dazu äußern und ein Dialog setzt ein, der wirkliche Zwischenmenschlichkeit möglich macht. Ich bin sehr froh darüber, ein paar Menschen in meinem Leben zu haben, mit denen diese im besten Sinne unzensierte Kommunikation funktioniert – allen voran meine Frau.

Aber bis ich an diesen Punkt kam, war es ein weiter Weg. Davor dachte ich lange, Selbstbestimmtheit würde bedeuten, alles mit sich allein ausmachen zu müssen. Das führte zu vielen Hauruckentscheidungen, die ich hinterher bereute. Bezogen auf den Umgang mit der Entführung war eine davon mein Auftritt in der Talkshow *Schreinemakers live* im Dezember 1993. Da habe ich aus Versehen genau das getan, was ich eigentlich auf keinen Fall wollte: mich so richtig schön als »Entführungsopfer« vorführen lassen. Eine Konfrontation, auf die ich hätte verzichten können. Es war allerdings nicht die einzige in diesen Jahren meines jungen Erwachsenenlebens.

Ich lebte inzwischen in München und arbeitete als Fernsehjournalist. Dass es dazu kam, war ebenfalls eine Hauruckentscheidung. Nachdem ich Burg Nordeck verlassen hatte, war ich zurück nach Köln gegangen und hatte die Oberstufe auf dem Humboldt-Gymnasium in der Innenstadt abgeschlossen. Gleichzeitig hatte ich schon mal die Fühler nach Jobs ausgestreckt, denn eigentlich wollte ich so schnell wie möglich wieder weg. Als Kind hatte ich immer den Wunsch gehabt, Anwalt zu werden, aber inzwischen zog es mich eher in die Medien. Als mir ein Ausbildungsplatz bei einer Fernsehgesellschaft in München angeboten wurde, sagte ich sofort zu, vergaß aber, irgendwem davon zu erzählen. Als ich es Mami dann doch sagte, klang das in etwa so:

»Ich ziehe übrigens nach München.«

»Aha. Und was willst du da?«

»Ich geh zum Fernsehen.«

»So, so. Wann soll's denn losgehen?«

»Morgen.«

Am nächsten Tag war ich weg. Schon ein bisschen frech, aber Mami wird es verstanden haben. Sie wusste, dass mir Köln zu eng geworden war, und sie wusste, dass ich mich fürs Fernsehen interessierte. Und letztendlich fand sie ja gut, dass ich wusste, was ich wollte.

In München blieb ich dann etwa zehn Jahre. Eine gute Zeit. Ich wurde schnell heimisch an der Isar. Die Arbeit beim Fernsehen machte Spaß, das Nachtleben im alten P1 vom Haus der Kunst noch mehr und mein Nebenjob als Haarwäscher bei Gerhard Meir im Le Coup am Odeonsplatz brachte mir so viel Trinkgeld ein, dass ich trotz des schmalen Ausbildungsgehalts sehr gut leben konnte. Unterdessen fiel in Berlin die Mauer, in Köln half Schäfers Nas, die Beute aus der von Räubern geplünderten Schatzkammer des Doms wiederzubeschaffen, und Papi, der seine Haftstrafe endlich hinter sich hatte, zog von Köln nach Geboltskirchen in Österreich.

Er war inzwischen neu verheiratet. Mit einer Frau, die den gleichen Namen hatte wie Mami, weshalb wir sie pragmatisch »Gabi 2« nannten. Die Presse kümmerte sich dummerweise nicht um solche Feinheiten, was immer wieder für Verwirrungen sorgte. Einmal wurde Gabi 2 in der Öffentlichkeit zum Beispiel von ihren rauflustigen Katzen attackiert, woraufhin irgendein Boulevardblatt reißerisch titelte: »Gabi Erlemann von Katzen zerfleischt!« Die Schlagzeile hatte zur Folge, dass bei Mami an dem Tag ununterbrochen das Telefon klingelte, weil ihre aufgeregten Freunde wissen wollten, was denn um Himmels willen passiert war. Äußerst amüsant! Zumal sie schon gar nicht mehr Erlemann hieß. Sie war inzwischen selbst neu verheiratet und betrieb mit ihrem Mann ein schönes Antiquitätengeschäft an der Rheinuferstraße in der Marienburg. Sie ging sichtlich auf in dieser Tätigkeit, denn mit so einem Projekt hatte sie schon lange geliebäugelt.

Bei mir in München passierte derweil an einem grauen Abend im Winter 1991/92 etwas, womit ich im Hinterkopf zwar irgendwie gerechnet hatte, das mich am Ende aber doch kalt erwischte. Ich war mal wieder auf dem Weg ins Café Extrablatt an der Leopoldstraße. Das war mein zweites Wohnzimmer, ich war dort häufiger als in meiner eigenen Bude. Alle meine Freunde und Kollegen wussten: Wenn ich nicht gerade im Studio an meinem Betacam-Sechsmaschinen-Schnittplatz kleine Imagefilme oder *Inside Bunte*-Beiträge für RTL München produzierte, traf man mich im Extrablatt.

Mir gefiel diese Transparenz. Anders als mein Wiedererkennungswert in Köln war sie nicht von zwielichtigen Erwartungen bestimmt, sondern von einer Lebensart, mit der ich mich wirklich identifizierte. Dass ich der Fernsehjournalist Johannes war, der seine Freizeit am liebsten an jenem Ort verbrachte, der einst das Vorbild für *Kir Royal* gewesen war, durfte gerne jeder wissen. Über die Erfahrungen meiner Kindheit erzählte ich dagegen niemandem etwas. Es war mir lieber, sie aus dem Kreis der neuen Bekannten herauszuhalten.

So weit, so safe. Doch dann ereilte mich irgendwo zwischen den Nachrichten über die Auflösung der Sowjetunion, die Verabschiedung des Stasi-Unterlagen-Gesetzes und die Trennungsgerüchte über Diana und Charles jener Moment, in dem ich die Leopoldstraße runterlief, um mich mit meinem alten Freund Dirk im Extrablatt zu treffen, und auf einmal drei Männer auf dem Gehsteig vor mir sah: einen mit Rauschebart, einen mit Schnäuzer und einen mit Lockenkopf. Sie guckten. Ich guckte. Die Zeit stand kurz still ... Dann verschwanden sie auch schon wieder um die nächste Straßenecke. Es war wie eine Fata Morgana, eine Kreuzung von Blicken, die nur wenige Sekunden dauerte, aber ich werde diesen Moment trotzdem nie vergessen.

Danach bin ich auf direktem Weg zu Dirk ins Extrablatt und sprach ihn zum ersten Mal seit damals auf die Entführung an: »Du, die schwirren hier irgendwo rum. Die suchen nach mir.«

Er wollte es erst nicht glauben, aber am nächsten Tag war er selbst dabei, als sich der Vorfall quasi eins zu eins wiederholte. Einen weiteren Tag später passierte er ein drittes Mal. Danach war wieder Ruhe.

Es macht mich bis heute sprachlos, wenn ich an diese Situationen zurückdenke. Es war nicht so, dass sie mich schockierten, denn zu diesem Zeitpunkt hatte ich keine ernsthafte Angst mehr, dass diese Leute mir oder meiner Familie etwas antun würden. Für so unbedacht hielt ich sie nicht. Ich kann auch nicht behaupten, dass es mich total überraschte, sie zu sehen. Mir war durchaus bewusst, dass auch der Haupttäter seine Haft inzwischen abgesessen hatte und damit alle vier Täter wieder auf freiem Fuß waren. Und da nicht nur sie mein Leben wesentlich beeinflusst hatten, sondern auch ich ihres, fand ich es quasi folgerichtig, dass sie mal gucken wollten, was aus ihrer ehemaligen Geisel geworden war. Würde so was heute noch mal passieren, würde ich auf sie zugehen. Damals, mit Anfang zwanzig, hatte ich noch keinen Gesprächsbedarf mit den Männern, die auf so brutale Weise mein Schicksal besiegelt hatten. Auch eine reflektierende Auseinandersetzung mit den Ereignissen, die damit zusammenhingen, lehnte ich damals noch konsequent ab. Das rächte sich anderthalb Jahre später bei besagtem Auftritt in *Schreinemakers live*.

Die Anfrage kam relativ kurzfristig und über private Kontakte zustande. Mein Vater war mit Rechtsanwalt Werner Klumpe befreundet, dem damaligen Mann von Margarethe Schreinemakers. Der sprach ihn im Herbst 1993 darauf an, dass die Margarethe in ihrer Sendung so gerne mal den Johannes Erlemann über seine Entführung interviewen würde, ob sich da nicht was machen ließe. Papi sagte, da müsse er mich schon selbst fragen, und gab ihm meine Nummer. Also landete diese Talkshowanfrage bei mir.

Ich war vierundzwanzig Jahre alt und mittlerweile selbst voll in die damals noch boomende Welt des Unterhaltungsfernsehens eingetaucht. Für RTL München machte ich Studioregie, fürs ZDF die Musikgestaltung von *Welt der Mode*; ich produzierte Beiträge fürs *Touristic Magazine* des NBC Super Channel und probierte mich nebenbei in der Werbung aus. Unter diesen Vorzeichen war die Anfrage einer Talkshow wie *Schreinemakers live*, die damals Topquoten hatte und frisch mit der Goldenen Kamera ausgezeichnet worden war, natürlich interessant.

Außerdem fand ich gut, dass es eine Livesendung war, weil ich die Unmittelbarkeit von ungeschnittenen Jetzt-Momenten in Fernsehübertragungen schon immer großartig fand. Also sagte ich zu. Ein paar Tage später fand ich mich im Flieger nach Köln auf dem Platz neben Rudi Moshammer wieder, der in derselben Show auftreten sollte, die zwei Stunden dauerte und ein buntes Durcheinander von Themen bot.

Im Sender angekommen, wurde ich erst mal rund um die Uhr beschäftigt. Hier ein Kaffee, da ein Gespräch, ab in die Maske und dann backstage warten, während im Hintergrund schon die Liveübertragung der Sendung über einen Fernsehbildschirm flimmerte. Da ich die ganze Zeit abgelenkt wurde, bekam ich nicht mit, was da auf der Mattscheibe passierte.

Dann wurden auf einmal alle hektisch, es hieß: »Du bist dran!« und man schubste mich durch die Tür ins Studio. Wo mich neben

Applaus, Scheinwerfern und Margarethe Schreinemakers noch ein zweiter Talkshowgast erwartete: Dieter Zlof. Jener Mann, der später im *Spiegel* als »Ein unbelehrbarer Täter« bezeichnet wurde, weil er 1980 wegen der Entführung von Richard Oetker zur Höchststrafe von fünfzehn Jahren verurteilt worden war, seine Schuld aber standhaft leugnete und sich selbst als Justizopfer inszenierte. Der Aufhänger für seinen Auftritt bei Schreinemakers war, dass er im Januar 1994 frühzeitig aus dem Gefängnis entlassen werden sollte. Darüber diskutierte die Nation. Also sorgte Quotenqueen Margarethe dafür, dass Zlof einen Tag Hafturlaub bekam, um in ihrer Show seine Unschuldsbehauptungen zu wiederholen, die er vier Jahre später selbst revidieren sollte. Und als kleinen Denkzettel hatte sich die Redaktion überlegt, dem Schurken ein echtes »Entführungsopfer« vor die Nase zu setzen: mich.

Was für eine linke Nummer. Ich war weder auf die Begegnung vorbereitet noch genauer über die grausamen Details der Oetker-Entführung informiert worden. Außerdem hatte ich, abgesehen von meinem großen *Tagesschau*-Moment dreizehn Jahre zuvor und ein paar Moderationen für *Inside Bunte*, keine große Erfahrung mit TV-Auftritten. Es wird also niemanden wundern: Das Ganze war eine Katastrophe.

Innerlich war ich total in Rage, aber mein Respekt vor den Kameras und mein Gefühl für kultiviertes Benehmen und Anstand hinderten mich daran, meine wahre Meinung zu sagen, zumal ich rhetorisch dafür nicht fit genug war. So hatte ich dem eiskalten Zlof wenig entgegenzusetzen und ließ die Sendung am Ende eher über mich ergehen als sie in der Hand zu haben, was mich im Nachhinein ziemlich ärgerte. So was sollte heute mal jemand mit mir machen, dann sähe das ganz anders aus.

Eigentlich war es ja aber nicht ich, der sich disqualifizierte, sondern die skrupellose Schreinemakers-Redaktion. Doch so waren die Talkshows der Neunziger nun mal. Richtig dreckiges Fernsehen. Ich fühlte mich danach jedenfalls so richtig benutzt. Aber letztendlich gehörte wohl auch das zum Puzzle aus Erfahrungen dazu, die mich schlussendlich dazu befähigten, die Aufarbeitung meiner Geschichte selbst in die Hand zu nehmen. Denn auch wenn ich nach *Schreinemakers live* lange dachte, das wäre das letzte Mal gewesen, dass ich in der Öffentlichkeit über die Entführung sprach, sollte es anders kommen. Aber vorher musste noch ein bisschen an der Selbstbestimmtheit gearbeitet werden.

Buch 4:
BEFREIT

»SHINE ON YOU CRAZY DIAMOND.«

Wie mein Koffer herrenlos im Carlton übernachten musste und eine besondere Begegnung das Tor zur Vergangenheit aufstieß.

Es gibt viele Konstanten in meinem Leben. Mein Familiensinn und meine Liebe zur Musik, die Schwäche für Südfrankreich, die Begeisterung fürs Filmemachen oder die Sorge darum, dass es den Menschen um mich herum gut geht, sind nur ein paar davon. Natürlich war auch die Entführung eine Konstante. Sie war zwar nicht allgegenwärtig, aber sie wirkte immer mal wieder in die Gegenwart hinein, wenn alte Erinnerungen hochkamen.

Für mich selbst war das kein großes Problem und ich hätte eigentlich auch kein Problem gehabt, darüber zu sprechen. Aber ungefragt jemanden mit dem Thema zu behelligen, wäre mir nie in den Sinn gekommen. Im Gegenteil. Eher signalisierte ich durch meinen Habitus, dass keinerlei Bedarf bestand, sich eingehend mit der Vergangenheit zu beschäftigen. Um meinen Gesprächspartnern und mir selbst unangenehme Situationen zu ersparen, in denen ich auf gut gemeinte Fragen ehrliche Antworten geben musste, die mein Gegenüber am Ende nur verstört hätten, verhinderte ich durch mein Verhalten von vorneherein intuitiv, dass die gut gemeinten Fragen überhaupt gestellt wurden.

Wenn ich diese Herangehensweise heute mit etwas Abstand

betrachte, überrascht es mich selbst, dass sie über dreißig Jahre lang überall, sogar im engsten Familien- und Freundeskreis, so gut funktionierte. Im Zuge der Aufarbeitungen der Entführung in den letzten Jahren kam irgendwann mein alter Freund Dirk etwas konsterniert auf mich zu und sagte: »Johannes, das wusste ich ja alles gar nicht.«
Darauf konnte ich nur erwidern: »Du hast mich ja auch nie danach gefragt.«
Das war in keiner Weise vorwurfsvoll gemeint, eigentlich war es sogar ein Kompliment. Denn das Verhältnis zwischen Dirk und mir wurde auch dadurch geprägt, dass wir wirklich wesentliche Dinge auch kommunizieren konnten, ohne zwangsläufig darüber reden zu müssen. Das war eine große Stärke unserer Freundschaft, die mit den Jahren nie verloren ging. Vielmehr bauten wir sie mithilfe diverser wiederkehrender Rituale stetig aus.

Eines davon war der Sommertrip nach Saint-Tropez. Damit hatten wir angefangen, als wir achtzehn waren. Damals packten wir alles an Klamotten, was man für eineinhalb Monate braucht, ohne Reisetasche in den Kofferraum von Dirks dunkelblauem VW-Cabriolet und fuhren einfach los Richtung Süden. Auf dem Weg nahmen wir schnell noch eine zweitägige Raftingtour durch die Ardèche im Südwesten Frankreichs mit, bis wir schließlich dort landeten, wohin wir gewollt hatten: am Place des Lices in Saint-Tropez.
Ich hatte das kleine Hafenstädtchen über die Jahre nie ganz aus den Augen verloren. Sowohl mit Mami als auch mit Andreas und Freunden war ich immer mal wieder dort gewesen. Es gab also keinen Grund für Nostalgie. Wenn Dirki und ich ab und an mit dem Käfer auf der Route de Tahiti an »La petite fleur« vorbei-

fegten, zwinkerte ich ihr mit einem wohlwollenden Lächeln zu – eine kleine Reminiszenz an vergangene Tage.

Manchmal schauten wir auch bei Cordy vorbei, die immer noch nebenan wohnte. Wie immer war es ein Vergnügen, ihr zuzuhören, wenn sie Geschichten von früher erzählte, um zwischen dem einen oder anderen Anekdötchen immer wieder einfließen zu lassen: »Die Zeit mit deinen Eltern, Johannes, so etwas hat es danach nie wieder gegeben. Seit damals ist es hier oben ganz schön öde geworden. Und die neuen Nachbarn ...« Sie winkte mit ihrem Campari in der Hand ab. »Unerträgliche Spießer! Nix los mit denen.«

Aber wir waren ja nicht wegen der Geschichten von damals gekommen, es sollten neue geschrieben werden. So düsten Dirk und ich weiter und stürzten uns ins Jetzt. Da wir beide nur mit einem sehr überschaubaren Budget ausgestattet waren, mussten wir Prioritäten setzen. Im Klartext hieß das: sechs Wochen am Strand schlafen. Das hatten wir uns von Anfang an vorgenommen und es klappte wunderbar. Die schönsten Plätze, die man für so eine Tour kennen musste, waren mir aus der Vergangenheit schließlich wohlbekannt. Ab und zu unternahmen wir Touren entlang der Küste und erkundeten die weiteren Städte der Riviera: Nizza, Cannes, Antibes ... In Juan-les-Pins wurden wir dann quasi aus Versehen gut Freund mit der Halbwelt der Côte d'Azur.

Obwohl wir beide keine passionierten Kiffer waren, hatten wir für alle Fälle einen kleinen Vorrat Dope über die Grenze geschmuggelt. Na gut, so klein war er gar nicht. Um genau zu sein, war es ein ziemlich ordentliches 20-Gramm-Paket, mit dem wir da durch die Gegend schossen. Nach einer Nacht in der Disco von Juan-les-Pins wollten wir das Zeug endlich anbrechen, also begann ich, uns im Auto einen Joint zu drehen.

Wir parkten in einem Grünstreifen und hatten das Verdeck offen. Im Hintergrund waren zwei Spaziergänger unterwegs, aber ich dachte mir nichts dabei. Böser Fehler. Sobald ich die Plastiktüte mit unseren Marihuanavorräten auf der Rückbank abgelegt hatte, um beide Hände zum Drehen frei zu haben, stürzten die »Spaziergänger« mit großem Getöse auf unseren Wagen zu und brüllten: »Police, Police.« Ich versuchte sie zu beruhigen, indem ich erklärte, dass das alles ein Missverständnis sei und wir das Zeug nur zufällig im Gebüsch gefunden hätten. Anfangs bildete ich mir noch ein, es könnte helfen, dass ich gut Französisch sprach, aber auch das war ein Trugschluss. Vielmehr bekamen die Polizisten es in den falschen Hals und dachten, ich wäre ein Dealer, der einem deutschen Touristen Stoff verkaufte. Also Abmarsch! Während Dirk draußen bleiben konnte, musste ich mit auf die Wache.

Man setzte mich in einen Verhörstuhl und stellte Fragen. Damit kannte ich mich ja in gewisser Weise aus. Aber das hier war dann doch was anderes als der Waidmarkt. Sobald ich auch nur zu einer Antwort ansetzte, wurde mir links und rechts eine gepfeffert, dass mir die Luft wegblieb. Immer hart auf die Wangen mit der Rückseite der Hand. So ging das drei oder vier Stunden lang.

Unterdessen lauerte Dirk vor der Gendarmerie und versuchte zu mir reinzukommen, aber sie ließen ihn nicht. Morgens um sechs hatte die Polizei dann auf einmal die glorreiche Idee, mich nach Antibes zu verfrachten. Dort wurden mir Wertsachen und alles, woran ich mich hätte aufhängen können, abgenommen und ich kam in die Zelle. Nicht etwa in eine Einmannzelle, wo ich mich ein bisschen hätte ausruhen können, sondern in eine voll besetzte Stehzelle, in der schon zwanzig andere Typen ausharrten. Ich stellte mich dazu. Dann ging die Warterei los.

Zwischendurch kam ein Wächter, zog willkürlich einzelne Leute raus, langte ihnen eine und warf sie zurück zu uns ins Loch. Keine Ahnung, was der Mist sollte. Ansonsten passierte zunächst nichts. So kam es nach einer Weile zu kurzen Gesprächen mit den anderen Insassen. Nichts Besonderes, nur das erwartbare »Warum sitzt du?« und »Was wollen sie von dir?«. Die meisten waren wegen Dealerei, Hehlerei und kleinen Diebstählen hier gelandet. Auch ich erzählte knapp, aber wahrheitsgemäß, was bei mir passiert war, und versuchte ansonsten, nicht die Fassung zu verlieren, denn inzwischen war es Nachmittag und ich nicht nur völlig übermüdet, sondern auch ziemlich bedient.

Aber als dann doch mal ein Zellengenosse zum Verhör abgeholt wurde, würdigte man mich keines Blickes. Nachdem er wieder zurück war, meinte er zu mir: »Das Zeug in der Plastiktüte, das bei denen auf dem Tisch liegt, ist von dir, ja?«

»Ich fürchte, ja«, nickte ich.

Daraufhin pfiff er durch die Zähne und sagte grinsend: »Oh, là, là!«

Das wirkte. Nach dieser Bemerkung hatte ich schlagartig den Respekt der gesamten Zellengemeinschaft auf meiner Seite. Irgendwann am Nachmittag zog mich dann ein etwas vernünftigerer Beamter raus und befragte mich im Nebenraum. Später erfuhr ich, dass er bereits mit Dirk gesprochen hatte, der ja vor der Wache ausgeharrt hatte. Da wir beide erzählten, dass wir das Dope nur gefunden hatten, wurde ich nach knapp vierundzwanzig Stunden schließlich doch freigelassen und das Knastabenteuer war beendet.

Erleichtert stieg ich zu Dirk ins Auto und wir fuhren zurück nach Saint-Tropez, ohne auf der gesamten anderthalbstündigen Fahrt auch nur ein Wort zu sprechen. Wir mussten nicht reden. Genauso wie wir der Polizei, ohne uns vorher abgesprochen zu haben, in intuitivem Wissen darüber, was der andere erzählen würde, die exakt gleiche Geschichte aufgetischt hatten, war uns blind klar, dass nach diesem Erlebnis jedes Wort zu viel gewesen wäre.

Erst als wir irgendwann in Saint-Tropez am Strand angekommen waren, das Auto geparkt und eine Weile stumm raus aufs Meer geguckt hatten, sagte Dirk trocken: »Scheiße, jetzt haben wir nichts mehr zu kiffen.«

Darüber mussten wir dann beide lachen. War ja auch lustig. Ausgerechnet uns, die nicht mal Gelegenheitskiffer waren, musste so was passieren. Ansonsten war es für uns – vom Finanziellen mal abgesehen – kein übermäßiger Verlust, dass wir für den Rest der Ferien auf den Dopevorrat verzichten mussten.

Eine gewisse Wirkung hatte er trotzdem hinterlassen: Wenn wir jetzt auf die Piste gingen, trafen wir regelmäßig Leute, mit denen ich in Antibes in der Zelle gestanden hatte. Sie begrüßten mich immer freundlich als einen von ihnen. Schon nach ein paar Tagen fühlte es sich an, als wären wir Mitglieder einer verschworenen Untergrundgang. Das war lustig. Und interessant. Ich fand es schon immer spannender, auch mal in andere Lebenswelten reinzugucken, als immer nur in der eigenen Formation zu bleiben. Und ein unvergessliches Erlebnis war das kleine Abenteuer sowieso.

Im Lauf der Jahre eroberte ich die Côte d'Azur also mit Dirk noch mal neu, sodass sich nach und nach neue Eindrücke mit einer eigenen Bedeutsamkeit über die Bilder des »alten« Saint-Tropez aus meiner Kindheit schoben. Inzwischen waren wir Ende dreißig und schliefen nicht mehr im Auto oder am Strand. Dennoch waren die alten Erlebnisse noch überall lebendig und erinnerten mich daran, wie wenig wir damals gebraucht hatten, um glücklich zu sein. Die ungezwungenen Momente am Strand – mal redend, mal schweigend, mal zu zweit, mal mit spontanen Bekanntschaften – waren alles, was zählte. Und natürlich die Dankbarkeit dafür, dass der andere da war – immer noch, immer wieder und genau jetzt. Denn was nützen die schönsten Momente, wenn man sie nicht mit jemandem teilen kann?

Im Juni 2008 war es also wieder so weit. Wir waren in Saint-Tropez verabredet, um unserer Côte-d'Azur-Geschichte ein neues Kapitel hinzuzufügen. Ich sollte mit dem Auto vorfahren und Dirk, der noch etwas länger zu tun hatte, direkt am Aéroport Nice zur Weiterfahrt einsammeln. Klarer Kurs. Aber zuvor folgte ich noch dem Gedanken an eine kleine private Angelegenheit – ohne Dirk. Denn auch wenn wir eigentlich keine Geheimnisse voreinander hatten, war dieser Termin sozusagen ein Vorgang in eigener Sache. Ich wollte Tatjana treffen – Tati. Dafür musste ich nach Cannes. Ich wusste, dass sie in den Sommerferien eine Weile mit Freunden an der Croisette verbrachte. Die Besonderheit meiner selbstbewussten »Mission« war: Tati wusste noch nichts von ihrem Glück.

Seit wir uns vor einem Dreivierteljahr beim Sommerfest unserer gemeinsamen Freundin Katja zum ersten Mal etwas länger als ein paar Minuten unterhalten hatten, herrschte eine besondere Verbindung zwischen Tati und mir. Um einen Eindruck zu geben: »Etwas länger als ein paar Minuten« bedeutete in diesem Fall dreizehn Stunden ohne Unterbrechung. Ich war am frühen Nachmittag verspätet und etwas gehetzt auf der Party eingetroffen, weil ich vorher noch die Endabnahme für ein TV-Commercial in Düsseldorf durchpeitschen musste. Aber sobald ich Tati sah und sie mich anlächelte, war meine Rastlosigkeit verflogen und mir wurde leicht ums Herz. Wir unterhielten uns so lebhaft, dass ich die Gastgeber und anderen Gäste darüber völlig vergaß. Tati ging es offenbar genauso, also quatschten wir uns durch diesen Spätsommertag bis tief in die Nacht hinein.

Danach fühlte sich die Zeit zwischen unseren mal zufälligen, mal geplanten Treffen für mich immer wie Warten auf das nächste an. Wir definierten unsere Gefühle füreinander nie klar oder fragten uns, wohin das Ganze eigentlich führen sollte. Trotzdem war mir bewusst: Man hat im Leben nicht viele Begegnungen dieser Art. Mit diesem Gedanken im Hinterkopf, wollte ich keine Zeit verplempern. Also, worauf warten? Die Riviera rief nach mir.

Mein Plan war gar nicht schlecht. Ich fuhr einen Tag vor meiner Verabredung mit Dirk los und den Rest dachte ich mir folgendermaßen: Irgendwo hinter der Schweiz wollte ich in Cannes anrufen, um ganz lässig durchzugeben: »Du, liebe Tati, ich bin morgen Vormittag für zwei Stunden in Cannes. Wäre ein Petit déjeuner im Carlton nicht eine gute Idee?«

Auch für ein angemessenes Ambiente war gesorgt. Ich hatte die Ecksuite im Carlton reserviert. Von dort aus hat man einen traumhaften Blick über die Croisette und den Strand bis zum Vieux Port.

Es war eine wunderbare Tour durch die Länder, wenn auch eigentlich ohne Sinn und Verstand. Es gab ja überhaupt keinen Grund, davon auszugehen, dass ein derart spontanes Treffen tatsächlich gelingen würde. Andererseits … Papi sagte in solchen Fällen immer:»Wenn man es nicht gemacht hat, weiß man nicht, wie es gewesen wäre.«

Nachdem ich in der Schweiz unter dem Bann der sehr eidgenössischen Geschwindigkeitsregularien erst mal geblitzt worden war, ließ ich es in Italien wieder ein bisschen lockerer laufen. Zeit zum Telefonieren. Ich schnappte mir mein Handy, rief an und Tati … war nicht erreichbar. Während ich sie noch erfolglos anklingelte, erschien auf dem Display meiner Navigation plötzlich folgende Warnung: »Autobahnsperre. Umleitung Richtung Süden über Nebenstraßen. Mehrstündige Verspätungen einplanen.«

Weder das eine noch das andere brachten mich aus der Ruhe. In solchen Situationen sagt mir mein gelassenes Gemüt: Man vergeudet nur kostbare Restlebenszeit, wenn man sich an solchen Unvorhersehbarkeiten reibt. Außerdem ist es doch spannend zu beobachten, zu welchen neuen Erfahrungen unverhoffte Umwege führen. Also warum schlecht gelaunt mit Tatsachen hadern, die sowieso mächtiger sind als der eigene bescheidene Wirkungsradius, wenn man stattdessen mit offenem Verdeck auch »Shine On You Crazy Diamond« auf volle Lautstärke drehen und durch die laue mediterrane Sommernacht dem Vollmond entgegenfahren kann?

Ich war aufgedreht wie ein Teenager, der ich nie gewesen war, denn in diesem Moment wurde mir auf einmal bewusst: Ich hatte mich Hals über Kopf in Tati verliebt. Und das eigentlich schon vor Monaten. So erfreute ich mich an dem Gedanken, dass sie irgendwo dahinten unter dem gleichen Mond am Meer saß, den Wellen zuhörte und vielleicht irgendwann ihr Handy wieder anschalten würde.

Ein verlockendes Bild: Tati am Wasser, ihre langen lockigen Haare im Wind, ihr Blick wie immer nach vorn, nie zurück gerichtet … Sie ist eine starke Person mit einem ausgeprägten Gerechtigkeitssinn, großer Empathie, scharfsinniger Intelligenz und einem feinen Humor. Es geht sehr viel menschliche Wärme von ihr aus. Und auch wenn sie das gar nicht nötig hat, möchte ich sie am liebsten ständig in den Armen halten und vor den Stürmen des Lebens beschützen.

Als ich westlich von Genua auf die Küstenautobahn traf, rief ich erneut an. Es war inzwischen fast ein Uhr nachts. Es klingelte. Ich hielt die Luft an. Erwartete nichts. Doch da: »Hallo, mein Schatz!«

Die zarte, halb flüsternde, etwas schläfrige Stimme vertrieb auch das letzte bisschen Müdigkeit aus meinem Körper, während sie fragte: »Siehst du den Vollmond?«

»Ja, den sehe ich«, antwortete ich und wollte nicht lange auf geheimnisvoll machen. »Stell dir vor: Ich folge ihm gerade nach Südfrankreich.«

»Ich weiß«, kam zurück.

Stille. Das kam jetzt unerwartet. Meine Gedanken ruderten ziellos zwischen unwahrscheinlichen Erklärungsversuchen hin und her – von Wunschtraum im Halbschlaf bis zu Gedankenübertragung. Doch Tati durchbrach das Schweigen und stoppte meine Spekulationen, indem sie sagte: »Wir können doch miteinander reden, ohne zu sprechen.«

Diese Worte und die Freude, die ich in ihrer Stimme zu hören glaubte, übertrafen meine Erwartungen. Da sie, ohne zu zögern, einwilligte, dass wir uns sehen könnten, verabredeten wir uns, nach meiner Ankunft in Cannes noch mal zu telefonieren. Das war dann gegen vier Uhr morgens. Während mein Handy seine letzten Akkureserven mobilisierte, gab mir Tati die Adresse ihres Hotels durch, dann wurde das Display schwarz. Das war wohl die nächste Unvorhersehbarkeit, die dieser Trip für mich bereithielt.

Schnell meldete ich mich an der Rezeption im Carlton und ließ meinen Koffer aufs Zimmer bringen, dann machte ich mich im Eiltempo auf den Weg zu Tati. Als ich mich schon fast am Ziel wähnte, wurde meine Euphorie vom sehr gewissenhaften Nachtwächter ihres Hotels gezügelt, der sich hartnäckig weigerte, mir ihre Zimmernummer zu sagen oder bei ihr anzurufen, um mich anzumelden. Man klingelte schließlich nicht nachts um halb fünf seine Gäste für einen dahergelaufenen Touristen aus dem Bett. Es bedurfte eines gehörigen Maßes an Geduld und Diplomatie sowie des Kaufs einer kostspieligen, ungekühlten Flasche Veuve Clicquot, um ihn am Ende doch dazu zu bringen, eine Ausnahme zu machen.

Kopfschüttelnd hob er den Hörer des Haustelefons ans Ohr, ließ mich, während es klingelte, keine Sekunde aus den Augen, sprach so leise in die Hörmuschel, dass ich nicht verstehen konnte, was er sagte, und flüsterte mir dann mit einem verschwörerischen Unterton in der Stimme zu: »Numéro deux cents dix-huit.«

Als ich vorsichtig die schwere Tür aufschob, sah ich als erstes den Vollmond, der durchs geöffnete Fenster schien und den Raum fast vollständig mit seinem blassen Schein ausfüllte. Die weißen Gazevorhänge tanzten im Luftzug, es war ganz still.

»Hallo, mein Schatz.«

Wie ein Hauch ging die Stimme von Tati durch den Raum. Erst jetzt erkannte ich ihre Silhouette hinten links auf dem Bett. Ich war angekommen.

Bis zu dieser Nacht hatte ich mit der gewohnheitsmäßigen Überheblichkeit, die sich viele Erwachsene mit zunehmendem Alter angewöhnen, gedacht, mich könne nichts mehr überraschen. Was für ein Irrglaube! Er trifft nie zu, egal wie alt man wird, und ich glaube, man nimmt sich selbst etwas weg, wenn man sich von ihm leiten lässt. Als Kind dachte ich immer, mit Ende dreißig wäre der Spaß vorbei. Nun war ich selbst Ende dreißig und merkte, es wurde jetzt erst richtig lustig. Das habe ich auch Tati zu verdanken. Wir können unheimlich gut zusammen staunen. Über die Welt, über das Leben, über uns selbst. Diese Fähigkeit hat uns von Anfang an verbunden, deshalb ging uns nie der Gesprächsstoff aus. Aber ich kann mit Tati auch schweigen, weil ich mich mit ihr ohne Worte verstehe. Das deutete sich ja bereits auf meiner Mondscheinfahrt an und bestätigte sich bei der außergewöhnlichen Begegnung in Cannes, bei der wir uns, wenn ich mich richtig erinnere, nur begrüßten und verabschiedeten.

Der neue Tag begann für mich mit einem sanften Kuss auf die Wange. »Ich muss los«, waren Tatis Worte, mit denen sie mich im Zimmer zurückließ. Ich musste mich erst einmal sammeln. Doch so verlockend es war, noch liegen zu bleiben, ich machte mich lieber schnellstens auf den Weg. Nicht dass ich am Ende noch den Unwillen des Hauspersonals auf mich zog und mich dem eifrigen Concierge erklären musste.

So brach ich auf zum Carlton, um meinen Koffer auszulösen, der in der Ecksuite mit Balkon zur Croisette übernachtet hatte. Danach steckte ich gegenüber im Carlton Beach Club erst einmal die Füße in den Sand. Dazu bestellte ich eine Flasche Domaines Ott Rosé. Schließlich war es eine besondere Gelegenheit und ich blickte voller Dankbarkeit auf die Unvorhersehbarkeiten des Lebens. Jetzt musste ich nur noch Dirk entschleunigen, der sich nach seiner Landung in Nizza mit Sicherheit eine sofortige Weiterfahrt nach Saint-Tropez vorstellte. Aber dieser perfekte Moment am Strand ließ einfach keine Abholung am Flughafen zu. Dieser Tatsache beugte er sich und nahm ein Taxi, mit dem er eine Stunde später am Beach Club vorfuhr. Schon aus der Ferne sah er mir an, was passiert sein musste, schüttelte lächelnd den Kopf und sagte nur: »Oh Gott, oh Gott, oh Gott. Sag nichts. Ich kenn doch meinen Johannes.«

An diesem Tag brach eine neue Ära an: mein Leben mit Tati. Wir überstürzten nichts, ersparten einander übergroße Erwartungen, setzten allmählich einen Stein auf den anderen. So wuchsen unsere Freundschaft und unsere Liebe gleichermaßen. Uns beiden war klar, dass das, was wir aneinander hatten, etwas Besonderes und alles andere als selbstverständlich war. Wir behandeln unsere Liebe wie einen Garten, den man jeden Tag hegen, pflegen und gießen muss. Die meiste Zeit laufen wir nur Hand in Hand hindurch. Aber manchmal muss auch angepackt und das Unkraut entfernt werden.

Damit will ich sagen, dass Unabhängigkeit und Verbundenheit in unserer Beziehung nicht im Widerspruch zueinander stehen und wir Konflikte offen austragen können, ohne gleich alles infrage zu stellen. Mir gibt das ein Gefühl von Sicherheit, durch das ich eine Bedingungslosigkeit zurückgewonnen habe, die mir im Lauf der Jahrzehnte abhandengekommen war. Ich hatte mir ein Schutzschild zugelegt, das mich vor Enttäuschungen und einem möglichen Missbrauch meines Seelenheils bewahrte, aber auf der Gefühlsebene bewirkte, dass ich nur noch mit angezogener Handbremse fuhr. Bloß nicht zu viel Verbindlichkeit! Bloß nicht zu viel Nähe! Bloß keine hundertprozentige Hingabe!

Das änderte sich mit Tati radikal. Ich ließ mich rückhaltlos in ihre Arme fallen und sie sich in meine. Gleichzeitig schubsten wir uns immer wieder gegenseitig voran, forderten den anderen und damit uns selbst heraus. Tati hat eine besondere Gabe, mich durchs Gespräch zu leiten und dabei trotz aller Zugewandtheit eine Sachlichkeit zu behalten, die mich auch bei heiklen Themen sehr mitteilungsfreudig werden lässt. Sie selbst sagt, diese Fähigkeit sei ihrer naturwissenschaftlichen Prägung geschuldet, denn sie hat mal Medizin studiert; ich würde eher sagen, sie ist einfach Teil ihres Charakters. So oder so kam es dadurch drei oder vier Jahre nach dem denkwürdigen Trip nach Cannes zu einer weiteren Nacht zwischen uns, die alles veränderte.

Es war bereits nach Mitternacht und wir saßen an der Küchentheke. Tati war nicht entgangen, dass ich mich in den letzten

Monaten ganz im Stillen mit meiner Vergangenheit beschäftigte. Was das bedeutete, konnte sie nur ahnen. Sie wusste, dass ich die Entführung niemals von mir aus thematisiert hätte, aber sie war auch besonnen genug, den richtigen Moment zu erkennen, in dem sie es mir abnehmen konnte, indem sie mich von sich aus darauf ansprach.

»Mein Schatz«, sagte sie und sah mir dabei direkt in die Augen. »Erzähl mir doch bitte mal, was dich heute am meisten an den Ereignissen von damals beschäftigt.«

»ICH BIN KEIN OPFER, ICH BIN EIN ÜBERLEBENDER.«

> Wie meine Begegnung mit Natascha Kampusch fast nicht stattgefunden hätte, am Ende aber den Blick auf meine Geschichte neu definierte.

Das Gespräch mit Tati hatte eine enorme Intensität. Von Anfang an ging es um die Gefühle, die das schreckliche Ereignis bei mir ausgelöst hatten, und weniger um Fakten rund um das Verbrechen. Darüber sprachen wir zwar auch, aber Tati wollte vor allem verstehen. Und zwar mich. So etwas hatte ich selten erlebt. Wie eine Schlange wand sie sich in die Unterhaltung hinein, stellte kurze, präzise Fragen, hörte zu, ohne zu fordern, fühlte mit, aber bewahrte Haltung. Das führte dazu, dass die Worte nur so aus mir hervorsprudelten. Um sechs Uhr morgens saßen wir immer noch an der Küchentheke. Dann reichte es. Während draußen die Dämmerung heraufzog, gingen wir mit dem Bewusstsein ins Bett, mal wieder eine neue Seite des anderen erschlossen zu haben und dass wir dadurch noch näher zusammengerückt waren.

Später gestand Tati, dass sie das Entführungsthema lange von sich selbst ferngehalten hatte, weil sie sich davor scheute, das Bild des eingesperrten Jungen mit mir, ihrem Mann und Freund, in

Einklang zu bringen. Sie wusste, warum ich ganz gern ein kleines Licht im Schlafzimmer anließ. Sie wusste auch, dass ich zuweilen sehr intensiv träumte, zumal es meist schwer zu übersehen war. Sie wusste aber nicht, wie ich auf die Thematisierung der Ursachen reagieren würde. Ihre vorsichtige Zurückhaltung hatte auch sie ein wenig vor der Wahrheit bewahrt. Dass sie es in dieser Nacht doch zur Sprache brachte, war nicht geplant gewesen. Aber es wirkte nach. Eine Leerstelle war gefüllt worden. Und eine Tür aufgegangen.

All das passierte in etwa zu dem Zeitpunkt, als sich der Tag meiner Entführung zum dreißigsten Mal jährte. Deshalb häuften sich die Interviewanfragen wieder. Ich lehnte immer ab. Nur einmal, als im Herbst 2002 *Stern TV* anfragte, ob ich in einer Sendung anlässlich der Entführung des Bankierssohns Jakob von Metzler etwas zum Thema sagen könne, ließ ich mich breitschlagen, weil Jakobs Eltern Bekannte meiner Eltern waren. Diese Entscheidung hätte ich gerne rückgängig gemacht, nachdem kurz vor der Sendung der Entführer gefasst wurde und herauskam, dass der Junge ermordet worden war. So etwas hatte nichts mit meiner Entführung zu tun, da ging es um Mord. Dazu konnte ich eigentlich nur sagen, dass es mir unfassbar leidtat.

Dass ich aus Pflichtbewusstsein trotzdem in die Sendung ging, fühlte sich im Nachhinein falsch an. Es war wie eine erneute Bestätigung des Entschlusses, den ich ja eigentlich schon nach *Schreinemakers live* getroffen hatte: keine Talkshows mehr. Stattdessen fing ich lieber an, die Geschehnisse von damals für mich selbst auf die Reihe zu bringen. Aus aufklärerischen Gründen, aber auch, weil ich die vielen verdrängten Aspekte der Geschichte endlich mal in Gänze zu fassen bekommen wollte.

Damals entstanden die ersten Textskizzen für dieses Buch,

ohne dass mir wirklich klar war, was ich mit ihnen anfangen würde.

Die Unterhaltung mit Tati war nicht der Auslöser für die persönliche Aufarbeitung, aber sie gab ihr einen großen Schub. Danach fing ich an, in die Tiefe zu graben, alte Zeitungen und Fotos herauszusuchen und meine ersten Gespräche mit Günni und Mami zu führen.

Parallel plante das ZDF eine Dokumentation über die Ereignisse von '81, die gleichermaßen in Zusammenarbeit mit den Entführern und mit mir entstehen sollte, wenn auch ohne, dass wir uns dabei begegneten. Am Ende zog ich meine Beteiligung an dem Projekt zurück, weil es derart einseitig auf eine verständnisvolle Darstellung der Täter ausgerichtet war, dass es aus meiner Sicht zur Farce geriet. Verwirklicht wurde der Beitrag trotzdem. Inklusive Filmaufnahmen von mir, in denen ich gepixelt war und nur mit »Johannes E. aus Köln« benannt wurde. Ich monierte das beim Deutschen Presserat, aber das verhinderte die Ausstrahlung nicht. Erst ärgerte mich das, bis ich darin einen Ansporn für mich erkannte, die in True-Crime-Erzählungen verbreitete Fokussierung auf die kriminelle Energie der Täter und ihre Bestrafung endlich mal zu verschieben. Es ging dabei ja nicht nur um mich, sondern auch darum, stellvertretend für andere Betroffene zu sprechen, deren Geschichten durch die grelle Darstellung der Verbrechen und ihrer Täter überblendet wurden.

Also arbeitete ich mich immer tiefer in meine Erinnerungen hinein, schrieb alles auf und entwickelte ein Konzept nach dem anderen, um mich anschließend mit Tati darüber zu beraten. Sie erzählte irgendwann einer befreundeten Psychoanalytikerin von meinen Recherchen, woraufhin die Dame spontan in Tränen ausbrach und rief: »Oh nein, das darf er nicht machen. So etwas ist unüberschaubar, da können die schlimmsten Traumata hochkommen.«

Als Tati mir von dieser Reaktion erzählte, wusste ich erst nicht, was ich damit anfangen sollte, und fragte vorsichtig: »Was meinst du denn dazu?«

Sie wich ein wenig zurück, holte tief Luft, sah mich mit einem strengen Blick an und sagte: »Du machst natürlich weiter! Ich passe schon auf, dass du nicht wieder übertreibst.«

Eine typische Tati-Antwort. Und natürlich wollte auch ich weitermachen, selbst wenn ich noch nicht recht wusste, wo das Ganze hinführen sollte.

Und dann kam im Februar 2013 dieser Anruf meines alten Freundes Torsten Koch. Wir hatten früher in Köln zusammen Hockey gespielt. Inzwischen lebte er in München und war Geschäftsführer von Constantin Film. Als solcher bereitete er gerade einen mit Spannung erwarteten Kinostart vor: die Verfilmung von Natascha Kampuschs Entführungsgeschichte. *3096 Tage* war das letzte Drehbuch, das Bernd Eichinger geschrieben hatte, denn er verstarb kurz vor der Fertigstellung überraschend. Ich wusste davon, weil Torsten und ich uns eine Woche zuvor in Köln im Ivory Club über den Weg gelaufen waren. Dabei hatte er mir kurz von dem Projekt erzählt.

Natürlich war mir auch die Vorgeschichte nicht entgangen – wie sich Natascha im August 2006 nach unfassbaren achteinhalb Jahren Geiselhaft als Achtzehnjährige aus der Gewalt ihres psychopathischen Entführers Wolfgang Priklopil befreit hatte und wie danach eine Medienlawine auf sie zugerollt war, die jede Vorstellungskraft sprengte. Die öffentlichen Debatten über diesen Fall waren noch sehr viel übergriffiger als damals bei mir. Zumal inzwischen nicht mehr nur in Zeitungsredaktionen, bei Stammtischen und auf Schulhöfen öffentlich diskutiert wurde, sondern vor allem im Internet, wo der Ton erst richtig scharf wurde. Ich habe mich angesichts dessen, was ich aus der Ferne vom Fall Kampusch mitbekam, zwischenzeitlich durchaus gefragt, ob meine Geschichte damals ähnlich gnadenlos online verhandelt worden wäre, hätte es das Internet schon gegeben. Darüber hinaus lehne ich den Vergleich von Schicksalsschlägen aller Art grundsätzlich ab. Unter anderem deshalb, weil es absolut unmöglich ist, die Befindlichkeiten verletzter Seelen zu klassifizieren.

Torsten sah das pragmatischer. Der saß bei besagtem Anruf im Februar 2013 mit seiner Constantin-Crew und ein paar Leuten aus dem Team der ARD-Talkshow *Günther Jauch* zusammen, um ein Riesending zu planen: eine Sondersendung zum Kinostart von *3096 Tage*, bei der Jauch in seinem berühmten Kuppelstudio im Berliner Gasometer Natascha Kampusch interviewen sollte. Zusätzlich sah das Konzept vor, ihr einige Counterparts zur Seite zu stellen, die über weitere Formen brutaler Gefangenschaften berichten konnten. In diesem Zusammenhang erwähnten die *Jauch*-Redakteure, dass sie schon länger versucht hätten, Johannes Erlemann zu kontaktieren, aber nicht an ihn herankämen. Daraufhin zückte Torsten sein Handy und meinte: »Also daran soll es jetzt nicht scheitern, ich hätte hier seine Nummer und könnte mal schnell anrufen.«

Unser Telefonat brachte die Planungen allerdings nicht weiter. Meiner Keine-Talkshows-Maxime folgend, sagte ich höflich ab. Am Abend erzählte ich Tati von der Sache.

Sie reagierte auch diesmal auf ihre eigene unnachahmliche Weise: »Doch, du machst das. Es wird dir zu ein bisschen mehr Klarheit verhelfen. In Berlin findet das statt? Ist doch toll. Dann komme ich mit, wir übernachten im Hotel de Rome, machen uns eine schöne Zeit und zwischendurch gehst du zu *Jauch*.«

Genauso passierte es dann auch. Wir verbrachten ein wunderbares Wochenende zwischen Fernsehturm und Friedrichstraße und gingen am Sonntagabend des 17. Februar gemeinsam zur Talkshowaufzeichnung. Es war eine Livesendung, deren Thema lautete »Verschleppt und misshandelt – wie gelingt ein Leben danach?«. Als wir im Studio ankamen, verschlug es dann ausnahmsweise mal Tati die Sprache. Da sie mit Fernsehen bisher nichts am Hut gehabt hatte, war sie von der Größe der Veranstaltung dann doch etwas überrascht. Noch mehr erstaunte sie allerdings, dass mir die vielen Kameras gar nichts ausmachten. Aber ich war ja in gewisser Weise mit ihnen aufgewachsen.

Meine erste Begegnung mit Natascha hatte ich vor dem Talk in der Maske. Da begrüßten wir uns kurz und ich gratulierte ihr zum Geburtstag, der genau auf diesen Tag fiel. Sie war sehr zurückhaltend und sicher auch ein bisschen misstrauisch. Wir kannten uns ja nicht, waren vom Charakter her sehr unterschiedlich und ich war fast zwanzig Jahre älter als sie. Außerdem musste sie noch die weiteren Gesprächspartner der Sendung treffen. Da blieb nicht viel Zeit zum Kennenlernen.

Während des Talks entwickelten Natascha und ich dann aber einen besonderen Draht zueinander. Vielleicht merkte sie, dass ich Jauchs ziemlich unsensiblen Interviewstil nicht in Ordnung fand. Er schreckte nicht mal vor der Verlesung übelster Hasspostings aus Onlineforen zurück, die Natascha dann auch noch kommentieren sollte. Vielleicht war es aber auch tatsächlich die einende Wirkung ähnlicher Erfahrungen, die wir allen Unterschieden zum Trotz ja durchaus gemacht hatten: Wir waren beide im Kindesalter mit Gewalt aus unserer behüteten Welt herausgerissen worden, wir hatten beide Todesangst und Kontrollverlust erlebt und wir hatten beide die Rücksichtslosigkeit von Gesellschaft und Medien nach der Befreiung zu spüren bekommen. So gab es im Rahmen der Gesprächsrunde immer wieder kleine Momente, in denen Natascha und ich einander durch Blickkontakte Verständnis signalisierten und in denen ich das Gefühl hatte, dass wir auf einer Ebene kommunizierten, die über den Inhalt von Wortbeiträgen hinausging.

Offenbar empfand das nicht nur ich so. Nachdem die Sendung im Kasten war, vertieften wir hinter den Kulissen unsere Verbindung. Das entging auch dem Management von Constantin Film nicht, was wiederum dazu führte, dass ich in Abstimmung mit Natascha gefragt wurde, ob ich in der folgenden Woche die *3096 Tage*-Galapremieren in Wien, München und Berlin begleiten und unterstützen wolle. Natascha hatte darum gebeten, nach dem großen *Jauch*-Auftritt keine weiteren Interviews zum Kinostart geben zu müssen. Mit Journalisten, denen es nicht allein um ihre Person ging, sondern um ein generelles Interesse an Kindesentführungen, sollte an ihrer Stelle ich sprechen. Durch den Flow dieser Entwicklungen wurde mir zum ersten Mal klar, dass ich mit der Kommunikation meiner eigenen Erfahrungen nachhaltig unterstützen kann.

Bis zur Weltpremiere des Films in Wien am Montag, den 25. Februar, war noch eine Woche Zeit. Drei Tage vorher rief Torsten an und meinte, bevor unsere kleine *3096 Tage*-Tour losgehe, müsse ich mir unbedingt noch den Film anschauen. Ich winkte ab: »Macht euch keine Umstände, ich sehe ihn doch dann in Wien, das reicht.« Doch Torsten hatte bereits Fakten geschaffen. Für den nächsten Tag hatte er um zehn Uhr morgens ein exklusives Screening für mich im Kölner Cinedom geplant – ein Multiplexkino, das Anfang der Neunziger auf Initiative von Bernd Eichinger entstand und bei dem Constantin Film noch heute Gesellschafter ist. Natürlich folgte ich Torstens dringender Empfehlung, auch wenn mir der Termin nicht besonders gut passte. Immerhin lag er auf dem Samstag und am Abend zuvor war ich zum Feiern verabredet.

Mein Vorhaben, mich bei Letzterem zurückzuhalten, gelang mir natürlich nicht. Um fünf Uhr kam ich aus dem Ivory, um sechs Uhr war ich im Bett, aber trotzdem saß ich vier Stunden später wie verabredet in dem riesigen Kinosaal für vierhundert Personen, den man für mich reserviert hatte. Leicht verkatert. Völlig übermüdet. Mutterseelenallein. Vor allem allerdings: nicht gut vorbereitet.

Und dann brach dieser Film über mich herein. Ein hundertzehnminütiges, fast durchweg düsteres Kammerspiel über die menschlichen Abgründe, in die ein unschuldiges Mädchen hineingerissen und seine gesamte Jugend über wortwörtlich eingekerkert wird. Meine Müdigkeit hatte ich nach zehn Minuten vergessen. Meine Kopfschmerzen auch. Stattdessen kamen Emotionen und Erinnerungen hoch, die weniger mit Nataschas Geschichte zu tun hatten als mit meiner eigenen. Dinge, die man nie vergisst, mit denen man nach so einer Erfahrung aber sich selbst überlassen wird. Das Ambiente des riesengroßen menschenleeren Kinosaales verstärkte diese Wahrnehmungen zusätzlich.

Als der Film zu Ende war, saß Torsten schon unter der dreißig Meter hohen Kuppel des Cinedom-Foyers und erwartete mich. Ein bisschen aufgeregt fragte er: »Und wie fandst du's?«

Meine Antwort war knapp und unmissverständlich: »Entschuldige, aber ich muss jetzt ein, zwei Mal ums Kino laufen.«

Draußen atmete ich tief durch und zog mich mithilfe des Tageslichts selbst wieder aus der Dunkelheit heraus, die der Film in mir hinterlassen hatte. Danach ging ich zurück zu Torsten und sagte: »Das habt ihr gut gemacht. Jetzt ist mir klar, warum ich mir den Film unbedingt vorher anschauen sollte.«

Die folgende Dreistädtetour war dann vieles zugleich – wahnsinnig anstrengend, unterhaltsam und berührend. Jeden Tag gab ich dreißig Interviews und wusste abends, was ich getan hatte. Ansonsten waren wir wie eine kleine Reisetruppe: Natascha, die ganzen Schauspieler, die Geschäftsführer von Constantin und ein paar Leute aus dem Team, darunter Kameramannlegende Michael Ballhaus, der in den Siebzigerjahren unter anderem durch die sogenannte »360-Grad-Kamerafahrt« populär geworden war und Anfang der Achtziger mit Papi bei Fassbinders *Lilli Marleen* zusammengearbeitet hatte. Ein toller Mann, der trotz seiner Wahnsinnskarriere total bodenständig geblieben war und sich wirklich für Menschen interessierte.

Nach der München-Premiere saßen wir bis spät in der Nacht im Schumann's und ich wollte eigentlich mit ihm über Papi reden, aber er sagte immer nur: »Nun lass mal die Geschichten von damals, Johannes. Wie geht's denn dir? Erzähl doch mal.« Das war ganz ungewohnt für mich. In der TV- und Werbewelt, in der ich mich mittlerweile tummelte, redeten die meisten Leute ja am liebsten über sich selbst und ihre großartigen Erfolge. Diese kleine Klassenfahrt mit lauter hochsensiblen Leuten war ein wohltuendes Kontrastprogramm dazu.

Reaktionen von außen gab es natürlich auch. Schon nach der *Jauch*-Sendung erhielt ich massenweise Briefe und E-Mails. Nicht nur von Anwälten, die auf meine Bemerkung in der Sendung reagierten, dass das Lösegeld nie vollständig restituiert worden war, und anboten, es mir honorarfrei wiederzubeschaffen – was ich dankend ablehnte –, sondern vor allem von Menschen, die mir ihre Dankbarkeit dafür ausdrückten, dass ich mich mit meiner Geschichte in die Öffentlichkeit gestellt hatte. Sie hatten teilweise selbst erschütternde Schicksale zu bewältigen, aber meine differenzierte Haltung hatte ihnen Hoffnung gemacht. Besonders auf zwei meiner Grundsätze reagierten Menschen sehr emotional – den Satz »Ich bin kein Opfer, ich bin ein Überlebender« und die Einschätzung »Während sich hinterher oft alles um die Urteile für die Täter dreht, sind am Ende dennoch wir Überlebenden diejenigen, die lebenslänglich bekommen«.

Und dann war da noch etwas: der Anruf eines Herrn, den ich von früher kannte. Er war in den Achtzigern Polizeireporter gewesen und hatte damals intensiv über meine Entführung berichtet und mich mehrfach interviewt. Inzwischen war er pensioniert und aus Köln weggezogen. Als er mich bei *Jauch* sah, erinnerte er sich an damals und besorgte sich meine Nummer: »Johannes, ich habe hier auf dem Dachboden eine ganze Kiste mit Material über deinen Fall. Wenn du willst, gehört sie dir.«

Es dauerte eine Weile, bis ich auf sein Angebot zurückkam, aber dann wurde es zur Grundlage für das Projekt meines Lebens.

»HEUTE GEBEN WIR UNS DIE GANZE GESCHICHTE.«

Wie ich wider jede Vernunft auf Spurensuche ging und zum vierzigsten »Jubiläum« der Entführung an den Ort des Schreckens zurückkehrte.

Irgendwann hat mich mal ein WDR-Reporter gefragt, ob ich von der Entführung einen Knacks zurückbehalten habe. Ich antwortete: »Wenn Sie so wollen, habe ich natürlich einen Knacks. Aber Sie haben auch einen. Wir haben alle irgendwo 'nen Knacks.« Eine angemessene Antwort, wie ich finde. In Anbetracht der Tatsache, dass sich der Journalist wahrscheinlich eine andere Reaktion erwartet hatte, fand ich es aber auch ziemlich konsequent, dass er die Fangfrage samt Antwort ungeschnitten in seinen Sendebeitrag aufnahm.

Aber was heißt denn das, einen Knacks davontragen? Für mich klingt das immer wie »Der Typ ist kaputt«. Ich fühle mich nicht kaputt. Natürlich hat die Entführung bei mir Spuren hinterlassen, alles andere wäre ja auch seltsam. Aber abgesehen von den bereits erwähnten Folgen bin ich durchaus stabil. Anstatt mich von negativen Erfahrungen runterziehen zu lassen, versuche ich offen, konfrontativ und humorvoll mit ihnen umzugehen. Doch das scheint, bezogen auf Entführungen, ein Tabu zu sein. Wenn man so was erlebt hat, muss man schon den ordnungsgemäßen Entführungsschaden vorweisen, um allen Erwartungen gerecht zu werden.

Zeitweise hatte ich fast das Gefühl, mich dafür entschuldigen zu müssen, dass ich nicht depressiv oder mit Panikattacken durchs Leben taumele. Das meine ich keineswegs abwertend gegenüber anderen Überlebenden, die nach einer traumatischen Erfahrung den Halt verlieren. Das kann ich nachfühlen und wann immer ich solche Fälle mitbekomme, versuche ich im Rahmen meiner Möglichkeiten zu helfen. Aber das heißt ja nicht, dass ich den Knacks bei mir selbst behaupten oder beschwören muss, oder?

Darüber hinaus gilt dennoch: Mir ist sehr bewusst, dass die Art, wie ich die Aufarbeitung der Entführung angegangen bin, vorsichtig ausgedrückt »unkonventionell« ist. Zwischendurch dachte ich dabei immer mal wieder selbst: Johannes, das ist völlig unverantwortlich, was du hier machst. Ohne Ansprechpartner und doppelten Boden einen solchen Trip in dieses düstere Kapitel deiner Vergangenheit zu unternehmen, kann richtig nach hinten losgehen, das macht man so nicht. Aber einen Satz wie »Das macht man so nicht« darf man mir nicht sagen. Dann rührt sich mein Widerspruchsgeist und ich muss es erst recht ausprobieren. Also riss ich nach und nach alle Schubladen auf, die bis dahin verschlossen geblieben waren.

Als sich die Erkenntnisse der Zusammenarbeit mit Natascha ein bisschen gesetzt hatten, begann ich neben der Schreiberei und meinen Recherchen an Orte zu fahren, die bei der Entführung eine Rolle gespielt hatten. So fuhr ich nach ein paar aufwühlenden Gesprächen mit meiner Mutter gemeinsam mit ihr zum Ort der Geldübergabe und ließ mir die Stelle am Kanaldeckel zeigen, wo sie die zwei schweren Geldtaschen abgeladen hatte. Dort war ich noch nie gewesen. Das war die andere Seite der Entführung, die ich bislang nur aus zweiter Hand, also aus der offiziellen Berichterstattung, kannte. Nach all den Jahrzehnten erfuhr ich nun die vollständige Geschichte aus erster Hand. Jetzt in diesen Wald zu kommen, in dem Mami damals den Stunt ihres Lebens hingelegt hatte, der sie zu meiner ewigen Heldin machte, war eine enorm bewegende Erfahrung für uns beide. Es führte mir überdeutlich vor Augen, was sie damals leisten und aushalten musste.

Ich fand auch den Ort der Freilassung heraus und fuhr hin. Objektiv betrachtet war es ein ganz banaler Acker neben der Autobahn. Aber ich war nicht objektiv. Als ich dort stand, sah ich nicht nur die abschüssige Straße und die öden Felder, sondern spürte die ganze Anspannung wieder, mit der die Erinnerungen an diesen Ort aufgeladen waren. Trotzdem empfand ich keinerlei Beklemmung. Dort zu sein, war zwar kein Spaziergang, aber es fühlte sich richtig an.

Natürlich fuhr ich auch in den Forstbotanischen Garten zur Bank, an der die Täter mir aufgelauert hatten. Das war ein vergleichsweise vertrauter Ort für mich. Bis wir zwei Jahre nach der Entführung aus dem Hahnwald wegzogen, war ich noch Hunderte Male mit dem Rad an dieser Stelle vorbeigefahren. Jetzt versuchte ich nach all der Zeit, mich noch mal in den Tathergang hineinzuversetzen, schlug mich ins Unterholz und schritt den Weg ab, auf dem ich damals zu der Kiste im Toyota geschleift worden war.

Der Kanaldeckel, der Acker, die Bank, die Kiste. Jetzt fehlte nur noch: die Baracke mit dem eingebauten Verschlag. Mit der war es ein bisschen komplizierter, denn ich wusste nicht genau, wo sie sich befand. Den Namen des Dorfes, in das ich damals mit Mertens und den Soko-Leuten zur Rekonstruktion gefahren war, hatte ich nicht mehr im Kopf und die detaillierten Erinnerungen an den Fahrtverlauf, mit denen ich als Elfjähriger die Polizei in unmittelbare Nähe des Verstecks geführt hatte, waren ja nur unter einer Decke liegend aus den Erinnerungen an die Fahrt in der Kiste abgerufen worden. Jetzt hatte ich nichts als ein paar Koordinaten: die Himmelsrichtung, eine Serpentinenstraße, die grobe Lage am Fuß der Eifel nördlich der Rurtalsperre Schwammenauel und der Bachlauf, an den die Fischteiche grenzten, in denen die Polizeitaucher meine Handschellen gefunden hatten. Das war besser als gar nichts, aber es war nicht viel.

Manche Abende verbrachten Tati und ich bis Mitternacht am Computer und sondierten mithilfe von Google Earth sämtliche Bachläufe und Fischteiche der Eifelregion. Wir wurden zu selbsternannten Ermittlern, zu Trüffelschweinen, die zunehmend Spaß an den Momenten entwickelten, wenn mal wieder einer von uns irgendwas gefunden hatte, das ansatzweise nach Fischteich aussah. Schlussendlich kristallisierten sich zwei, drei Stellen heraus, die einigermaßen passten. Ich notierte sie mir, aber danach geriet das Thema Baracke wieder ein bisschen aus dem Fokus, weil es anderes zu tun gab.

Mein neuer Umgang mit der Öffentlichkeit – nach *Jauch* hatte ich inzwischen auch bei *Maischberger* und *Aktenzeichen XY* über die Entführung gesprochen – blieb nicht ohne Folgen. Sender und Filmproduktionsfirmen meldeten Interesse an, meine Geschichte zu verfilmen. Was ich ursprünglich maximal als Buch angedacht hatte, wuchs sich allmählich zu einem multimedialen Rundumschlag aus. Das erforderte Verhandlungen und Gespräche – und fraß zunehmend Zeit und Energie.

Und dann meldete sich der *Spiegel*. Man wolle anlässlich des vierzigsten Jahrestages meiner Entführung am 6. März 2021 ein Interview mit mir führen, hieß es. Das hätte ich niemals abgelehnt.

Mediale Instanzen wie die *Zeit*, die *Süddeutsche* und den *Spiegel* habe ich schon immer sehr geschätzt, weil ich ihre journalistische Integrität und ihren Anspruch auf fundierte Recherche mag, also sagte ich zu.

Um dem Magazin gerecht zu werden, wollte ich über die Art der Veröffentlichungen, die es bislang gegeben hatte, hinausgehen, deshalb machte ich mir Gedanken, wie man tiefer in die Geschichte einsteigen könnte. Nicht zuletzt bin ich ja auch selbst Journalist und denke Erwartungen von Redakteuren und Lesern mit. Bei meinen Überlegungen landete ich schnell wieder bei der Baracke, und so verbrachte ich den Abend vor dem Interviewtermin ein weiteres Mal mit Tati vor Google Earth. Den Reporter Alexander Kühn begrüßte ich am nächsten Tag mit den Worten: »Zum Jubiläum habe ich mir etwas Besonderes ausgedacht.« Daraus machte er später in seinem Text: »Mein Jubiläum‹ sagt er spöttisch, das klingt nach Geschenkkorb und Prosecco.« Der Humor gefiel mir.

Bevor es losging, ergänzte ich noch: »Zur Feier des Tages geben wir uns die ganze Geschichte.« Dann machten wir uns auf den Weg: Kühn, Stephan Pick, ein renommierter Fotograf, der extra vom *Spiegel* angeheuert worden war, und ich. Wir fuhren erst zum Osterriethweg, dann zur Bank und machten uns anschließend auf den Weg in die Eifel – lediglich ausgerüstet mit den Ergebnissen meiner unvollständigen Google-Recherche. Somit begaben wir uns auf einen kompromisslosen Roadtrip ins Herz der Vergangenheit. Endstation unklar.

Ein Stück Landstraße, eine halbe Stunde Autobahn, dann wieder Landstraße und schließlich die Serpentinenstraßen der ersten Eifel-Ausläufer ... Diese Route rüttelte dann doch Erinnerungen an den Streckenverlauf in mir wach, von denen ich geglaubt hatte, sie wären verschüttet. Der Rest war alles andere als ein konventionelles Interview und löste bei allen Teilnehmern der kleinen Unternehmung unterschiedlichste Empfindungen aus.

Das erste Ziel, das ich rausgesucht hatte, entpuppte sich als Fehlstart. Danach packte auch meine beiden Mitreisenden das Google-Earth-Fieber und sie scrollten eifrig auf ihren Handys herum. Wir fuhren von Tal zu Tal und von Bachlauf zu Bachlauf, bogen mal hier links ein und mal dort rechts ab, während die Landschaft um uns herum immer schroffer und waldiger wurde. Es lag eine Spannung in der Luft, eine knisternde Neugier, die mit jeder weiteren Kurve, die wir hinter uns brachten, wuchs. Ich spürte, dass wir nah dran waren. Ein Zurück gab es jetzt nicht mehr. Ohne Ergebnis wäre ich nicht nach Hause gefahren.

Als wir nach Schmidt kamen, ein Dreitausendeinwohnerdorf, das an die Rurtalsperre grenzt, musste ich tanken und nutzte die Gelegenheit, den Mann an der Kasse zu fragen, ob ihm der Name Johannes Erlemann etwas sage.

Ohne das geringste Zögern kam zurück: »Ja, klar, den Namen kennt hier jeder.«

Auch daraus drehte der *Spiegel* später einen originellen Vergleich, indem er schrieb, mein Fall gehöre zu Schmidt wie der Rattenfänger zu Hameln. Bei aller augenzwinkernden Übertreibung ist da aus heutiger Sicht durchaus etwas dran. Irgendwie ja auch nachvollziehbar. Wenn so ein kleines Dorf unverhofft zum Schauplatz eines Verbrechens wird, das es sogar in die *Tagesschau* schafft, hat das dort eine ganz andere Tragweite als in der Großstadt. Und wenn ich an den Polizeiauflauf zurückdenke, der damals allein an dem Tag herrschte, als ich mit der Soko Erlemann in die Eifel kam, kann ich mir gut vorstellen, dass über das Spektakel anschließend das ganze Dorf sprach. Mitbekommen hat es zumindest jeder.

Wir waren auf der richtigen Fährte, aber genaue Angaben zum Standort der Baracke konnte der Tankwart nicht machen. Er meinte, ich solle die nächste Straße links reinfahren und bei Familie Stollenwerk fragen. Um die zu finden, musste ich dann noch mal zwei Damen behelligen, die in ihren Vorgärten standen und quasselten, aber am Ende bekam ich sie zu fassen: die Eheleute Stollenwerk, die ihre ganz eigene Geschichte mit meinem Fall verband. Hinter ihrem Haus hatten die Entführer den Toyota HiAce mit der Kiste geparkt. Wegen des damaligen Dauerregens war es zu riskant gewesen, mit dem großen Wagen den schmalen Weg weiter ins Tal zu fahren. So hatte er vierzehn Tage lang auf dem Grundstück der Stollenwerks gestanden, ohne dass diese Verdacht schöpften, auch wenn ihnen der Fremdparker durchaus aufgefallen war. Sie erfuhren erst im Laufe der Ermittlungen, dass sie zwei Wochen lang ahnungslos neben dem zentralen Beweismittel gelebt hatten, das zur Überführung der Täter führte – und damit nur wenige Hundert Meter von dem Ort entfernt, an dem ich gefangen gehalten worden war.

Hinter ihrem Haus führte besagter Schotterweg hinunter in ein kleines Tal im Wald. Dort lagen hinter einem niedrigen Maschendrahtzaun die ehemaligen Fischteiche und der Bach, der die Senke durchfloss. Das Grundstück hatte immer noch denselben Besitzer, die es damals den Entführern verpachtet hatte: die Familie Heck, deren Sohn Willi mittlerweile für die Verwaltung zuständig war. Mit ihm bin ich inzwischen befreundet und wenn ich heute in die Eifel komme, werde ich mit Kaffee, Kuchen und einer Herzlichkeit empfangen, die mich jedes Mal aufs Neue berührt. Manchmal frage ich mich, ob die Hecks mit all der Mühe im Namen ihres Dorfes etwas bei mir wiedergutmachen wollen. Hoffentlich nicht. Sie sind schließlich genauso unschuldig an dem, was damals auf ihrem Grundstück geschehen ist, wie ich.

Wir banden den Draht auf, mit dem das kleine grüne Gatter im Zaun gesichert war. Betraten das Grundstück. Waren fast am Ziel. Das Areal unter den großen alten Bäumen war inzwischen weitgehend sich selbst überlassen. In den Teichen wurde nicht mehr gefischt und die Hütte war von Staub und Spinnweben eingehüllt. Dort hatten sich mein Aufpasser und seine Komplizen während der Zeit der Entführung aufgehalten. Ein gruseliger Ort. Feucht, muffig, verlassen. Ein Lost Place. Ein Stück weiter unten plätscherte der Bach, durch den sie mich damals mit ihren Gummistiefeln hindurchgetragen hatten. Dahinter stieg das von Wurzeln, Dornengestrüpp und Brennnesseln bedeckte Gelände wieder etwas an. Zu einem zweiten Gatter. Dahinter lag sie: die Baracke, in der mein Verschlag gewesen war.

Da wir keine Gummistiefel hatten, mussten wir von außen um das Gelände herumlaufen, um unser Ziel zu erreichen. Die anderen gingen zu Fuß, ich fuhr mit dem Auto langsam hinterher. Das Radio war inzwischen abgeschaltet und die Leichtigkeit der Anreise einer behutsamen Wachsamkeit gewichen. Alles, was ich damals nur hatte hören können, bekam nun eine Gestalt.

Die Baracke war inzwischen völlig verfallen. Die Bretterwände drohten einzustürzen, das Dach hatte Löcher, die Tür hing lose in den Angeln. Als wir sie öffneten, bot sich ein Bild der Verwüstung. Der Boden des Innenraums war übersät von Schutt, altem Müll und verkohlten Holzplanken. Selbst für mich war es schwer vorstellbar, dass sich in diesem Raum der Verschlag befunden hatte – eingelassen in den nackten Erdboden. Kaum zu glauben, dass diese Wände die Ketten der Handschellen überhaupt gehalten hatten und die morsche Holzkonstruktion nicht spätestens beim Wutausbruch meines Aufpassers über uns zusammengestürzt war.

Heute sahen die morschen Bretterwände aus, als würden sie

beim nächsten Unwetter in sich zusammenfallen. Ob sie heute überhaupt noch den Schreien beim Wutausbruch meines Aufpassers standhalten würden?

»Hast du mich gesehen???« – Während ich im Eingang stand und an diese Worte dachte, sah ich mich auf einmal selbst wieder da unten liegen. Mit gefesselten Händen, den Würmern, der verglühenden Taschenlampe, dem Nutellaglas und den makabren Zeilen »Ein Erlemännlein liegt im Walde ganz still und stumm« im Kopf. Nach einer halben Minute hatte ich genug Eindrücke aufgenommen oder anders gesagt: Ich hatte die Schnauze voll, wollte weg und musste feststellen, dass mein Handling der Dinge wohl doch nicht lückenlos kontrollierbar war. So überließ ich meinen beiden Mitfahrern die nähere Inspektion, während ich mich selbst schweigsam der Baracke entzog.

Anschließend musste ich über den Ausflug erst einmal einen Tag lang nachdenken. Er war richtig gewesen, aber das Ergebnis konnte so nicht stehen bleiben. Ich würde mich doch nicht von einer dämlichen Bretterbude in die Flucht schlagen lassen. Ich erkannte, dass ich die Begehung am Ort des Schreckens nicht ausreichend durchlitten hatte, und beschloss, das umgehend nachzuholen. Also rief ich den Fotografen an, dem durch meinen Rückzug beim ersten Anlauf ein paar Bildmotive entgangen waren. Stephan Pick freute sich über die neue Gelegenheit zum Fotografieren und stand eine Stunde später startklar vor meiner Haustür.

Zurück an der Baracke, wurden die Karten neu gemischt. Nun war ich wieder der Chef im Ring. Über eine Stunde lang rekonstruierte ich für mich selbst alle möglichen Details. Wie hatte ich gelegen? Auf welcher Seite waren die Handschellen befestigt gewesen? Wie tief musste der Verschlag in den Boden abgesenkt gewesen sein? Außerdem besprach ich mit Stephan Pick die geplanten Aufnahmen: vor der Baracke, daneben und im ruinösen Inneren. Dabei holte mich unweigerlich meine Kreativität ein, die in solchen Situationen immer dazu führt, dass ich mich ungefragt einmische und eigene Vorschläge mache.

An diesem Tag kam mir zum ersten Mal der Gedanke, dass der Film über meine Geschichte, wenn er denn wirklich realisiert werden sollte, an Originalschauplätzen gedreht werden musste. Dass ich den Schrecken der Vergangenheit ihre Bitterkeit austreiben würde, indem ich sie so authentisch wie irgend möglich an den Orten des damaligen Geschehens nachinszenieren ließ. Ich wusste, dass so was beim Film aus produktionstechnischen Gründen eher unwahrscheinlich war. Das machte man eigentlich so nicht. Was das für mich bedeutete? Na klar: Es musste erst recht so gemacht werden.

»ICH WERDE EUCH ALLE THERAPEUTISCH MISSBRAUCHEN.«

Wie ich mir die Kontrolle über meine Geschichte erkämpfte, ein Abend mit Veronica Ferres den Durchbruch brachte und eine Nacht im Bayerischen Hof alles noch einmal veränderte.

»Sind Sie sich bewusst, dass Sie einer der seltenen Fälle sind, von denen ich gehört habe, in denen das Opfer der Geschichte eine Wende gibt, das heißt ein Stückchen Kontrolle übernimmt?«

Diese Frage stellte mir die österreichische Psychologin Dr. Sigrun Roßmanith, als ich 2015 bei *Maischberger* zu Gast war, um über die Entführung zu sprechen. Heute kommt es mir beinahe ein bisschen überheblich vor, dass ich darauf nichts anderes zu antworten wusste als, dass ich mir darüber im Klaren bin. Dennoch beschäftigte mich die Frage nachhaltig und bestätigte mich erneut darin, dass mein Umgang mit meiner Vergangenheit durchaus gesund war. Das hatte mir ja schon die *Günther Jauch*-Sendung gezeigt. Inzwischen ging es allerdings längst um mehr, als mir nur selbst der privilegierten Situation bewusst zu werden, dass ich im Gegensatz zu vielen Menschen, die Ähnliches erlebt hatten, die innere Kraft besaß, mich meiner Vergangenheit zu stellen und öffentlich darüber zu sprechen. Es ging darum, die Chance zu nutzen, indem ich meine Geschichte endlich mal nicht nur in Ausschnitten, sondern in Gänze medial teilte, um andere traumatisierte Menschen damit zu ermutigen. So begann das Riesenabenteuer, das mir durch den Spielfilm, die Dokuserie und dieses Buch zuteilwurde. Damit holte ich die Vergangenheit endgültig aus dem Dunkeln und durfte dadurch lernen, dass der offene Umgang mit der eigenen Geschichte auch bei anderen Leuten Offenheit erzeugt. Und dass diese Offenheit wiederum einen Austausch ermöglicht, der dazu beitragen kann, die Welt ein Stück wärmer, tröstlicher und menschlicher zu machen. Manchmal habe ich mich in den letzten Jahren gefragt, ob das alles nicht schon viel früher hätte passieren müssen. Aber das wäre gar nicht gegangen. Es musste wachsen. Pathetisch gesprochen, kommt es mir heute fast so vor, als hätte ich mich ein halbes Leben lang darauf vorbereitet.

Dass die Anfragen für die Rechte an der Verfilmung meiner Geschichte, die nach den Fernsehsendungen mit Natascha, Sandra Maischberger und Rudi Cerne so zahlreich bei mir eintrudelten, für mich interessant waren, hatte auch damit zu tun, dass ich lange selbst Filme gemacht hatte. Zwar keine Spielfilme, sondern Werbung, aber auf durchaus hohem Niveau.

Eine wilde Zeit war das. Nachdem ich in den München-Jahren meine eigene Firma gegründet und Hunderte von Sendebeiträgen für sämtliche Kanäle von ARD bis ProSieben und für unterschiedlichste Formate von *Auto Motor Sport TV* bis zu *Gesundheitsmagazin Praxis* produziert hatte, zog ich Ende der Neunzigerjahre nach Hamburg. Dort stieg ich für ein paar Jahre bei Markenfilm ein. Das Unternehmen war seine eigene Legende. Ende der Fünfziger hatte es die Geburtsstunde des deutschen Werbefernsehens mitgestaltet, heute ist es eine der größten und kreativsten Werbefilmproduktionsgesellschaften in Europa. Wer dort arbeitet, hat sozusagen das Ticket für die große bunte Welt des Werbekinos gelöst.

Bei Markenfilm lernte ich wahnsinnig viel und verdiente mir zunächst als Producer die Sporen, bevor ich schon bald die Geschäftsleitung des Ressorts Corporate Images übernahm. Dass ich dabei ein gewaltiges Projekt mit achtundfünfzig Produktionen für Volkswagen stemmte, blieb branchenintern nicht unbemerkt und brachte mich zur Konkurrenz. Nach einem kurzen Abstecher zu Neue Sentimental Film landete ich zur Jahrtausendwende bei Radical Images in Köln. Ausgerechnet Köln. Diese Rückkehr war eigentlich nicht geplant gewesen, aber das Jobangebot war einfach unschlagbar.

Außerdem war ich sowieso fast nie zu Hause. In den folgenden zwei Jahren tourte ich für exklusive Hochglanzprojekte rund um die Welt. Damals sagte man: Eine Minute Hollywoodfilm kostet eine Million Dollar. Bei den Werbespots, die wir produzierten, war es genauso. Für einen Passat-Imagefilm von VW reisten wir nach Schanghai, für die Deutsche Bank ging es nach Chicago und für Lamborghini zu den unterschiedlichsten Destinationen. Manfred Fitzgerald, der Marketingchef der Autoschmiede in Sant'Agata Bolognese, war ein alter Freund aus Köln. Er hatte früher als Türsteher im Alten Wartesaal des Hauptbahnhofs gearbeitet, nachdem Alfred Biolek die Räume zu einem ganz besonderen Club ausgebaut hatte. Weil Manfred meine Produktionsergebnisse schon aus der Zeit bei Markenfilm schätzte, engagierte er mich für zwei weitere hochklassige Projekte.

Mit dem Gallardo ging es nach New York, mit dem Murciélago in die Anden von Chile. Solche Motive waren es, mit denen ich bei Auftragsvergabe überzeugte. Die Bilder der endlosen Weiten auf der Westseite einer der längsten Gebirgsketten der Welt waren einfach gigantisch. Dafür war der Murciélago-Film wohl auch das teuerste aller Projekte, das ich damals mitverantwortete. Allein der Transport der Prototypen kostete eine Viertelmillion Dollar. Aber das Budget spielte bei den großen Konzernen keine Rolle. Da ging es nur darum, dass es am Ende spektakulär aussah und der Spot zur Ikone wurde. Das klappte in diesem Fall. Wir bekamen die Gold World Medal auf dem New York Film Festival, wenn man so will den Oscar der Branche.

High-Class-Werbung ist ein Planet für sich, eine kleine selbstbewusste Welt, die ihre eigenen Meisterregisseure und Stars hervorbringt, von denen es manche dann auch nach Hollywood schaffen. Für innovative Produktionen gibt es hoch dotierte Preise, durch die die Macher in Fachkreisen für eine Saison zum Gesprächsthema Nummer eins werden. Diesen Erfolg müssen sie dann nutzen, um ihren Ruf in der nächsten Saison mit weiteren Auszeichnungen zu festigen, denn kreativer Output ist in diesem Segment alles. Die Luft ist dementsprechend dünn. Man hat im Handumdrehen das Nachsehen, wenn man nicht punktgenau abliefert. Die Kehrseite der Attraction ist also, dass ständige Hochleistung und ununterbrochene Einsatzbereitschaft gefordert sind. Wer nicht aufpasst, den frisst diese Welt mit Haut und Haaren auf. Das war zumindest bei mir so.

Nachdem ich diverse Auszeichnungen und dreimal bei den New York Film Festivals gewonnen hatte, dachte ich erst, ich wäre genau dort, wohin ich wollte. Aber dann saß ich irgendwann an Heiligabend in Wolfsburg vor einem GTI-Schnitzel, während meine Familie in Köln Weihnachten feierte, und musste plötzlich an Papi denken. Der hatte uns in den Siebzigerjahren auch mal an Heiligabend für irgendein großes neues Ding sitzen lassen. War das etwa auch mein Weg? Nein, bitte nicht.

Im Laufe des Jahres 2003 beendete ich vorläufig alle meine bisherigen Aktivitäten für Film und Fernsehen und gründete mit Freunden die Tigavision GmbH. Das Unternehmen war wie eine große Spielwiese. Ich für meinen Teil nutzte sie, um die Potenziale des damals gerade erst groß werdenden Internets auszuloten. Viele Ideen, die wir umsetzten, waren wirklich innovativ. Mit der Gründung von MP3.de schufen wir den ersten deutschen Musik-Streamingdienst, mit Neu.de eines der ersten Datingportale, mit Weg.de eines der ersten Online-Reisebüros, mit PKW.de einen der ersten Online-Autoverkäufe. So weit, so respektabel. Bis wir uns allerdings das nötige Know-how für unsere Neuschöpfungen erarbeitet hatten, gingen wir bei vielem komplett blauäugig vor.

Nachdem wir es geschafft hatten, für MP3.de mit allen Major- und wichtigen Independentlabels Verträge zu machen, wurde es erst mal mühsam. Da das Übertragen von Inhalten via Schnittstelle zum Distributor noch in weiter Ferne lag, hieß es vonseiten der Labels: »Wir schicken Ihnen dann fünf Festplatten mit unserem Repertoire. Die können Sie einpflegen und danach löschen Sie die Festplatten bitte wieder.« Aha. Da saßen wir dann also mit Massen an Daten, die archiviert werden mussten, und kamen anfangs überhaupt nicht hinterher. Wobei mir einfällt, dass ich bei Gelegenheit mal im Keller nachsehen könnte, ob die Laufwerke damals tatsächlich gelöscht wurden.

Aber MP3.de war ja nur eine von vielen Baustellen, die uns damals vor Herausforderungen stellte. Auch PKW.de sorgte für jede Menge Aufregung, weil dafür schon überall Werbung in den Straßen hing, bevor überhaupt die Content-Implementierung und die Funktionalität der Seite final gesichert waren. Mit Neu.de bescherten wir derweil den Zustellern der Deutschen Post ein hohes Maß an Mehrarbeit, als wir unseren Usern die technische Innovation anboten, ihren Chatprofilen ein Foto hinzuzufügen. Wir fanden das auf einem Datingportal absolut sinnvoll. War es ja auch. Aber weil digitale Fotografie bei der deutschen Allgemeinheit damals noch nicht flächendeckend gebräuchlich war, gestaltete sich die Umsetzung holperig. Die User sollten uns gegen Gebühr Papierfotos schicken, die wir digitalisierten und auf dem Portal hochluden. Das Resultat war noch wilder als die Fanpostflut nach der Entführung. Kistenweise Briefe mit Fotos flatterten in die Firma und wir waren erst mal völlig überfordert damit, die massenhafte Digitalisierung zu organisieren. Mit der Zeit fand sich jedoch alles. Allerdings sah ich mich nicht dauerhaft in der digitalen Welt. Weil der kreative Spielraum in dem Bereich sehr begrenzt war, produzierte ich weiterhin ab und zu Werbefilme für Opel und Co. Das passierte weniger aus Notwendigkeit als aus Leidenschaft fürs Filmemachen. Dann wollte es der Zufall, dass mir ein paar Aufträge als Eventmanager in den Schoß fielen, woraufhin ich zeitweise vollständig in diesen Bereich wechselte.

Eine riesige Umstellung war das eigentlich gar nicht, denn ich konzentrierte mich dankenswerterweise auf Großveranstaltungen auf Ibiza. Die waren wie teure Filmsets. Nur ohne Kameras. Dort konnte ich mich austoben und es machte Spaß. Trotzdem fehlte mir irgendwann der tiefere Sinn. Das war sicher auch ein Grund dafür, dass ich parallel anfing, mich nach und nach mehr in die Entführungsgeschichte einzuarbeiten.

Als nach der *Günther Jauch*-Sendung also diverse Produzenten und Programmplaner bei mir anklopften und Interesse an den Filmrechten meiner Geschichte anmeldeten, fühlte es sich gleichzeitig ungewohnt und ansatzweise vertraut an. Zwar hatte ich noch nie im Spielfilmbereich gearbeitet, aber die Grundstrukturen und Arbeitsweisen bei TV-Sendern und Produktionsfirmen kannte ich sehr gut. In die Gespräche, die nun stattfanden, stolperte ich also nicht so blauäugig hinein wie in die Internetprojekte. Ein Glück, muss ich sagen, denn sonst hätte ich den Großteil des Abenteuers filmische Aufarbeitung vermutlich als Zaungast aus der Ferne beobachten müssen.

Der Grundtenor war zunächst bei allen Verhandlungen gleich. Eine Programmchefin brachte ihn mit den Worten auf den Punkt: »Johannes, eins muss dir klar sein: Wenn wir uns hier einig werden und du einen Vertrag mit uns unterschreibst, geht das Projekt in die nächste Planungsrunde. Aber die findet ohne dich statt. Dann bist du raus aus der Nummer.«

Ansagen in diesem Tenor gab es mehrfach, wenn auch nicht immer in dieser Deutlichkeit. Aber dieser Spieß ließ sich locker umdrehen: Für mich war ab diesem Moment sie raus aus der Nummer. Mir ging es hier doch nicht darum, meine Geschichte höchstbietend zu verscherbeln. Ich hätte mich nie darauf eingelassen, vor dem Dreh ein bisschen zu beraten und mich dann zwei Jahre zurückzulehnen und abzuwarten, was später im Fernsehen läuft. Dafür war das ein viel zu persönliches Thema. Wenn es denn einen Film gab, wollte ich an dessen Entstehung beteiligt sein. Da ich das weder als Regisseur noch als Schauspieler tun wollte, blieb nur noch eine Möglichkeit: selbst als Produzent meines eigenen Films bei der Sache mitzumischen. So viel zum Thema Kontrolle über die eigene Geschichte.

Diese Ansprüche machten die Verhandlungen natürlich nicht leichter. Eine solch unmittelbare Einbindung der Person, auf deren Biografie ein Film basiert, ist in der Branche ähnlich unüblich wie das konsequente Drehen an Originalschauplätzen. Es war ein Glück, dass ich eines Nachmittags im Herbst 2017 mit Dirk zusammensaß und ihm von den stockenden Verhandlungen erzählte. Wie so oft wusste er auch diesmal Rat: Er war mit Veronica Ferres befreundet, die neben der Schauspielerei ihr eigenes Produktionsunternehmen Construction Film betrieb. Dort werde nicht nur mit viel persönlichem Einsatz gearbeitet, sondern auch mit der Bereitschaft, Wagnisse einzugehen, meinte er. Wie es der Zufall oder die Fügung wollte, war Veronica gerade in Köln, weil sie am Tag darauf im *Morgenmagazin* zu Gast sein sollte. Dirk rief sie an und wir verabredeten uns für abends zum Essen in der Bar Botanik des Hilton im Wasserturm.

Als Veronica eintraf, wollte sie eigentlich nur eine halbe Stunde bleiben, weil sie am nächsten Morgen ja früh rausmusste. Aber das war, bevor wir angefangen hatten zu reden. Es wurde ein denkwürdiger Abend. Einerseits signalisierte sie von Anfang an Interesse an einer Verfilmung, andererseits reagierte sie auf meine Erzählungen von der Entführung alles andere als geschäftsmäßig. Eher fühlte es sich an wie ein Gespräch unter Freunden, die sich schon lange kennen. Das änderte sich auch nicht, als ich sagte, dass ich die Entstehung des Projekts gegebenenfalls als Produzent und Berater begleiten wollte. Als wir uns fünf Stunden später weit nach Mitternacht zum Abschied in den Arm nahmen, hatte ich meine Verträge mit Construction Film innerlich schon so gut wie unterschrieben. Im Jahr 2020 tat ich es dann auch physisch. Damit wurde es langsam ernst.

Zunächst stellte ich mein persönliches Archiv mit Fotos und Aufzeichnungen für die Produktion zur Verfügung, dann ging es daran, weiteres Hintergrundmaterial zu organisieren, das für die Drehbuchentwicklung und Doku-Vorbereitungen nötig war: Polizeiberichte, Vernehmungstranskripte, Korrespondenzen, Gerichtsakten. Ich ging davon aus, solche Unterlagen im Landesarchiv NRW zu finden, doch was mich dort erwartete, habe ich ja bereits erzählt: eine schmale Mappe, in der zum

Erstaunen der Archivare außer einem Papier mit den Urteilen des Prozesses gähnende Leere herrschte. Ein totaler Reinfall, der zum echten Problem hätte werden können, wenn mir danach nicht das Angebot des ehemaligen Polizeireporters wieder eingefallen wäre, von dem ich berichtet habe.

Ich rief ihn an. Erst schien er sich zu freuen, von mir zu hören, doch als ich fragte, ob ich vorbeikommen könne, um die Kiste mit dem Material abzuholen, wurde er auf einmal zögerlich, wiegelte ab und sagte: »Ach weißt du, Johannes, lass das doch lieber.« Aber für einen Rückzieher war es jetzt zu spät. Außerdem machten mich seine Zweifel erst recht neugierig. Wir verabredeten einen Termin bei ihm am Chiemsee, wo er inzwischen lebte, und ich fuhr noch am nächsten Tag hin.

Tatsächlich war es eine reichlich gefüllte Kiste, die da auf mich wartete. Sie enthielt nicht nur Zeitungsberichte von damals, sondern auch Kopien der Original-Vermisstenanzeige, von Fahndungsmeldungen, polizeilichen Pressemitteilungen und nicht zuletzt stapelweise dicht beschriebene Schreibmaschinenseiten mit Protokollen von Verhören. Mit diesem Konvolut fuhr ich nach München, mietete mich im Bayerischen Hof ein und pflügte mich eine Nacht lang durch das gesamte Material.

Ich las interne Ermittlerberichte über das Geschehen in unserem Haus während der Entführung und seitenlange Briefe, die die Entführer nach ihrer Verhaftung an Mami geschrieben hatten; ich las die Abschriften der Tonbänder, die ich besprochen hatte, und die Verhöre meiner Eltern; und ich las die Geständnisse der Täter, die gegenüber der Polizei neben der dreisten Behauptung, ich wäre ein Zufallsopfer gewesen, obendrein die Frechheit besessen hatten, auszusagen, ich hätte das Ganze als das Abenteuer meines Lebens empfunden und am Tag der Befreiung aus freien Stücken darum gebeten, noch bis zum Abend im Verlies bleiben zu dürfen.

Solche Sätze waren für mich wie ein Schlag ins Gesicht. Nachdem ich alles durchgesehen hatte, ahnte ich, warum der Besitzer der Kiste mir das Material zuerst nicht aushändigen wollte. Vieles von dem, was da stand, hatte in seiner Unmittelbarkeit eine schwer zu beschreibende Intensität, und manches davon zwang mich auch dazu, die Ereignisse von damals aus einem neuen Blickwinkel zu betrachten. Vor allem die ausführlichen Vernehmungsprotokolle von Mami eröffneten Einblicke, die mir auch die späten Gespräche mit ihr bis jetzt nicht hatten geben können.

Morgens um fünf war die Minibar leer und mein Kopf so voll von den unterschiedlichsten Gedanken und Empfindungen, dass ich trotz totaler Übermüdung auch Stunden später nicht einschlafen konnte. Aber das Ganze hatte auch sein Gutes. Hintergrundinformationen für das Filmprojekt hatten wir jetzt jedenfalls mehr als genug.

Auf der Grundlage des Materials aus der Kiste wuchs das Filmprojekt immer mehr über sich hinaus. Erste Drehbuchfassungen entstanden, als Sender konnten wir RTL+ ins Boot holen, als Regisseur gewannen wir Marc Rothemund, der für *Sophie Scholl* 2005 eine Oscar-Nominierung bekommen hatte, und am Ende stand ich mit dem Multideal über das Riesen-Bertelsmann-Paket bestehend aus Film, Dokuserie, Buch und Podcast samt entsprechender medialer Begleitung da. Der Medienbetrieb hatte mich wieder. Und zwar so richtig.

Als alles geklärt war, sagte ich schmunzelnd zu Veronica und Marc: »Ich werde euch alle und den ganzen Bertelsmann-Konzern therapeutisch missbrauchen.« Zu diesem Zeitpunkt war mir noch nicht klar, wie sehr diese Bemerkung am Ende zutreffen würde.

»DAS IST JETZT DAS GESPRÄCH, DAS WIR NIE GEFÜHRT HABEN.«

Wie der Spielfilm meine Albträume beendete, ein zwanzigstündiges Interview mir alles abverlangte und das Premierenfieber den Abschluss zum Anfang machte.

»Ich habe diesen Film von A bis Z begleitet, wir haben an Originalschauplätzen gedreht, ich habe dem Cito gezeigt, wie ich bei der Freilassung gelegen habe, ich habe mich wieder fesseln lassen. Ich habe einen Konfrontationsmarathon hinter mir, den ich gar nicht geplant hatte, auch wenn ich am Anfang gesagt habe, ich werde euch alle therapeutisch missbrauchen. Am Ende wurde es Wahrheit. Ich bin sehr dankbar für diese Reise und die Intensität der letzten zweieinhalb Jahre. Ich bin sehr, sehr ergriffen.«

Als ich diesen Kommentar im Juni 2023 nach der Uraufführung von *Entführt – 14 Tage Überleben* beim Filmfest München vor der Leinwand des voll besetzten Gloria Palasts am Stachus ins Mikro sprach, kam jedes einzelne Wort aus tiefstem Herzen, aber trotzdem wurde es der Wucht meiner Gefühle nicht ansatzweise gerecht. Aber wie hätte ich den vielen gegensätzlichen

Stimmungen, die in diesem Moment in mir tobten, auch Ausdruck verleihen sollen? Da ging alles durcheinander: Anspannung und Erleichterung, Aufregung und Erschöpfung, Glück, Irritation und nicht zuletzt, ja, Ergriffenheit – darüber, dass so viele Menschen gekommen waren, um sich den Film anzusehen. Und darüber, dass fast alle dabei waren, die mir diese »Reise« ermöglicht hatten. Wir hatten einen langen Weg hinter uns.

Die Dreharbeiten begannen im Spätsommer 2022. Davor gab es unzählige Meetings und Videocalls, die mich in ihrer Geschäftigkeit daran erinnerten, was für eine gigantische Teamleistung so ein Filmdreh ist. Das stille Gegenstück dazu waren die langen Telefonate mit Veronica. Wir harmonierten gut miteinander. Nicht nur fanden wir menschlich schnell zusammen, wir sind auch beide Nachteulen. Es passierte mehr als einmal, dass einen von uns beiden um halb drei die SMS vom anderen erreichte: »Bist du noch wach?«, und zurückkam: »Ja. Hellwach!« Dann telefonierten wir. Es waren viele intensive, substanzielle Gespräche, bei denen es nie nur um »Geschäftliches« ging – also aktuelle Drehbuchfassungen, Castentscheidungen und Zeitpläne –, sondern auch viel um persönliche Dinge und das Leben an sich. Und natürlich immer wieder um die Entführung.

Die nächtlichen Telefonate kamen mir wegen meiner Albträume ganz gelegen. Da sie nachts verstörender waren, schlief ich gelegentlich lieber am Tag. Als ich Veronica das erste Mal davon erzählte, war sie ganz betroffen und verstummte für ein paar Sekunden, fand es aber gut, dass sie für mich da sein konnte. Die Schreckensszenarien der nächtlichen Kämpfe veränderten sich in dieser Zeit allerdings auch. Gut möglich, dass die tägliche und mitunter sehr intensive Beschäftigung mit den Ereignissen von 1981 dazu beitrug, dass ich auch die blutrünstigen Attacken in der Zwischenwelt des Schlafes ihrer Unausweichlichkeit entriss. Unvergesslich der Traum, in dem ich dem Angreifer zum ersten Mal selbst ein Messer zwischen die Augen rammte. Das klingt jetzt total grausam und ist es ja auch. Andererseits wurde in diesem Moment aus der passiven Erduldung die aktive Gegenwehr.

Ein wichtiger Durchbruch für den Film kam, als wir Cito gefunden hatten, unseren Johannes-Darsteller. Der Kleene war unglaublich, wollte alles ganz genau wissen und wurde nie müde. Wir zwei verbrachten viel Zeit miteinander und wurden gute Freunde. Beim Dreh hatte ich manchmal die Sorge, dass ihn die Abgründe der Geschichte, die er da nachspielen musste, zu sehr belasten könnten. Aber er verneinte das. Stattdessen schmiss er sich voll in die Rolle hinein und brachte mich mit seinem Einsatz immer wieder zum Staunen. Manchmal war es, als würde er mir den Spiegel vorhalten und den kleinen Johannes von damals zeigen – wohl das beste Anzeichen dafür, dass wir die Rolle genau richtig besetzt hatten.

So fügte sich allmählich ein Puzzleteil ins andere. Kiste, Hütte und Verschlag wurden für die Produktion eins zu eins nachgebaut, während Marc Rothemund sich von meinem Authentizitätsehrgeiz anstecken ließ. Er fand es gut, dass wir nicht an irgendeiner Parkbank, irgendeiner Hütte und auf irgendeinem Acker drehten, sondern an den echten »Tatorten«. Am Set brach dann oft meine eigene Leidenschaft fürs Filmemachen durch und ich musste mich zurückhalten, um nicht ständig dazwischenzuquatschen.

Meine zweite Liebhaberei, die Musik, konnte ich dagegen in der Post Production gänzlich ausleben. Mit den Moods, die ich an meinem Schnittplatz zu Hause erstellte, konnte ich viele Impulse setzen. Es gelang mir viel besser, meine Vorstellungen zu vermitteln, wenn ich die Szenen provisorisch mit musikalischen Anregungen unterlegte. Manche wurden übernommen, andere fielen den Regularien des Senders oder der Produktion zum Opfer. So ist das halt. Nur ein Song war definitiv gesetzt: Im Taxi musste »In The Air Tonight« laufen.

Dass über alledem mein Biorhythmus komplett durcheinandergeriet, Tag und Nacht zunehmend ineinander verschwammen und mich die Dynamik der Drehpläne – ähnlich wie in der Zeit bei Radical Images – mit Haut und Haaren aufzufressen begann, war unvermeidbar. Der Sog des Projekts hatte allerdings noch einen weiteren Effekt: Meine Albträume machten sich aus dem Staub. Genauso plötzlich, wie sie sich in der Internatszeit als ungebetene Gäste in meine Gedankenwelt geschlichen hatten, so sang- und klanglos verschwanden sie nun wieder. Ich konnte es zunächst kaum glauben. Als die nächtlichen Angreifer im Laufe des Jahres 2022 zum ersten Mal meinen Träumen fernblieben, erwartete ich in der nächsten ihre – wie ich dachte – unvermeidliche Rückkehr. Doch sie zeigten sich nicht mehr. Nicht in der darauffolgenden Nacht und auch nicht in einer der nächsten. Indem ich mich nunmehr jeden Tag aktiv mit dem Drama meiner Kindheit auseinandersetzte, entriss ich die Schreckensszenarien den Nächten. Albträume hatten dort nun keinen Platz mehr.

An einem sonnigen Herbsttag, an dem wir gerade mit hundert Statisten eine Stellprobe für die Eröffnungsszene des Spielfilms machten – eine dreieinhalbminütige One-Shot-Einstellung von einer der legendären Partys meines Vaters –, nahm ich Veronica zur Seite und sagte: »Ich kann wieder ruhig schlafen.«

Ihre aufrichtige Freude über diese Nachricht war ansteckend. Sie machte den Eindruck, als hätte sie das Gefühl, eine geheime

Mission erfüllt zu haben. Ihre Begeisterung zu beobachten, begeisterte auch mich. Manche Dinge ändern sich wohl nie: Mein Umfeld glücklich zu sehen, trägt auch zu meinem eigenen Glück bei. Auch darin waren Veronica und ich uns ähnlich. Wir hatten generell eine tolle gemeinsame Zeit in der dreijährigen Produktionsphase. Ich spürte, dass sie stets einen Blick darauf hatte, dass ich meinen Übermut nicht überschätzte. Das war alles andere als selbstverständlich und trug mich durch die gesamte Produktion.

Im Dezember 2022 waren die Dreharbeiten abgeschlossen. Danach fiel ich erst mal für fünf Tage in ein großes Loch. Es war ganz gut, dass kurze Zeit später schon wieder ein Interviewtag für den Doku-Vierteiler *Lebenslänglich Erlemann* anstand, dadurch blieb ich in Bewegung. Die ersten Interviews für die Dokumentation hatten bereits im Frühjahr stattgefunden. An zwei Tagen, die zu den geistig und emotional anstrengendsten meines ganzen Lebens gehören, nahm mich Autorin und Regisseurin Jutta Doberstein in die Zange und holte in insgesamt zwanzig Interviewstunden auch noch den allerletzten Erinnerungsschnipsel aus mir heraus. Sie war extrem gut vorbereitet, stellte sehr kluge, präzise Fragen und wusste wirklich alles über die Entführung. Da war von meiner Seite Active Listening gefordert.

Es stellte sich heraus, dass Jutta meine Geschichte an manchen Stellen besser kannte als ich selbst. Immer wieder zeigte sie mir Fotos von damals, die ich noch nie im Leben gesehen hatte, oder wusste Details, die mir total entfallen waren. Es gab nur eine provokante Diskrepanz, an der sie mir ihr Wissen vorenthielt: Sie hatte die Entführer getroffen.

Dieser Vorsprung in ihrer Recherche ärgerte mich dann doch ein bisschen, denn auch ich hätte diesen Männern gerne mal ein paar Fragen gestellt. Welche genau, tut hier nichts zur Sache. Es ginge um Angelegenheiten, die nur zwischen ihnen und mir geklärt werden können.

Aber eine derartige Begegnung ist von juristischer Seite untersagt worden. Umso mehr habe ich mich daran gerieben, nicht, dass Jutta sie getroffen hatte, sondern dass sie mir nichts davon erzählte. Denn auch sie durfte ihr Wissen mittels Verfügung nicht mit mir teilen.

Es wurde trotzdem nie langweilig mit ihr. Wir fuhren gemeinsam mit Mami und Tati zur Hütte in der Eifel. Wir besuchten die Bank, den Acker und mein ehemaliges Internat auf Burg Nordeck. Und wir machten einen großen Interviewtag mit Mami, Günni und Tante Mäggie bei mir zu Hause. Bei diesen Gesprächen war ich allerdings nicht dabei, um die anderen nicht abzulenken. Ich erfuhr selbst erst später, als die Doku fertig war, was sie alles erzählt hatten.

Als das Jahr 2023 begann, ging ich mit der Erwartung hinein, dass es ein Jahr des Abschließens werden würde. Alle Schubladen waren aufgerissen, alle Dreharbeiten erledigt, alle Albträume geträumt. Jetzt musste ich nur noch das Buch fertigschreiben und die TV-Premieren begleiten, für die RTL einen großen Thementag geplant hatte. Danach wollte ich einen Haken unter das Thema Entführung machen und die Vergangenheit ruhen lassen. Dabei hätte ich mir doch eigentlich denken können, dass es nicht funktioniert, Masterpläne mit der eigenen Geschichte zu machen. Sie holt einen sowieso immer wieder ein und mich hatte sie ja eigentlich schon längst überholt. Der eindrucksvoll große Maßstab der erwähnten Uraufführung von *Entführt – 14 Tage Überleben* in München erinnerte mich sehr nachdrücklich daran.

Weil es sich um eine TV-Produktion handelte, rechnete anfangs keiner von uns damit, den Film auf einer großen Kinoleinwand zu sehen. Dank der guten Connections von Construction Film zum Filmfest München geschah es im Juni 2023 dann aber doch. Das war für unser Team die Vorpremiere zur Fernsehausstrahlung am RTL-Thementag im September. Ein echtes Ereignis.

Schade nur, dass das alles erst vierzehn Jahre nach Papis Tod passierte, und auch, dass Andreas nicht dabei war, der die Anfänge des Projekts noch mitbekommen hatte, macht mich sehr traurig. Ich weiß, sie hätten es jeder auf seine Weise genossen. Vom roten Teppich über den obligatorischen Fototermin bis zu den Standing Ovations im voll besetzten Kinosaal war alles dabei, was eine feierliche Premiere ausmacht.

Mich selbst bewegten allerdings vor allem die unmittelbaren Reaktionen des Publikums: Da war die Journalistin aus Japan, die den Film eigentlich nur wegen der Technik ansehen wollte, sich dann aber unweigerlich in der Story verlor und vor lauter Staunen die Technik vergaß; da war ein alter Freund vom Internat, der inzwischen in München lebte und sagte, meine Geschichte hätte ihm über viele Dinge die Augen geöffnet; da war der Mann, der während der Coronapandemie seine Tochter verloren hatte und mir dankte, weil mein konstruktiver Umgang mit der Vergangenheit ihm selbst Kraft gegeben hatte; da war ein Freund des holländischen Überlebenden Hans van de Kimmenade, der mir prophezeite, dass der Film nicht nur mein Leben, sondern die Leben vieler Menschen verändern würde; da war Hans selbst, der mir aus der Ferne seinen Respekt zollte, gerade weil er nach seiner eigenen Entführungserfahrung Ende der Neunzigerjahre für derartige Konfrontationen nicht bereit war …

Ich könnte noch ein paar Seiten lang so weitermachen. München war das Vorflimmern für das, was der TV-Start im September dann noch mal verstärkte. Hier merkte ich zum ersten

Mal, dass der Film seinen Zweck erfüllte: zu demonstrieren, dass man schlimmste Krisen überwinden oder zumindest Wege finden kann, mit ihnen umzugehen. Das war viel wichtiger als die Standing Ovations.

Zwei sehr persönliche Schlüsselmomente bescherte mir die Dokuserie. Auch dafür wurde eine Team-Vorpremiere im Kino organisiert. Ende August liefen alle vier Folgen von *Lebenslänglich Erlemann* bei einer Sondervorstellung im Kölner Filmforum NRW. Mami, die trotz ihrer knapp achtzig Jahre noch immer viel beschäftigt war, konnte an dem Termin aber nicht. Deshalb verdonnerte ich sie zu einem exklusiven Preview.

»Wir müssen uns das unbedingt zusammen anschauen«, sagte ich zu ihr. »Nicht, dass du am Wochenende auf irgendeiner Party bist, wo alle dich im Fernsehen gesehen haben, aber du weißt von nichts.« Das war ja nicht nur Gerede. Immerhin war sie eine der wichtigsten Protagonistinnen der Serie.

Wir trafen uns im Vorführraum von Eitelsonnenschein, der Produktionsfirma von Lutz Heineking jr., die maßgeblich für die Umsetzung der vier Filmepisoden verantwortlich war. Bevor ich die Play-Taste drückte, schickte ich noch voraus: »Mami, das, was wir uns jetzt angucken, ist das Gespräch, das wir nie geführt haben.«

Und dann ging's los. Wer die Doku gesehen hat, weiß, was das heißt. Sie ist eine Kategorie für sich, eine zweieinhalbstündige atemlose Reise in die Vergangenheit, in der neben Mami und mir verschiedenste Zeitzeugen zu Wort kommen, darunter ehemalige Mitarbeiter der Soko Erlemann, der damalige *Bild*-Reporter Werner Schlagehan sowie Mäggie und Günni. Original-Filmmaterial von damals trifft auf inszenierte Spielszenen, Interviewsequenzen, Animationen und Fotocollagen. In seiner

Informationsdichte und Vielschichtigkeit geht das Ganze also weit über das hinaus, was Mami und ich bisher in unseren vereinzelten Gesprächen über die Entführung oder beim Ausflug in die Eifel besprochen hatten. Dementsprechend nachhaltig war die Wirkung der Vorstellung. Mami hatte einen totalen Flashback, tauchte mit allen Sinnen in die Erzählung ein und sagte zwischendurch immer wieder kopfschüttelnd: »Oh nein, davon wusste ich ja gar nichts.«

Beim Abspann lagen wir uns so sehr in den Armen wie schon lange nicht mehr. In diesem Moment löste sich etwas auf, das bis dahin zwischen uns gestanden hatte. Eine Sprachlosigkeit oder eine Verkennung. Im Lauf der Jahrzehnte hatten wir uns so daran gewöhnt, das Thema Entführung auszuklammern und uns auf die Gegenwart zu konzentrieren, dass wir erst jetzt merkten, wie viel Gesprächsbedarf über die nie besprochenen Ereignisse von damals immer noch bestand. Wir verließen den Vorführraum mit einem unheimlich friedlichen, bedächtigen, vor allem aber nachsichtigen Gefühl. Aus meiner Sicht hatte sich der ganze Aufwand allein dafür gelohnt.

Ein paar Tage später stand dann die öffentliche Präsentation im Filmforum an. Ich hatte jede Menge Leute eingeladen, war aber in den Tagen zuvor wegen der vielen Promotermine für die bevorstehenden TV-Premieren nie zum Durchatmen gekommen. Demzufolge war ich auf dem Weg zum Screening gleichzeitig aufgeregt, etwas kopflos und erschöpft. Spät dran war ich sowieso. Gerade als ich die Autotür hinter mir zugeworfen hatte, klingelte mein Handy. Erst wollte ich den Anruf ignorieren, zog schließlich im Loslaufen aber doch das Telefon aus der Manteltasche. Und blieb wie vom Donner gerührt stehen. Denn auf dem Display stand: »Papi«.

An diesen Moment zurückzudenken, berührt mich immer

wieder nachhaltig. Nach dem Tod meines Vaters im Juni 2009 war es mir lange schwergefallen, zu akzeptieren, dass er nicht mehr da war. Unser Verhältnis war inzwischen sehr eng geworden. Ihm war schon während meiner Internatszeit bewusst geworden, dass er früher zu wenig für uns Kinder dagewesen war, und er hatte sich seither komplett gewandelt. In seinen letzten Jahren telefonierten wir locker zwei- oder dreimal pro Tag. Nachdem er gestorben war, hatte ich seine Nummer nie gelöscht. Anfangs hatte ich aus Gewohnheit heraus noch manchmal seine Nummer angewählt, nur um von der Telefonansage gesagt zu bekommen: »Dieser Teilnehmer ist vorübergehend nicht erreichbar.« Aber ausgerechnet jetzt, vierzehn Jahre später, wo ich gerade auf dem Weg zur Premiere einer Dokuserie war, die nicht nur Mami, sondern auch Papi ein Denkmal setzte, kam ein Anruf von diesem Anschluss? In dieser speziellen Situation hätte es mich nicht gewundert, wenn er wirklich am Apparat gewesen wäre. Was natürlich nicht der Fall war.

Als ich abnahm, war seine letzte Lebensgefährtin dran. Ich hatte sie zur Premiere eingeladen und sie war irgendwo im Museum Ludwig verloren gegangen und fand den Eingang zum Filmforum nicht. Etwas durcheinander erklärte ich ihr, wohin sie musste, aber als ich auflegte, war mein einziger Gedanke: Klar, Papi guckt mit. Es wäre ja auch gelacht gewesen, wenn der Spezialitätendoktor die Premiere der Doku, die seinen Namen trug, verpasst hätte. Wahrscheinlich kriegte er sich irgendwo auf seiner Wolke schon seit Wochen nicht mehr ein vor Freude über den großen Auftritt, den ich ihm hier posthum noch mal verschaffte. Auf meinen letzten Metern zum Saal fühlte ich mich auf einmal deutlich weniger aufgeregt, kopflos und erschöpft – vor allem aber auch weniger allein.

Als ich nach dem Screening der vier *Lebenslänglich Erlemann-*

Folgen auf die Bühne im Filmforum trat, war mir auch wegen des kuriosen Anrufs auf einmal völlig klar, dass der Abschluss, den ich mir von der Veröffentlichung der Filmprojekte versprochen hatte, in Wirklichkeit ein Anfang war – der Anfang einer Aufgabe, die durch die Premieren nicht kleiner, sondern größer geworden war.

Also nahm ich das Mikro in die Hand und sagte: »Ich vermisse meinen Bruder und meinen Vater sehr. Die hätten das hier sicher gerne gesehen. Psychologen sagen, ich sei ein Phänomen, das im Umgang mit seiner Geschichte einzigartig sei. Es ist mir ein Riesenbedürfnis, diese Beurteilung mit anderen Menschen, die Schicksalsschläge erlebt haben, teilen zu können. Und das werde ich in den nächsten Jahren tun.«

EPILOG: CUT!

Die alte Holzbank im Forstbotanischen Garten, an der die Entführung ihren Anfang nahm, gibt es heute nicht mehr. Weil sie auseinanderzufallen begann, wurde sie im Februar 2023 durch eine neue ersetzt. Jetzt steht dort eine stabile Metallmaschenbank von der Kölner Grün Stiftung, die nicht mehr den rustikalen Charme ihrer Vorgängerin hat. Dafür trägt sie eine kleine Plakette, auf der steht: »Gestiftet für Johannes Erlemann – 6. März 1981«.

Das war die Idee eines Freundes, der die Bank gestiftet hat. Der *Express* schrieb dann gleich, es handele sich dabei um ein »Mahnmal«. Ich selbst würde das nicht so dramatisch formulieren, aber eine augenzwinkernde Reminiszenz und diskrete Form, die Erinnerung an den Tag aufrechtzuerhalten, der das Leben sehr vieler Menschen nachhaltig durcheinandergewirbelt hat, ist sie allemal. Eine Form der Inbesitznahme eines Ortes mit einer speziellen Geschichte natürlich auch. Zumal ich die alte Holzkrücke, auf der einst die Entführer saßen, höchstpersönlich abwracken durfte.

Wenn es mich jetzt ab und an zu dem kleinen Waldstück mit der neuen Bank verschlägt, formuliere ich in meinen Gedanken den Grundsatz, an dem sich mein Dasein in der »Zeit danach« immer mehr orientierte: Ich genieße mein Leben, und zwar jeden Tag.

Und wenn ich mich dann an sonnigen Tagen hinsetze, tief durchatme und den Blick über die große Wiese schweifen lasse, die ich seinerzeit mit dem Rad entlanggeradelt bin, kommt mir die Entführungsgeschichte manchmal wie ein makabrer Scherz vor. Eigentlich ist dieser Ort viel zu idyllisch für die brutale Wirklichkeit, die damals über ihn hereinbrach. Ich bin froh darüber, dass ich seine Schönheit bis heute empfinden kann und die Erinnerungen an den 6. März sie mir nicht kaputtgemacht haben. Ich weiß, dass viele Menschen, die Ähnliches erlebt haben wie ich, es nicht schaffen, diese Versöhnlichkeit aufzubringen.

Eine Frage, die mir immer wieder gestellt wird, lautet: »Sag mal, Johannes: Wenn du die Entführung ungeschehen machen könntest, würdest du das doch bestimmt tun, oder?«

Darauf antworte ich bedenkenlos: »Nein, auf gar keinen Fall.«

Das überrascht manche, aber alles andere würde doch bedeuten, ich wäre mit meinem gesamten Leben nicht im Reinen. Das bin ich aber. Das Ganze war sicher kein Spaziergang. Aber es hat mich geprägt und die Gegenwart geformt, in der ich heute lebe. Alles, wie es war und ist, soll so sein und ich möchte nichts davon missen. Weder die Narben an meinen Handgelenken noch die auf der Seele machen mir etwas aus. Und der differenzierte Blick auf die Vergangenheit hat mir einen klaren und friedlichen Standpunkt ermöglicht.

Mein Schlusswort am Ende der *Lebenslänglich Erlemann*-Dokumentation lautet: »Es gibt hier niemanden, gegenüber dem ich etwas klarstellen muss. Und ehrlich gesagt gibt es dafür auch gar keinen Empfänger. Außer mir selbst.«

Ich muss zugeben, dass ich mich mit dieser Bemerkung selbst überrascht habe. Ich habe sie irgendwann im stundenlangen Interviewmarathon für das Projekt rausgehauen und konnte mich überhaupt nicht mehr daran erinnern, so etwas von mir gegeben zu haben. Aber ich würde es sofort unterschreiben. Nicht nur für mich, sondern für jeden Menschen. Wir müssen uns nicht entschuldigen für das, was wir sind. Wir müssen nur lernen, selbst dafür geradezustehen. Das heißt auch, dass wir unseren Frieden mit der Vergangenheit machen müssen, anstatt sie zu verdrängen oder auszulöschen zu versuchen.

Es stand eine Weile zur Diskussion, ob ich die Hütte in der Eifel zum Abschluss der Dreharbeiten in die Luft sprengen soll. Als ambitionierter und früh geschulter Feuerwerker brachte ich dafür ja eigentlich die besten Voraussetzungen mit. Mami war auch dafür. Jutta ebenfalls. Aber in diesem Kontext wollte ich das nicht. Ich sah keine Notwendigkeit darin, diesen düsteren Ort auszulöschen, um ihn für mich zu egalisieren. Das hatte ich bereits getan, als ich nach dem ersten, vorzeitig abgebrochenen Besuch ein zweites Mal dorthin zurückgekehrt war.

Die Hütte wird auf jeden Fall stehen bleiben. Ich habe dort ein Kind zurücklassen müssen. Wenn sich irgendwann einmal die Flut der Erkenntnisse durch die Aufarbeitung der letzten Jahre ein bisschen gesetzt hat, dann werde ich noch einmal dahinfahren und in Zwiesprache treten.

Einmal die Augen schließen und versuchen, Schnucki zuzuflüstern, was ich selbst nie aufgegeben habe zu glauben. Womit ich allen Überlebenden in ihren schwachen Momenten Hoffnung geben möchte. Etwas, das simpel klingt, aber wenn man es wirklich fühlt, die ganze Welt erhellen kann:

Das Leben ist schön.

DANKE

An
Mami, Gabriele von Langen, der Mittelpunkt der ganzen Geschichte.
Deine Entschlossenheit, deine Courage und Widerstandsfähigkeit im dunkelsten Moment meines Lebens war das Licht im Überlebenskampf unseres Schicksals. Dein hoffnungsvolles, lebensbejahendes Naturell hat mich geprägt und über Jahrzehnte geleitet.

An
Papi, Dr. Jochem Erlemann.
Du hast mich den Blick auf das Ganze gelehrt. Verzeih mir, dass ich dich in meinen Erinnerungen manchmal hart rannehme. Hört sich schlimmer an, als ich es meine. Du warst, bist und bleibst immer mein Papi. Der Fels in der Brandung.

An
Ändie, meinen geliebten Bruder Andreas.
Durch dich habe ich mich immer sicher gefühlt. Ich wusste, dass du immer da warst. Ich blicke ehrwürdig auf dein Leben und bin zutiefst dankbar für die Inspiration, die du mit mir geteilt hast. Du fehlst mir. Sehr.

An
Tati, Tatjana Erlemann.
Deine entschlossene Sanftmut, deine Empathie, deine Intuition und Ausgelassenheit haben uns beide durch die letzten zehn Jahre getragen. Anders wäre es nicht möglich gewesen.

An
Lucy, Jonathan und Tizi, Maya & Chrissi, meine geliebten Kinder.
Die letzten drei Jahre musstet ihr ganz schön was aushalten. Ihr seid das eine oder andere Mal beinahe genauso auf der Strecke geblieben, wie es mein Papi mit mir schon hinbekommen hat. Entschuldigt bitte. Ich bin sehr, sehr stolz auf eure Zuverlässigkeit, Selbstständigkeit und Zielstrebigkeit. Und auf eure Geduld mit mir.

An
Günni, Günter Gören.
Was hätten wir nur ohne dich gemacht?

Johannes

BILDNACHWEIS

Alle Abbildungen stammen aus dem Privatarchiv Johannes Erlemann, mit Ausnahme von:
9 u. Walter Schiestel
10 u. l. picture-alliance / dpa
10 u. M. picture-alliance / dpa / Roland Scheidemann
16 CinePostproduction. Mit freundlicher Genehmigung von Gloria Palast, München

Verlag und Autor haben sich nach besten Kräften bemüht, die erforderlichen Reproduktionsrechte für alle Abbildungen einzuholen. Sollte dies im Einzelfall aufgrund des Zeitablaufs und der schlechten Quellenlage bedauerlicherweise einmal nicht möglich gewesen sein, wird der Verlag begründete Ansprüche selbstverständlich erfüllen.